Kleine heile Welt

Eine Kulturgeschichte der Puppenstube

Renate Müller-Krumbach

unter Mitarbeit
von Hannelore Henze

Kleine heile Welt

Eine Kulturgeschichte der Puppenstube

Aufnahmen
Constantin Beyer

Edition Leipzig

Sammlung Kulturgeschichte

Die Deutsche Bibliothek – CIP-Einheitsaufnahme
Kleine heile Welt:
eine Kulturgeschichte der Puppenstube /
Renate Müller-Krumbach. Unter Mitarbeit von
Hannelore Henze.
Aufnahmen Constantin Beyer. - Leipzig: Ed. Leipzig, 1992
ISBN 3-361-00331-8
NE: Müller-Krumbach, Renate; Beyer, Constantin

Gestaltung: Eveline Cange
Satz: Lichtsatz IMKEN, Oldenburg
Reproduktion: Förster & Borries GmbH Zwickau
Druck und Binden:
INTERDRUCK Leipzig GmbH
Printed in Germany
ISBN: 3-361-00331-8

Inhaltsverzeichnis

Vorbemerkung

Der Gedanke, die Entwicklung des Spielzeuges »Puppenstube« in einer Publikation darzustellen, entstand, nachdem Mitarbeiterinnen des Verlages Edition Leipzig die Sammlung von Frau Hannelore Henze in Weimar kennengelernt hatten und sich davon faszinieren ließen, wie alle, die sich in diese kleine, heile Welt vertiefen.

So fußt die kunst- und kulturhistorische Behandlung dieses Themas im wesentlichen auf dieser umfassenden Sammlung von Puppenstuben nebst Zubehör. Hiervon ausgehend wurde ein Katalogteil erarbeitet, dem die jahrelange Vorbereitung stilistischer Zu- und Neuordnung vorausging. Diese systematische Durchforschung des vorhandenen Materiales wurde in Zusammenarbeit mit Frau Hannelore Henze geleistet und konnte sich auf den vorzüglich ausgestatteten Fundus der Weimarer Sammlerin stützen.

Parallel dazu gab die Besitzerin zahlreiche Restaurierungen in Auftrag, um die Puppenstuben fotorepräsentativ zu machen. Von Hannelore Henze wurde auch das Spezialgebiet der Puppe für die Puppenstube bearbeitet und in einem Exkurs dargestellt.

Danken möchte ich an dieser Stelle den zahlreichen Museen, die für die Publikation Fotos ihrer Exponate zur Verfügung stellten, insbesondere den Einrichtungen, deren Puppenstuben erstmals veröffentlicht werden, für die Erlaubnis, Herrn Constantin Beyer dort fotografieren zu lassen. Mein Dank gilt ebenso der Herzogin-Anna-Amalia-Bibliothek in Weimar für ihre Unterstützung bei meiner Arbeit, wie dem Verlag Edition für Geduld und Ermunterung, als die ausufernde Materialfülle die gesetzten Termine gefährdete.

Der bisher unveröffentlichte Bestand der Sammlung Henze, Weimar, jedoch durch viele Ausstellungen in Museen bekannt geworden, soll demnächst in einem eigenen »Puppenstuben-Museum« in Schloß Kromsdorf bei Weimar einen festen Platz finden. Dort also wird die »Kleine heile Welt« in natura zu besichtigen sein.

Renate Müller-Krumbach

Einleitung

Seit etwa fünfundzwanzig Jahren hat sich das Interesse von Sammlern und Forschern verstärkt einem Spezialgebiet der Kunstgeschichte zugewendet, das zwar in einem Aspekt Teil des großen Gebietes des Kunstgewerbes und der Volkskunst ist, in seiner Vielschichtigkeit aber in die Bereiche Zeit- und Kulturgeschichte gehört – den Puppenbehausungen, vom Puppenhaus bis zur Puppenstube und der dazugehörigen Küche.
Dabei ist es nun besonders auch die Puppenstube, der Zuwendung und Erforschung zuteil wird; die großen und kunstvollen Puppenhäuser der vergangenen Jahrhunderte, die längst Museumsgut waren und schon immer wissenschaftlich betreut wurden, blieben nach wie vor bewunderte Spitzenerzeugnisse der Kleinkunst. Ihre reduzierte Form, die Puppenstube, die in bestimmten Fällen auch wieder zum Puppenhaus wachsen kann, hat sich in schier unendlicher Vielfalt erhalten und bietet den verschiedensten Interessen Raum.
Es ist zu beobachten, daß sich die Puppenstube seit ihrem häufigeren Vorkommen vom Beginn des 19. Jahrhunderts an als getreuer Spiegel der wechselnden Stilperioden darstellt, als dreidimensionales Abbild menschlichen Geschmackswandels und sich verändernder Lebensbedürfnisse. Sie erzielte in den Gründerjahren mit der aufblühenden Industrie ihre reichste Phase, die bis in den Jugendstil anhält, bleibt beliebt in den zwanziger Jahren bis zum zweiten Weltkrieg, um dann nach 1945 als eigene Zeitschöpfung nur noch in minderer Qualität zu erscheinen. Eine Wiederbelebung ergab sich zwangsläufig aus dem erneuten Interesse am historischen Sammlerstück, sie führte überwiegend zu nostalgischen Nachgestaltungen.
Daß sich nun gerade von einem bestimmten Spielzeug, nämlich der Puppenstube und der Puppenküche, so auffallend viele Belegstücke erhalten haben, ist ein besonderes Phänomen und läßt sich aus dem Kreis der Besitzer ableiten: Die Puppenstuben gehörten kleinen Mädchen und wurden von den erwachsenen Frauen liebevoll aufbewahrt. Erst wenn sich herausstellte, daß Kinder und Enkel nicht damit spielen wollten, gelangten diese Kindheitsreliquien in Museen und Sammlungen.
Dabei ist zu bedenken, daß die erzieherische Absicht, die von Anfang an diesen verkleinerten Wiedergaben der menschlichen Haushaltung innewohnte, den Erzogenen meist nicht bewußt war, und wenn ja, sie nicht belastete. Das Erziehungsmittel wurde zunächst zum reinen Spielvergnügen: Das kleine Mädchen konnte nicht nur seinem Nachahmungstrieb nachgeben und die Mutter imitieren, ihm waren auch selbständige Handlungen erlaubt, es hatte im eigenen Haushalt Entscheidungsfreiheit und Puppenkinder, an die es seine Erfahrungen im Erzogen-Werden weitergeben konnte. Die Puppenstube verhalf dem Kind auch zu einem gewissen Besitzstand, den es seiner Größe angemessen fand und den es bewältigen konnte, und im wahrsten Wortsinn »spielerisch« »begriff« das Kind sein soziales Umfeld.
Spielend lernte es die Verschiedenheit von Formen und Materialien kennen, erprobte Einzel- und Raumfunktionen und hatte Gelegenheit, seine persönliche Geschicklichkeit bereichernd einzusetzen, indem es die ebenfalls erzieherisch gemeinte Ausbildung in Handarbeiten nutzte, die Puppenwohnung besser auszustatten.
Das Gleiche gilt für das Kochen in der Küche, obwohl hier oft das »So-tun-als-ob«, das Scheinwirtschaften mit Ersatzmaterialien, stattfand.
Diese Zeit des hingebungsvollen Spielens ist demzufolge eine ganz wesentliche Phase der Selbstverwirklichung und deshalb ein unverzichtbarer Erinnerungsfaktor. An den Wohnzimmermöbelchen und Küchengerätschaften hängt zärtliches Gedenken, das durch die Wiederberührung oder auch nur durch das Wiedersehen in der Sammlungsvitrine oder auf dem Farbfoto lebendig wird. Es löst Assoziationen aus, die Geborgenheit, Sorglosigkeit, Glück, eine heile Welt signalisieren; die Erinnerung liefert ein verklärtes Sinnbild der eigenen Vergangenheit, das man nicht missen möchte.

Die Aufrechterhaltung von Wunschvorstellungen war ein Teil des Bestrebens, diese Spielzeuge einerseits sorgfältig zu bewahren, andererseits leidenschaftlich zu sammeln und zu erforschen. Zur Sammlertätigkeit kommt noch erweiternd hinzu, außer eigenen Erinnerungen möglichst das ganze Feld des Erscheinungsbildes Puppenstube abzuschreiten, die vielfältigen Möglichkeiten findiger Fabrikantenideen kennenzulernen, das schlechthin vollkommene Exemplar zu besitzen - ein Vorhaben, das durch die Kleinheit des Gegenstandes erreichbar zu sein scheint.
Die Miniaturhaftigkeit des Inventares erhöht den Reiz der Spielzeugstuben, nicht selten haben Einzelgegenstände daraus in Vitrinen ihren Platz gefunden, nun wieder zum Kunstkammerstück geworden, was seine Vorfahren – zum Beispiel die gedrechselten Elfenbeinspinnräder – im 17. Jahrhundert schon einmal waren. Dies gilt für silbernes Teegeschirr und farbige Gläschen, für Porzellanmöbel oder Kleinstbücher.
Nur wenige Erzeugnisse des historischen Kunstgewerbes finden soviel allgemeines Interesse wie die Puppenbehausungen. Kommen noch Kaufläden, Pferdeställe, Werkstätten und Bahnhöfe hinzu, dann werden auch männliche Betrachter einbezogen. Und über die Faszination des mechanischen Spielzeuges, das von Blechspielzeugsammlern mit unverhohlenem Spieltrieb gekauft, rekonstruiert und bespielt wird, steuert die männliche Gilde der Spielzeugliebhaber wichtige Kenntnisse über die »kleine Welt« bei. Firmen, wie Märklin in Göppingen und Bing in Nürnberg, die die begehrten Eisenbahnen und Autos herstellten, produzierten auch Blechzubehör für den Puppenhaushalt, so daß die von seiten der Blechspielzeugsammler erforschten Firmengeschichten und -kataloge die Produktion für die Puppenküche mit einschließen.
Gerade auf diesem Gebiet, der Wiederauflage und damit verbundenen Zugänglichkeit der Spielzeugmusterkataloge, hat die Forschung der Blechspielwaren einen gewaltigen Vorsprung vor der des Puppenstubenzubehörs.
Aus der vorliegenden Arbeit, die Entwicklung, Typologie und Spielgebaren darzustellen sucht, ergibt sich der Wunsch nach Erweiterungen, wie zum Beispiel: Wer stellte wo und nach welchen Vorlagen die beliebten Biedermeiermöbel her, die es relativ häufig gibt, oder welche der vielen Thüringer Kleinmanufakturen fertigte die unter Glasur blau bemalten Puppenstubengeschirre, und wer entwarf und stach die Model für Tapeten und Bordüren? Hier ist eine Aufarbeitung von Firmengeschichten und Archivalien gefragt.
Das Spielen mit der Puppenstube wird in der Memoirenliteratur schreibender Frauen eher selten geschildert, das Puppenkind kommt weit häufiger vor. Der Umgang mit der Puppenstube beschränkte sich, so wird berichtet, meistens auf Pflege, Ausräumen, Säubern, Einräumen, eventuell Zufügen und Bereichern. Die Darstellung von Spielabläufen oder szenischen Handlungen vermitteln am ausgeprägtesten Schriftstellerinnen wie Alice Herdan-Zuckmayer und Christa Wolf.

Puppenstube
und
Puppenküche
als
Grundformen

Die Puppenstube tritt als ein aus dem Haus- oder Wohnungsverband herausgelöster Einzelraum auf, und zwar im wesentlichen in zwei Grundtypen: als Puppenküche und als Puppenstube. Diese Räume verfügen über Fußböden, Seitenwände und Rückwand, jedoch selten über eine Decke; nach der Vorderseite hin, der Spielseite, waren sie meist offen. Aus der Öffnung einer Breitseite erklärt sich die Orientierung nach einer Richtung, die in der Fensterverteilung und der Einrichtung wirksam wird. Mehrere Puppenstuben werden als Reihe angeordnet, in einzelnen Fällen auch abgedeckt. Die als Dach gestaltete Abdeckung ist eigentlich wieder eine Übergangsform zum Puppenhaus, das es immer neben der Puppenstube gegeben hat und das wir immer wieder in unsere Betrachtung einbeziehen.
Die Anzahl der nebeneinander angeordneten Puppenstuben überschreitet nur selten drei Räume. Hier ließ sich das Grundprogramm der menschlichen Wohnung unterbringen: Stube, Kammer, Küche. Daß sich aus einzelnen Wohnzimmern spezielle Abarten entwickelten, liegt auf der Hand: Man kennt Salons und Festsäle, Musikzimmer und Gelehrtenstuben. In Puppenhäusern tauchen Kinderzimmer auf, und, wo es Treppenhäuser gibt, auch Klosetts.
Die Einrichtung der zwei- oder mehrräumigen Puppenstuben blieb letztendlich immer der Entscheidung des Besitzers überlassen, und zwar überwiegend der der Eltern. Sie waren es ja, die die Möbelchen kauften und damit Funktion und Milieu der Puppenwohnung bestimmten. Erst aus dieser Grundausstattung konnte in gewissen Grenzen das wachsen, was dem eigentlichen Besitzer, dem Kind, vorschwebte.
Gleichberechtigt in Verbreitung und Qualität steht neben der Puppenstube die Puppenküche, die wahrscheinlich der unmittelbare Vorfahre der Puppenstube ist, wie bildliche Darstellungen beweisen.
In den großen und kostbar eingerichteten Puppenhäusern des 17. und 18. Jahrhunderts konnte trotz der prächtig eingerichteten Küche natürlich nicht wirklich gekocht werden.
Die Puppenküchen waren, so zeigen es die dargestellten spielenden Mädchen, zumeist ziemlich groß, etwa das Format, das heute mit »Puppengröße« bezeichnet wird, also etwa der Größe der üblichen Puppen angepaßt, für die ja auch gekocht werden sollte. Das Gehäuse war dreiseitig geschlossen, auf rechtwinkligem Grundriß, und besaß einen Herd mit Rauchfang, der in einem Winkel des Gehäuses angebracht, seit dem Ende des 18. Jahrhunderts auch in der Mitte der Rückwand gelegen war. Der Schornstein des Rauchfangs überragte hin und wieder die Wand und war funktionstüchtig. Borde an den Seitenwänden trugen eine Vielzahl von Töpfen, Tellern und Backformen aus Kupfer und Zinn, und die unterschiedlichsten Gerätschaften hingen an der Wand.
Mobiliar, wie Tisch und Stühle, lassen sich in diesen frühen Darstellungen nicht nachweisen, allenfalls die Wasserbank, auf der große Kannen für Frischwasser standen, einfache Hocker oder der Hackstock. Daraus zu schließen, daß es, wenn wir die Puppenküche als getreuen Zeitzeugen betrachten, keine Wohnküche gegeben habe, wäre gewagt. Man sollte dabei bedenken, daß die im Kupferstich überlieferten Puppenküchen Spielzeug für Mädchen aus wohlsituiertem Hause waren und demzufolge das eigene Wohnmilieu widerspiegelten. Im bürgerlichen oder adligen Haus war die Küche natürlich eine reine Kochküche, ein

Kinderzimmer, Ende 18. Jahrhundert.
Koloriertes Ausschneidebuch.
Bayerisches Nationalmuseum, München

Wirtschaftsraum, der nur der Zubereitung der Nahrung diente. Küchen von kleinen Handwerkern, Tagelöhnern oder selbständig wohnendem Gesinde sind nicht überliefert.
In einer Küchendarstellung des 18. Jahrhunderts, wahrscheinlich der frühesten Darstellung eines Einzelspielraumes, scheint der Grundriß der Küche nicht mehr rechteckig, sondern trapezförmig zu sein, eine wesentliche Veränderung, die auch in den Abbildungen des Bestelmeierschen Spielzeugkataloges[1] deutlich wird. Es ist möglich, daß diese Form auf die Verwendung der Zentralperspektive zurückzuführen ist; fest steht jedenfalls, daß schon Spielküchen vom Ende des 18. Jahrhunderts[2] einen trapezförmigen Grundriß hatten, der im 19. Jahrhundert obligat wurde und im 20. Jahrhundert noch weiterlebt.
Der trapezförmige Grundriß erwies sich als spielfreundlich, da der nun meistens in der Mitte der Rückwand aufgestellte Herd leicht erreichbar war, die Seitenwände für Regale, später Schränke, Platz boten. Die sich nach vorn verbreiternde Spielfläche ermöglichte das Hantieren mit den Einrichtungsgegenständen, ohne über anderes hinweggreifen zu müssen und es womöglich umzureißen. Hin und wieder kommt es vor, daß Stuben in diesen Gehäusen eingerichtet werden, wenn sie einer vorhandenen Spielküche aufgesetzt werden sollten.
Die Puppenküche des 19. Jahrhunderts gibt es auch als reine Geräteküche; der oft viel größere Herd wurde außerhalb des Gehäuses betrieben (s. Abb. S. 73).[3] Auch Doppelräume kommen zur Anwendung, wenn neben der eigentlichen Küche ein Abstellraum oder eine Speisekammer angebaut war (s. Abb. 57). Neben die Grundtypen, Puppenstube und Puppenküche, traten vielfältige Sonderformen, die nachstehend zunächst nur genannt werden sollen: Bäder, Gärten, Pavillons; Schul- und Sakralräume; Werkstätten, Ställe, die verschiedensten Läden und Verkaufsstände.
Diese Sonderformen der Puppenstube konnten den eigentlichen Spielräumen hinzugefügt werden und dehnten dadurch das Spielfeld über die begrenzten Räume hinaus aus; sie ermöglichten das Zusammenspiel mehrerer Kinder, wie es sonst an der Puppenküche stattfand. Die Kombination von Puppenküche und Kaufladen ergab die Möglichkeit, daß Mädchen und Knaben zusammenspielten – ein für das 19. Jahrhundert, und darum handelt es sich im wesentlichen bei der Puppenstube, durchaus nicht selbstverständlicher Vorgang.

Probleme und Methoden der Datierung

Über die ursprüngliche Funktion der seit dem ausgehenden Biedermeier auch aus zwei Räumen bestehenden Puppenstube könnte schlüssig nur die Tapete Auskunft erteilen, wenn sie original erhalten ist. Aber selbst dann ist der Befund nicht immer eindeutig; denn neben dem Wohnzimmer sind für den zweiten Raum zunächst nur zwei Funktionen möglich – die Verwendung als Schlafzimmer oder als Küche. Die Anordnung Wohnzimmer/Küche würde sich logisch dem Aufbau der frühen Puppenschränke anschließen. Tatsächlich hat sich aber kein eindeutiger Tapetenbefund nachweisen lassen, der diese Kombination bestätigen würde, etwa ein Fliesensockel oder ein glatter Anstrich. Auch Ansätze von Rauchhauben sind nicht vorhanden, die bei den gleichzeitig entstandenen Einzelküchen der Zeit nicht fehlen dürfen.
Die Doppelstube der Spätbiedermeierzeit war offenbar immer für zwei »Stuben« gedacht, ob Wohn- und Schlafzimmer oder zwei Wohnzimmer blieb den Einrichtungswünschen der Besitzer vorbehalten. Dazu gab es, je nach Wohlhabenheit der Familie, die Einzelküche.
Grundsätzlich ist zur Einrichtung von Puppenstuben zu sagen, daß sie einer weit größeren Veränderbarkeit unterliegen als die Spielküchen. Bei letzteren ist durch die Funktion der Grundtypus festgelegt, so daß oft nur das Zubehör an Geschirr und Gerät vervollständigt oder modernisiert wird. Bei den Puppenstuben ist der Wandel schon während der Entstehungszeit inbegriffen, sofern sie nicht vom Gehäuse bis zum kleinsten Zubehörteil aus einer Hand stammen - das heißt, etwa komplett von Bestelmeier bezogen wurden und so erhalten blieben oder aber als Einzelanfertigung

eine stilistische Einheit bilden, die von vornherein museal aufgefaßt wurde.
Handelt es sich dagegen um ein teils manufakturelles, teils industrielles Produkt – und mit diesen Fertigungsarten ist seit etwa 1845 zu rechnen –, so ist nicht einmal die Ersteinrichtung festgelegt, sondern, natürlich im Stil der eigenen Zeit, variabel.
Eine Puppenstube ist schon zu Anfang veränderbar, wenn gleichartige Gehäuse in den Handel kommen und dort verschieden möbliert werden; die nächste Veränderung nimmt die spielende Besitzerin vor, oft mehrfach und durch Jahre hindurch, um schließlich die Puppenstube grundlegend zu modernisieren, wenn die nächste Generation das Spielzeug übernimmt.
Dabei mischen sich die verschiedenen Herstellungsmöglichkeiten – manufakturell angefertigte Gehäuse werden mit Serienmöbeln gefüllt, Besonderheiten durch Eigenbau ergänzt –, oder ererbte Möbel erhalten ein neues Haus, wenn das alte verloren ging.
Gerade auf Grund einer häufigen Eigenanfertigung durch handwerklich versierte Väter ist die Gestaltung der Gehäuse nur bedingt zur Lokalisierung der Puppenstube verwendbar. Gefällige Details werden von Fertigstuben übernommen, Kopien sind nach Originalvorbildern oder Vorlagen unschwer herstellbar. Die serienmäßige Fertigung der Tapeten, auch der mit Modeldruck und Bordüren, läßt, ehe man nicht eindeutig lokalisierte Musterbücher für Puppenstubentapeten zu Rate ziehen kann, auch keine genauere Zuweisung zu.
Die Datierung der Möbel und eines Teiles des Zubehörs ist ebenfalls schwieriger, als es den Anschein hat: Die Biedermeiereinrichtungen lebten weit über die eigentliche Biedermeierzeit hinaus, Gründerzeitmöbel wurden noch in den Katalogen der zwanziger Jahre angeboten. Beim Kleinporzellan hielten sich Jugendstilformen besonders lange, Glas ist oft indifferent; das Puppenstubenzinn scheint – bei einer Bevorzugung der Neurokoko-Elemente – am konsequentesten den herrschenden Zeitstilen zu folgen.
Bei der Datierung einer Puppenstube muß also davon ausgegangen werden, daß sich das angegebene Entstehungsjahr nur auf die ersten Ausführungen dieser Einrichtung beziehen kann; in Ausnahmefällen kann man, mit Hilfe von Bezugsstoffen etwa, auf die spätere Anfertigung schließen.
Es liegt in der Natur dieses Sammelgebietes, daß nur in den Museen Puppenstuben und Spielküchen unverändert bleiben, sofern dieses Prinzip dort grundlegend ist. Ebenso legitim ist die Möglichkeit, die Exponate stilgetreu, und dann natürlich nur mit Originalen, zu ergänzen, um ein möglichst differenziertes Zeitabbild zu erzielen. Beide Möglichkeiten werden praktiziert, und beide haben ihre Berechtigung. Je breiter das industriell gefertigte Angebot von Puppenstubeneinrichtungen im Laufe des 19. Jahrhunderts wird, um so variationsreicher wird seine Verwendung, so daß auch die Serienprodukte in den Händen der Besitzer individuelle Ergebnisse zeitigen.
Ehe sich jedoch die kindgerechte Form der Spiel- und Miniaturwohnung entwickelte, ehe überhaupt vom Spielen mit der Puppenstube gesprochen werden kann, ist die Geschichte ihrer Vorgänger zu betrachten, der prachtvollen Puppenhäuser des 17. und 18. Jahrhunderts.

Die Puppenhäuser – vom Barock bis zum Biedermeier

Die wissenschaftliche Erschließung der historischen Puppenhäuser kann auf eine lange und ergebnisreiche Tradition zurückblicken, die in den letzten Jahrzehnten mit abschließenden Gesamtdarstellungen einen Höhepunkt fand. Spezialforschungen befaßten sich mit dem Nürnberger und Amsterdamer Puppenhaus wie auch mit den englischen Doll's Houses. In Gesamtdarstellungen wurden auch die vereinzelten Beispiele Italiens, Frankreichs und Skandinaviens behandelt, unter besonderer Berücksichtigung der amerikanischen Puppenhäuser.

Ursprünge und Anfänge der Dockenhäuser lagen im deutschsprachigen Gebiet, die ältesten Zeugnisse ihres Vorkommens sind schriftlicher Natur: Ein 1599 verfaßtes Inventarium überlieferte der Nachwelt die Kenntnis des frühesten nachweisbaren Puppenhauses, das Herzog Albrecht V. von Bayern 1558 anfertigen ließ. Nach den Angaben des fürstlichen Bestellers wurde ein »Dockenhaus« hergestellt, das dem natürlichen Vorbild einer bayerischen Residenz entsprach. Wenig später ließ der Herzog Modelle seiner fünf Residenzstädte anfertigen, die er, ebenso wie das Puppenhaus, seiner »Kunstkammer« einverleibte, die 1674 bei einem Brand zerstört wurde.

Da die fürstlichen »Kunst- und Wunderkammern« Ursprung und Vorstufen der heutigen Museen sind, ergibt sich aus der Einbeziehung des Puppenhauses in die Reihe von Kunstwerken und Schaustücken, daß die miniaturisierte Darstellung des eigenen Lebensbereiches keinesfalls als Spielgegenstand verstanden wurde, sondern als Dokumentation der eigenen Umwelt.

Diese Zuordnung bestätigt sich auch durch die Schilderung eines »Meierhofes«, der Anfang des 17. Jahrhunderts in Zusammenhang mit dem berühmten »Pommerschen Kunstschrank« für Herzog Philipp II. von Pommern-Stettin angefertigt wurde. Auch hier hat man sich eine »Abbildung« eines bestimmten Lebensbereiches vorzustellen, die dreidimensional, verkleinert und mit szenischen Darstellungen belebt die Grundlagen menschlichen Wohnens schilderte. Dabei ist wesentlich, daß sich Einrichtung und Inventar nur in Ausnahmefällen bewegen oder verändern ließen – die Anordnung war also »ein für allemal«, eine Situationsdarstellung, in etwa den späteren Dioramen mit

Puppenhaus der Anna Köferlin.
Nürnberg, 1631. Holzschnitt.
Germanisches Nationalmuseum, Nürnberg

Zinnfiguren vergleichbar, die eine ganz bestimmte historische Konstellation zu veranschaulichen hatte.
Ein Wiederaufleben dieses Darstellungsprinzips stellt die im 18. Jahrhundert in Thüringen entstandene Puppenstadt »Mon Plaisir« in Arnstadt dar, die gleichfalls das Leben und Wohnen in einer Residenz lehrhaft-anschaulich in figürlichen Szenen abbildet.
Für den mitteldeutschen Raum gibt es ebenfalls für das 16. Jahrhundert ein schriftliches Zeugnis, das Puppen-Hausrat nachweist. Anläßlich der Weihnachtsbescherung der kurfürstlichen Kinder im Schloß Torgau wird eine große Ausstattung an Puppengeschirr erwähnt, Küchengeschirr aus Messing, Kupfer, Zinn, zum Beispiel 71 Schüsseln, 40 Bratenteller, 106 sonstige Teller, aber auch Tischtücher, Körbe und Schränke. Vermutlich sind die Körbe und Schränke als Behältnisse für den Hausrat gedacht gewesen, denn ein dazugehöriges Haus wird nicht genannt.
Ansonsten gilt diese Haushaltung in der Forschung[5] nicht als Spielzeug, sondern als Anschauungsmaterial, der Ausbildung der fürstlichen Kinder dienend.
Keines dieser frühen Zeugnisse von Puppenbehausungen und Hausrat ist erhalten geblieben. Selbst das immer wieder als Urform des Puppenhauses interpretierte Puppenhaus der Anna Köferlin von 1631 kam nur durch Bild und Text zur Kenntnis der Nachwelt.
Die kinderlose Nürnbergerin ließ ein mehrstöckiges Haus anfertigen, das nach neuen Berechnungen 2,40 Meter hoch war[6] und über eine reich gegliederte Fassade mit Portal, Balkons und Erker verfügte.
In der Überschrift zum Holzschnitt heißt es: »Erzehlung / was in dem / von Anna Köferlin zu Nurmberg / lang zusammen getragenem Kinder=Hauß / dergleichen nie gesehen noch gemacht / anzutreffen / und wie etlich Hundert Stuck / alle zum gemeinen Nutz auch dienstlich / darinn zu sehen.«
Der Besitzerin war offensichtlich bewußt, daß durch ihre Aufträge an die ausführenden Handwerker etwas entschieden Neues entstanden war, und sie betont nicht nur diese Tatsache, sondern auch, daß der umfangreiche Hausrat nach dem Nützlichkeitsprinzip ausgewählt und zusammengetragen worden war.
Im Text ihres Flugblattes, das ganz ausführlich Einrichtung und Zubehör schildert, wird immer wieder der erzieherische Zweck des »Kinder=Haußes« betont. Seine Funktion, Anschauungsunterricht zu geben, wie man sich einrichten solle, wie zu wirtschaften und zu hausen sei, wird in den etwas holpernden Versen den Kindern nahegebracht:

»Daß ihr dermaleinst zu einem Hauß/
Kompt und euch Gott thut geben
eygenen Herd daß ihrs vorauß
bei all eurm Leib und Leben
Ordentlich und nach der Gebür
in eurem Hauß halten
Richtet und ordnet.«[7]

Dabei ist immer in der Anrede von »Kindern« die Rede. Anna Köferlin richtete ihre Ermahnungen demnach nicht allein an kleine Mädchen, die in späteren Jahrhunderten allein die Adressaten der Erziehungsbemühungen für den Haushalt wurden, sondern ganz allgemein an die junge Generation.
Das »Kinder=Hauß« der Anna Köferlin in Nürnberg eröffnete die Reihe der reich ausgestatteten Puppenhäuser, die, in Nürnberg im 17. Jahrhundert entstanden, in ihren schönsten Vertretern im Germanischen Nationalmuseum aufbewahrt werden und den Gedanken, durch Anschauung Anleitung zu bewirken, zwar fortsetzen und weiterführen, ihn aber durch die anspruchsvolle Qualität ihrer Ausführung fast vergessen lassen.

Die Nürnberger Puppenhäuser – der barocke Hausstand, musterhaft und wohlhabend

Das fünfgeschossige Nürnberger Puppenhaus von 1611 hatte, wie alle Nürnberger Beispiele,[8] eine geschlossene Fassadenwand, so daß man ursprünglich durch die Fenster hineinschauen mußte. Die Fassaden sind abnehmbar und die Schauseiten nach dem Betrachter hin eingerichtet (Abb. 1). Sämtliche Räume waren durch eine Balustrade nach vorn hin abgegrenzt, so daß jeweils ein gewisser Abschluß der Räumlichkeit erreicht wurde.
Die wichtigsten Räume – Wohnzimmer, Küche, »Prunkstube« und Schlafzimmer – liegen in den bei-

den Mittelgeschossen, nach oben abgeschlossen durch ein Bodengeschoß mit Volutengiebel, nach unten hin mit einem hohen Kellergeschoß-Sockel, über dem sich Saal und Garten befinden.
Ein in der Mitte des Hauses gelegenes Treppenhaus mit zwei »Sollern« verbindet die Haupträume durch verschieden gegliederte Türen. An den Wänden des oberen Sollers befinden sich Malereien, Jagdszenen und Figuren im Zeitkostüm.
Wandmalereien sind in diesem Haus besonders häufig: im unteren Saal eine große Bankettszene, nach einem Stich von Jan Sadeler, unter den Bogenwänden des Gartens Nonnen und Mönche, Girlanden in den Wohnräumen.
Das Wohnzimmer hat, wie in den Nürnberger Puppenhäusern üblich, eine hohe Holzvertäfelung, auf deren oberem Sims Zinnteller aufgestellt wurden. Unter dem barocken Deckenleuchter aus Bronze wurden Möbel des 18. Jahrhunderts aufgestellt, wie auch der große »venezianische« Spiegel und der weißglasierte Ofen dem späteren Jahrhundert angehören. Festsaal und »Prunkstube« (Abb. 2) im oberen Geschoß weisen die ursprünglichen Barockmöbel auf, von denen in der repräsentativen Wohnstube ein besonders schöner Wäscheschrank auffällt. Auch hier trägt die Vertäfelung Zinngerät und Fayencekrüge.
Das Schlafzimmer ist mit einem breiten Himmelbett versehen, jedoch offensichtlich auch zum Wohnen bestimmt; Tisch und Lehnstühle vervollständigen die Einrichtung, der um 1800 ein Empirespiegel mit passender Deckenlampe hinzugefügt wurde.
Aus dem Alter der später hinzugekommenen Stücke kann rückgeschlossen werden, wie lange das Puppenhaus noch lebendiges Anschauungsmaterial war, ehe es in den Bereich des Musealen überwechselte. Bis in die Goethezeit hinein war offenbar die Grundausstattung gültig und kein Bedarf vorhanden, tiefgreifende Veränderungen vorzunehmen, außer den genannten, bereichernden Hinzufügungen. Von dieser Zeit an wurde nichts mehr verändert.
Die zum Haus gehörende Küche liegt, wie die Wohnstube, im ersten Obergeschoß und ist, der Ausstattung nach, eine Ideal- und Vorbildküche, in der nicht gewirtschaftet wird.
Ein gemauerter Rauchfangherd in der Ecke bildet das Zentrum, umlaufende Borde bieten Raum für zahlreiches Zinngerät, Fayencen, Messing- und Kupfergerätschaften. Bratspieße und Kellen, Wasserkanne und das große Wasservorratsgefäß komplettieren die Einrichtung.
Das Nürnberger Haus von 1611 ist das früheste erhaltene Beispiel, einen kompletten bürgerlichen Haushalt in verkleinertem Maßstab als Puppenhaus wiederzugeben. Die umfangreiche Einrichtung und Ausstattung entsprechen den Vorstellungen, die man von einem gut ausgestatteten Haus des frühen 17. Jahrhunderts hatte und die ihre schriftliche Fixierung in Inventarlisten bei Nachlaßregelungen und ähnlichem fanden.

Ein großes Puppenhaus von 1639, das auch das »Stromersche« nach einem seiner Besitzer genannt wird, hat durch das doppelt untergliederte Untergeschoß eine große Anzahl von Räumen, die alle vollständig eingerichtet sind (Abb. 4).
Ein Rundbogenportal mit Halbsäulen bildet Eingang und Mittelpunkt des hohen Sockelgeschosses. Rechts und links davon sind je vier Räume als Gesindestuben angeordnet, die von der Versorgung und Bewirtschaftung des Hauses Kenntnis geben: Knechte- und Mägdekammern, eine davon mit einer Wiege. Hier wohnte offenbar die Kindermagd, gleich neben dem Kinderzimmer, auf dessen Bewohner Laufstuhl und Kinderbett hinweisen.
Die Knechtekammer liegt neben einer Vorratskammer links neben dem Portal. Die Vorratskammer mit Tellerborden und Konsoltisch birgt neben Vorratsbehältern und Körben verschiedene Gerätschaften, die sie als Vorstufe der Geschirrkammern erkennen lassen, wie sie im 19. und 20. Jahrhundert manchen besonders gut ausgestatteten Einzelküchen angefügt wurden (s. Abb. 77).
Daraus entwickelte sich die Speisekammer, die in der Neuzeit durch die moderne Kühltechnik wieder verlorenzugehen droht.
Zur Vorratshaltung eines Hauses, in dem fast alles, was zur Nahrung gehörte, selbst bereitet wurde, war ein Weinkeller unerläßlich. Im Haus von 1639 befindet er sich im unteren Sockelgeschoß. Daneben stehen im kleinen Stall Kuh und Pferd; nur dieser Raum ist nicht

direkt mit dem Haus verbunden, sondern von außen zugänglich.
Zuckerhüte und Gewürzdosen, letztere fein gedrechselt, befinden sich in einer zweiten Vorratskammer, die mit einem Schreibtisch versehen ist, auf dem Waage und Gewichte, auch ein »Jornal« und ein »Schultbuch« in gepunzten Ledereinbänden liegen. Sie sind 1640 datiert und deuten darauf hin, daß es sich hier um einen kleinen Laden handeln könnte.
Schließlich die Wäscheküche mit Zubern und Bottichen in der rechten unteren Ecke des Hauses – hier wurde der reiche Wäscheschatz gepflegt, der sich in dem großen Schrank auf dem Soller befindet (Abb. 3).
Die beiden Obergeschosse haben, wie das Haus von 1611 ursprünglich auch, nach vorn begrenzende Balustraden, um die Räume nach Abnahme der Fassadenwand in angedeuteter Weise abzuschließen. Die beiden Treppenhausräume sind nicht nur mit Girlandenmalerei ausgestattet, hier hängen Gemälde mit zeittypischen Darstellungen: eine Madonna auf der Mondsichel und Personifizierungen der »Tugenden«. Ebenso haben die Wohn-Schlafzimmer, die links übereinander liegen, und die hochgetäfelte Prunkstube oben rechts Gemälde aufzuweisen, die überwiegend Landschaften darstellen. Das Wohnzimmer, das in der gleichen Höhe wie die Küche liegt, ist ebenfalls vertäfelt. Hier und in der »Prunk- oder Prangstube«, wie eine Nürnberger Quelle des 18. Jahrhunderts diesen Raum bezeichnet, stehen reliefierte und glasierte Kachelöfen in den Ecken. Je ein Bett mit Himmel und Vorhängen befindet sich in den beiden Stuben links; die obere ist als spezielles Schlafgemach anzusehen, denn hier gibt es einen Waschschrank, schmal und hoch, in dessen Nische sich Zinnbecken und Schwenkkanne befinden. Das »Kammfutter« birgt Kamm und Bürste.
Auch im sogenannten Stromerhaus ist die Küche wieder mit Rauchfangherd in Eckstellung versehen, dessen Abzughaube mit Blumengirlanden bemalt wurde. Zinngeschirr und Wasserkannen werden von aufgereihten Kleingerätschaften ergänzt, man hatte die Tortenspritze und das Kuchenrädchen, Trichter, Siebe und Durchschläge. Zum Kochen auf der offenen Flamme waren der Bratspieß, der Rost und der Dreifuß vonnöten.
Man gewinnt den Eindruck, in dieser Abbildung eines kompletten Hausstandes sei nichts vergessen, und eben dieses Musterhafte war ja das ausdrückliche Anliegen der Puppenhäuser. Deshalb bestand auch keine Notwendigkeit von Puppen – nur im Haus von 1611 findet sich ein Exemplar –, denn der eigentliche Nutzer war ja der Betrachter, der aus der Einrichtung den wohlausgestatteten Haushalt erlernen sollte.
Kindern waren diese Häuser nicht zugedacht, schon die Kostbarkeit der Einrichtung verbot das Hantieren damit. Aber in der Feinheit und Kompliziertheit der Gegenstände offenbart sich noch ein Stück »Kunst- und Wunderkammer«-Empfindung, wo das Miniaturisierte, wie ein geschnitzter Kirschkern, oder das handwerkliche Kunststück, wie feine Drechseleien, schon lange zum bewunderten Sammelgut gehörten.
Daß der pädagogische Grundgedanke beim Einrichten eines solchen Hauses in den Hintergrund treten mochte, ist verständlich. Hier war der Sammelleidenschaft, dem Komplettierungswillen weiter Raum gegeben, nicht zu vergessen, daß die Liebe zum Detail spürbar wurde, das gleiche Gefühl, das bis heute die faszinierten Betrachter dieser Zeitzeugen fesselt.
Zeitlich und stilistisch zu den beiden großen Puppenhäusern im Germanischen Nationalmuseum gehörend, zeigt sich ein ebenfalls dort aufbewahrter »Puppenschrank« als eine auf die beiden wichtigsten Räume reduzierte Form. Er gliedert sich in eine Küche mit darüberliegendem Wohnzimmer, nicht in einem Haus, sondern in einem Schrankmöbel (Abb. 8). Die Verwendung von Schränken und Vitrinen zur Einrichtung von Puppenhäusern kommt in der Folgezeit häufig vor.
Küche und Wohnstube des Nürnberger Puppenschrankes sind wie die entsprechenden Räume in den Puppenhäusern ausgestattet, die Küche mit Rauchfang-Eckherd und einer Zinnkollektion, die nicht nur sehr zahlreich ist, sondern auch besonders viele verschiedene Formen aufweist. Neben Tellern, Schüsseln und Kannen gibt es Henkelbecher und Leuchter, Vorratsgefäße und Salznäpfe. In Messing und Kupfer sind Gerätschaften wie Waage, Gewichtsatz, Mörser und Wassergefäß ausgeführt, Kellen und Löffelbrett schmücken die rückwärtige Schauwand, der Hackstock steht auf gedrechselten Beinen.

Ähnlich reich ist auch die hochgetäfelte Wohnstube: Auf dem Paneelsims wechseln Nürnberger Fächerschüsseln mit gedrechselten Aufsätzen ab, der seitliche Halbschrank trägt Zinnvasen, Leuchter und Nadelkissen, an der Seite die Lichtputzschere. Neben dem glasierten und reliefierten Kachelofen, Tisch und Stuhl befindet sich das aufgetürmte Bett mit verschiedenen blau-weißen Bezügen.
Die Beschränkung auf zwei wesentliche Räume des Hausstandes, auf die Küche und das Wohn-Schlafzimmer, ist die Grundlage für die Ausbildung eines Puppenstubentypus, wie er sowohl im 19. als auch im 20. Jahrhundert immer wieder angefertigt wurde. Im Nürnberger Puppenschrank ist es lediglich die Anordnung übereinander und die Verwendung eines Schrankmöbels, was noch den Eindruck eines Puppenhauses erweckt.

Ebenso wird im Germanischen Nationalmuseum in Nürnberg eine Puppenstube aus dem 17. Jahrhundert mit nebeneinander geordneten Räumen aufbewahrt.
Im Vergleich zu den großen Puppenhäusern und zum Puppenschrank sind die beiden Räume (Abb. 5) besonders in der Gehäuse-Ausstattung einfacher gearbeitet worden. Die Vertäfelung in der Wohnstube wird durch die gemaserte Rückwand gebildet, an der ein Tellerbord befestigt ist. Wie im Puppenschrank steht der reliefierte Ofen vor einer ausgesparten, gestrichenen Wandfläche in der Ecke, flankiert von einem hohen Waschschrank.
Außer einem wuchtigen Tisch mit Zinngeschirr gehört zum Wohnzimmer noch ein besonders reich ausgestaltetes Himmelbett, auf dessen Holzteilen Profile ornamental die Fläche gliedern, dessen Betthimmel, nach Art einer »welschen Haube« geschweift, auf der Innenseite mit Szenen aus der biblischen Geschichte farbig ausgemalt ist – eigentlich nur sichtbar für den im Bett liegenden Stubenbewohner.
Die Küche verfügt über alles, was in einem vorbildlichen Nürnberger Haushalt gebraucht wurde, Zinnteller und -gefäße, Kupferbackform, Bügeleisen. Als Neuerung ist ein Geflügelstall hinzugekommen, der später in den Einzelküchen vom Ende des 18., Anfang des 19. Jahrhunderts häufig ist.
Die aus dem Verband der großen Puppenhäuser herausgelösten Einzelräume, wie sie sich in den beiden Nürnberger Beispielen des 17. Jahrhunderts dokumentieren, bildeten die Keimzelle zu den Puppenwohnungen, die sich zum Kinderspielzeug entwickelten und als Puppenstube ein fest umrissener Begriff wurden. Bis zu ihrer eigentlichen Ausprägung entstanden im 17. und 18. Jahrhundert noch weitere, vorbildlich ausgestattete Puppenhäuser.

Zwei Puppenhäuser, die im 17. Jahrhundert angefertigt und in der Folgezeit verändert wurden, befinden sich im Germanischen Nationalmuseum, Nürnberg, und im Kulturhistorischen Museum, Magdeburg. Beide sind Nürnberger Herkunft und weisen die klassischen Merkmale der dort gefertigten Häuser auf. Während das Haus aus dem Besitz Kress zu Kressenstein im 18. Jahrhundert bereichert wurde, verlor das Magdeburger Haus einen Teil seines Inventars und wurde bis ins 19. Jahrhundert hinein ergänzt.
Das in Nürnberg aufbewahrte Haus zeigt alle Merkmale des Nürnberger Puppenhauses (Abb. 7): Sein Untergeschoß ist wie das »Stromersche Haus« vielfach gegliedert mit Waschküche, Mägdekammern und Stallungen. Zentral gelegen ist der Treppenaufgang über Hof und Wandbrunnen, die umlaufende Galerie hat zierliche Balustergeländer. Auch die beiden Hauptgeschosse sind, wie bei den älteren Häusern, von diesen Balustraden begrenzt.
Wohn- und Schlafzimmer haben die hohen Vertäfelungen und die mit Zinn und Fayencen besetzten Gesimse, ein zeltartiges Himmelbett ist der Blickpunkt des Obergeschosses. In den Wohnräumen und im Soller hängen Gemälde, die Küche, deren Rauchfangherd hier an einer Seitenwand steht, ist bis unter die Decke mit Regalen bestückt, so daß Teller und Gerätschaften großzügig Platz gefunden haben.
Die Schmuckfreude des 18. Jahrhunderts zeigt sich besonders im Detail, in den zarten Glaswaren, den Silberschmiedearbeiten, den bestickten Bezügen der Wohnzimmerstühle. Modische Vertreter ihrer Zeit sind die maßstabgerechten Puppen, die mit Wachsköpfen und Perücken, in der farbenfrohen Kleidung des Rokoko, als Bewohner des Hauses fungieren, eine Dame und zwei Herren, beide mit bordiertem Dreispitz, in der Küche die Magd oder Köchin.

Mit der Einbringung dieser Puppen entstand etwas qualitativ Neues. Die Puppen treten als die Besitzer und Nutzer dieses Hausstandes auf und schließen ihn damit, als Welt im kleinen, quasi von der Außenwelt ab. Die ursprünglich lehrhafte und anregende, beispielgebende Haltung des Puppenhauses bekommt deutlicher dokumentierenden Charakter, der ohne Schwierigkeit ins Museale übergleiten kann.
Ausschließlich diesem Anliegen dient die ebenfalls mit Puppen versehene Arnstädter Puppenstadt »Mon Plaisir« (S. 2/3, Abb. 19).
Das viergeschossige Magdeburger Puppenhaus verfügt, bei bescheiden gestalteter Fassade, über zwölf Räume, die in den Grundzügen mit denen der klassischen Nürnberger Häuser übereinstimmen (Abb. 11). Auch hier zieht sich vom Kellergeschoß bis hinauf zu Schlafraum und »Prangstube« das Treppenhaus mit Sollern, doch nur die Treppen selbst sind von Balustergeländern begleitet; die nach vorn abschließenden Brüstungen sind nicht vorhanden.
Die Nutzung des Kellergeschosses ist die übliche: Stall und Vorratskammer, dazu, als Kammer in der Kammer, das »heimlich Gemach« oder »Sekret«, das sonst seitlich im Treppenhaus war (Abb. 10).
Parallel zur Küche, die wieder einen Rauchfangherd in der Ecke besitzt und reichlich Zinn- und Kupfergerät in Regalen aufweist, liegt die Kinderstube. Ihre hohe Vertäfelung wird ungewöhnlicherweise von einem Rundbogenfenster in der Rückwand unterbrochen. Ein wuchtiger Schrank mit Fayencegeschirr beherrscht den Raum, in dem das kleine Bett und der Kinderstuhl mit angebautem Tischchen auf die Funktion hinweisen.
Zwei Schlafzimmer (Abb. 9), davon das obere mit dem originalen Himmelbett, sind über der Kinderstube gelegen, das Wohnzimmer besitzt, vor der aufwendiger ausgeführten Paneelierung, einen großen, glasierten Kachelofen. Hier schmücken blau-weiße Fayenceteller den Sims, in der ganz oben gelegenen Prunkstube dominiert blankes Zinn von Krügen und Tellern.
Auffällig in der Einrichtung des Magdeburger Hauses sind die vielen verschiedenen Schrankmöbel, die überwiegend der Entstehungszeit des Hauses, dem 17. Jahrhundert, entstammen.
Hier gibt es außer den großen, doppeltürigen Schränken auch den niedrigeren Halbschrank und auf dem Soller des ersten Obergeschosses einen reich profilierten Wandschrank. Im 18. Jahrhundert fügte man einen Kabinettschrank, eine Kommode und Tische ein, in dieser Zeit wurde auch ein Treppengeländer im Stil der Zeit ergänzt. Im 19. Jahrhundert erweiterte man das Mobiliar mit einem strengen Empire-Spiegel und wahrscheinlich mit den beiden niedrigen Betten.
In der ersten Veröffentlichung dieses Puppenhauses in einem Museumsheft vom Anfang des 20. Jahrhunderts[9] wird das Haus wegen der Verschiedenartigkeit der Einrichtung mit katholischen Kirchen verglichen, in denen sich Kunstgut verschiedener Epochen zusammenfindet. Es wird als »Museum im Museum« interpretiert und an Goethes Verse »Ältestes bewahrt mit Treue, Freundlich aufgefaßtes Neue!« erinnert.
Die darin gerechtfertigte weitherzige Mischung von Gegenständen aus Gegenwart und Vergangenheit kommt, wie im menschlichen Hausstand auch, in den künftigen Puppenstuben häufig vor und ist hier ein Zeichen ihrer Lebendigkeit, ein Merkmal des Spielens.
Über die Berühmtheit der in Nürnberg angefertigten Spielzeuge, auch über die Puppenhäuser, wurde in der Literatur des 18. Jahrhunderts mehrfach berichtet.[10] Ein »Frauenzimmerlexikon« von 1739 beschreibt unter dem Stichwort »Puppenwerck, oder Spielsachen, auch Docken=Werck« die Vorzüglichkeit des Nürnberger Handwerks: »Ja es ist fast kein Handwerck, das nicht von denenjenigen Sachen, so sie groß zu machen gewohnet sind, auch öffters im kleinen, Modell und Puppenwercke verfertigte. Wegen Verfertigung solcher und anderer fast unzehlbarer, artig, künstlich und wohlerfundener Spiel= und Puppen=Sachen sind vor allen andern die Nürnberger und Augspurger sehr berühmt, als welche fast die gantze Welt damit anfüllen.«[11]
Im Anschluß daran wird noch ein weiterer, ungewöhnlicher Aspekt des »Docken-Werckes« zur Sprache gebracht, indem es als Gegenstand einer Art Eignungsprüfung empfohlen wird: »Man kann aus solchen der Jugend vorgelegten Puppen= und Spielwerck öffters ihr Gemüthe artig erforschen, und aus deren Erkiesung zuvoraus erlernen, worzu sie geneigt, ob sie wei-

bische, oder kindische oder ernsthaffte ihrem Stand nach wohlanständige Sachen wehlen und belieben, wie sie sich damit aufführen, und sie verwahren, ob sie solche recht anwenden und zu gebrauchen wissen, ob denen kleinen Jungfern die kleinen Puppenküchen angenehm, und sie darüber die Liebe zur künfftigen Haushaltung auch darbei blicken lassen, ob sie schon die Haus=Geschäffte aus einer Begierde suchen in der Zeit nachzuäffen, und sich dadurch zu allerhand Guten anführen und anmahnen lassen. Dergleichen Puppenwerck und Spiel=Sachen pflegen die Kinder insgemein zur Heil. Christ=Bescherung, Martins=Zeit, Nahmens= oder Geburts=Tägen stat eines Geschenckes zu überkommen.«

Eine Verwandtschaft im Gehäuse und im Aufbau der Räume besteht zwischen dem Nürnberger Puppenschrank und dem Baseler Puppenhaus im Schrank, das im späten 17. Jahrhundert entstand[12] (Abb. 6).

In einen schlichten Barockschrank auf Linsenfüßen wurden, in drei Geschossen wie im Nürnberger Beispiel, Wohnzimmer und Küche eingebaut, zuunterst ein Lagerkeller mit Weinfässern und Brennholz hinter geschwungenen Lattengittern. Die darüber liegende Küche weist erstmals in der Entwicklung der Spielküche einen halbhoch gefliesten Sockel auf, der später, allerdings als Papiertapete, unverzichtbar wurde. Neben dem Schrank mit Tellerbord hat man in jüngster Zeit ein ungewöhnliches und interessantes Herdmodell eingefügt, das die Jahreszahl 1768 trägt. Dieser Herd mit geschweifter Haube und kleinem Schornstein besteht aus grünglasierter Keramik, die in einem Stück den Herd mit Holznische, einen erhöhten Aufsatz mit Wasserpfanne, Seitenbördchen und Haube vereinigt.

Im darüber gelegenen Wohnzimmer bestimmt der schwere Barockschrank mit gewundenen Säulen und Engelköpfen das Bild, ebenso wuchtig sind Tisch und Bronzekronleuchter geformt. Auf dem Sims der hohen Vertäfelung stehen Zinnteller vor der gemalten Bordüre. Unterstrichen wird der betont repräsentative Charakter der »Prunkstube« durch einen Spiegel mit üppigem Ornamentrahmen und durch zwei Messingblaker.

Das Straßburger Puppenhaus (Abb. 12) befindet sich ebenfalls in einem Schrank, jedoch im Querformat angeordnet. Auf hohem Sockel wurden im Schrankkasten vier ungleich große Räume abgeteilt, die zwei Wohnzimmer, Küche und Hof beherbergen. Einrichtung und Tracht der Puppen sind durch elsässische Stilmerkmale gekennzeichnet, besonders fallen die reich bemalten Möbel in den beiden Wohnzimmern auf. Im oberen Wohnzimmer befindet sich, wie im 17. Jahrhundert üblich, ein Himmelbett, davor ein Kinderbett auf hohen Füßen. Seltene Schmuckgegenstände stellen der an der Decke hängende Putto und die beiden Vogelkäfige am Fenster dar.

Das Audienzzimmer unten links ist mit aufwendigen Schrankmöbeln eingerichtet und offensichtlich für repräsentative Zwecke gedacht.

Den Rauchfangherd in der Küche umgibt ein hölzernes Trockengestell, auf dem ein mechanisches Räderwerk zum Betreiben des Bratspießes angebracht ist. Das dazugehörige Steingewicht steht auf der gegenüberliegenden Seite. Töpfe, Teller und Gerätschaften sind auf Borden aufgestellt, dabei die hier gebräuchlichen Dreifußkessel; Laternen und Leuchter sind mehrfach vorhanden.

Zur Komplettierung des Hausstandes tragen die Einrichtungen des Hofes bei: Der Ziehbrunnen sorgte für das Trinkwasser und füllte die großen Waschbottiche, über den Bienenstöcken ist eine Sonnenuhr an die Hauswand gemalt. Die schräge Falltür führt zum (imaginären) Keller, ein kleiner, separater Stall ist rechts außen angebaut.

Auch hier, im Straßburger Beispiel, wurde wieder eine musterhafte Haushaltung aufgebaut, die ihre spezifischen, regionalen Eigenarten aufweist. Sie ist mit vielen dazugehörigen Puppen versehen, die in teils ländlicher Tracht, teils im städtischen Kostüm auftreten.

Als speziell elsässische Schöpfung gelten die im 18. Jahrhundert entstandenen »Wochenstuben«. Es sind kleine Gehäuse mit sparsamer, unbeweglicher Einrichtung, Himmelbett, Wiege, Tisch und Stühle, in denen Tonfigürchen sitzen. Die Szene stellt den Taufschmaus oder einen Besuch bei der Wöchnerin dar.

Die holländischen Puppenhäuser – kostbare und erlesene Sammlungsgegenstände

Die vier schönsten und reichsten holländischen Puppenhäuser werden in den Museen von Amsterdam, Utrecht und Den Haag aufbewahrt, von der niederländischen Forschung seit Jahrzehnten bearbeitet und erschlossen.[13] Drei von ihnen entstanden im 17. Jahrhundert, das vierte 1743.
Alle Puppenhäuser sind keine Nachbildungen von Häusern wie die Nürnberger Beispiele, sondern Kabinettschränke, in denen die einzelnen Räumlichkeiten eingerichtet wurden.
Auch diese Puppenhäuser geben einen Einblick in die Lebensgewohnheiten, in die Haushaltungen ihrer Zeit. Sie sind aber viel weniger Anschauungsmaterial und musterhaftes Vorbild als vielmehr kostbares Sammelobjekt und Kunstkammerstück. Alles in ihnen, Wandbespannungen und Gemälde, Möbel und Gerätschaften, ist wertvoll und erlesen, ihr Besitz und ihre Vervollkommnung sind nur vor dem Hintergrund bedeutender finanzieller Möglichkeiten denkbar.
Eigentümer der Puppenhäuser waren vermögende Frauen, nach deren Mädchennamen die Häuser benannt wurden.

Dem Haus der Petronella de la Court, Amsterdam, um 1674–1690, wollen wir uns zuerst zuwenden.
Sein Gehäuse (Abb. 13) wird von einem kastenförmigen Kabinettschrank auf kurzen, spiralig gedrechselten Beinen gebildet, in den elf Räumlichkeiten von unterschiedlicher Größe eingebaut wurden.
Wie bei den deutschen Puppenhäusern aus dem gleichen Jahrhundert gibt es auch im Haus der Petronella de la Court eine Küche und ein Audienzzimmer, auch das Zimmer, in dem das Himmelbett mit Wohnzimmermöbeln kombiniert wird, ist vorhanden. Der nützlichen Zwecken gewidmete Hof, der in Nürnberg vorkommt, hat sich hier zum kunstvollen Garten gewandelt, der mit Bosketten, Treillagen und Götterfiguren den typischen Barockgarten en miniature vorstellt.
Zwischen Küche und Garten liegt die Wochenstube, die in allen holländischen Häusern vorkommt; darüber, im ersten Geschoß, die offiziellen Räumlichkeiten.
Im schon genannten Audienzzimmer sind die Wände mit Landschaften des niederländischen Malers Frederic de Moucheron (1633–1686) bespannt, eine in zeitgenössischen Seidenstoffen und Spitzen gekleidete Puppengesellschaft sitzt auf Polsterstühlen um den Tisch.
Korrespondierend dazu die Kunstkammer, in der sich Kostbarkeiten und Raritäten häufen: Ostasiatisches Blau-Weiß-Porzellan wird in einem Glasschrank und auf dem Kaminsims zur Schau gestellt; auf dem fein marketierten Sammlungsschrank stehen Elfenbeinschnitzereien, die auch in Form von Reliefbildchen in einem großen Rahmen über dem Kamin zusammengefaßt sind; die Gemälde im ornamentierten Goldrahmen stammen von niederländischen Malern und sind 1674 und 1682 datiert. Zwischen Audienzzimmer und Kunstkammer befindet sich, über dem Treppenvorplatz, im Zwischengeschoß, ein Arbeitsstübchen für den Hausherrn. Bücher, Akten und Schreibutensilien füllen das kleine Gemach. Darüber liegen zwei Schlafräume, von denen der eine wohnlicher eingerichtet ist, im zweiten farbige Seidenstoffe und Klöppelspitzen die exklusive Einrichtung bestimmen.
Zwei Wirtschaftsräume – für die holländische Hausherrin unentbehrlich – begrenzen seitlich die Schlafräume: eine Vorratskammer mit Verschlag und eine Wäschekammer mit Wäschepresse und Trockengestell.
Petronella de la Court vererbte das wertvolle Puppenhaus ihrer Tochter Petronella , verehelichte du Pré, die ebenfalls eine leidenschaftliche Sammlerin war und von der ein deutscher Reisender, Zacharias Conrad von Uffenbach, 1711 berichtete, daß sie ihm ihre kostbare Sammlung gezeigt habe, auch das »Poppengut«, und dabei erwähnte, daß ihre Kostbarkeiten über einhunderttausend Gulden gekostet hätten.[14]
Nach dem Tode von Petronella du Pré wurde das Puppenhaus verkauft, die Nachkommen der neuen Besitzer schenkten es 1866 der Stadt Utrecht.

Auch das Haus der Petronella Oortman vom Ende des 17. Jahrhunderts befindet sich in einem Schrank, dessen Ausführung allein schon durch aufwendige Kunst-

fertigkeit des Möbelschreiners ausgezeichnet wird. Der fast quadratische Schrankkasten steht auf einem Gestell mit acht Volutenfüßen und zwei geschweiften Kreuzzargen; alle Flächen sind mit Schildpatt-Zinn-Marketerie belegt, deren symmetrisches Rankenwerk das Möbelstück überzieht. Aus einem zeitgenössischen Gemälde von Jacob Appel (1680–1751), das den Puppenschrank abbildet, ist ersichtlich, daß er mit Glastüren geschlossen werden konnte, außerdem mit Vorhängen gegen allzu grelles Licht ausgestattet war.
Das Haus der Petronella Oortman, die in zweiter Ehe mit Jacob Brandt verheiratet war – das Monogramm auf dem geschnitzten Schild über der Vorhalle lautet »B O« –, weist weniger Räume auf als das der Petronella de la Court, jedoch die wichtigsten des holländischen Hauses sind vertreten. Auch hier liegt das Empfangszimmer im Mittelgeschoß, seine Wände sind ebenfalls mit Ölmalereien verkleidet, Landschaften von Nicolaas Piemont (1644–1709); ein mit stillebenhafter Blumengirlande bemalter Klapptisch steht in einer Ecke, ein hoher Kaminüberbau mit illusionistischer Ornamentmalerei reicht bis an die Decke. Das Wohnzimmer mit ebenso hohem Kamin liegt im Untergeschoß parallel zur Küche, ist mit gestickter Tapete geschmückt und weist einen Sammlungsschrank auf.
Zentral aufgestellt ist auch in der Küche ein großer Schrank, in dem Porzellan und Gläser zur Schau gestellt werden, die Wände sind gefliest. Man findet einen großen Vogelkäfig vor, Tisch und Stühle mit einigen Gerätschaften, doch keine Töpfe und Pfannen wie in den Nürnberger Küchen; hier handelt es sich offensichtlich um eine Prunkküche, deren kostbares Inventar Sammlungsgegenstand war.
Die Wochenstube dieses Hauses ist durchgehend getäfelt, für das Bett wurde ein Alkoven ausgespart. Stoffe, Spitzen und Stickereien – sogar der Kamin hat einen Rüschenbehang – geben dem Raum eine feminine Note. Im darüberliegenden Schlafzimmer hat das Himmelbett einen zeltartigen Überwurf, der Speicherraum links hat Trockengestell und Wäschepresse. Ursprünglich war auch dieses Puppenhaus, wie das der Petronella de la Court, mit Puppen bevölkert, wie das Gemälde von Jacob Appel beweist. Sie sind heute fast völlig verschwunden.
Die Besitzerin des Hauses der Margaretha de Ruyter war die Tochter eines Admirals, aus ihrem Nachlaß kam das Puppenhaus schließlich 1924 in den Besitz des Rijksmuseums in Amsterdam (Abb. 15).
Im kastenförmigen Oberteil eines Kabinettschrankes auf hohen Spiralbeinen eingerichtet, hat es, wie die schon geschilderten holländischen Puppenhäuser, im Mittelgeschoß die hohen, repräsentativen Zimmer und, wie auch die anderen Beispiele, bemalte oder architektonisch gestaltete Decken.
Der Aufbau dieses Hauses folgt praktischen Erwägungen: Im Untergeschoß liegt der Wein- und Vorratskeller neben der Küche, deren zentralgelegener Kaminherd mit marmorierten Gesimsen bis unter die Decke reicht. Zinngerät auf Borden und an der Wand, Gläser auf dem Tisch, verschiedene Körbe weisen die Küche eher als Wirtschaftsküche aus.
Als dritter Raum befindet sich auf gleicher Ebene ein Wohnzimmer, in dem ein schlicht geformter Schrank Fayence- und Porzellanschätze birgt.
Die beiden großen Repräsentationsräume des Mittelgeschosses sind der Wochenstube und dem Empfangszimmer vorbehalten. Die leuchtend rot-gelbe Chintztapezierung der Wochenstube hinterfängt wirkungsvoll die strenge schwarz-weiße Kleidung der Kinderfrau, die neben dem ebenfalls mit Chintz umhüllten Himmelbett sichtbar ist, der Kamin mit hoher Abzugshaube ist an der Außenwand angebracht. Im Empfangszimmer steht kostbares Silbergerät vor dem Kamin, auffallend ist ein Wasserkessel auf hohem Gestell. Die Wäscheschätze des Hauses befinden sich im Schrank an der Rückwand, Porträts und ein gedrechseltes Hängeregal schmücken die Wände.
Unter dem »Dach«, dessen Decken durch Balkenunterzüge dargestellt werden, nimmt die große Wäschekammer mit dem üblichen Trockengestell den größten Raum ein, links daneben die Kinderstube, rechts eine Treppe mit Soller, die einzige im Haus. Außer im Weinkeller sind in jedem Raum Puppen in der Originalkleidung vom Ende des 17. Jahrhunderts eingeordnet.

Die Sammlerin Sara Ploos van Amstel erwarb 1743 auf einer Versteigerung in Amsterdam drei alte Puppenkabinette und ließ im Herbst des gleichen Jahres einen

Schrank dafür anfertigen, der kein Kasten wie bei den älteren holländischen Puppenhäusern ist, sondern eine Kommode mit einem geschweiften Aufsatzschrank, den zwei Türen verschließen (Abb. 14). Neun Räume wurden symmetrisch eingebaut, in denen Teilstücke aus dem 17. Jahrhundert sinnvoll verwendet wurden.
Wie im Haus der Petronella de la Court gibt es im Untergeschoß einen Garten, nur daß der im Haus der Sara Ploos als gemalte Perspektive von einer Durchgangshalle in der Mitte des Untergeschosses zu sehen ist. Barocke Holzbänke flankieren das ornamentierte Wasserbecken.
Die Küche, aus einem älteren Hause stammend, liegt rechts davon, sie hat an der Rückwand einen Glasschrank mit Zinngeschirr, ein Türchen führt nach hinten zum »Sekret«. Ein mit Ornamenten überzogenes Tellerregal an der Wand trägt verzierte Teller, Eiergestell, Bierkrüge und Bügeleisen stehen auf einem Halbschrank darunter, der Tisch ist mit Schaugerichten aus Pappmaché besetzt.
Die Puppen, Köchin und Mägde mit großen weißen Schürzen, haben wachsmodellierte Köpfe und Gliedmaßen. Sara Ploos ließ sie neu bekleiden. Auch die Hausherrin und die Kindsmagd in der Wochenstube sind modisch angezogene Wachspuppen, bei denen die charakterisierende Modellierung der Wachsköpfchen auffällt. Ganz ähnlich ist die Individualisierung bei den Wachsköpfen der Puppen aus »Mon Plaisir« in Arnstadt, die etwa gleichzeitig entstanden.
Die Wochenstube wurde mit marmoriertem Kamin und ebenso behandelter Alkovenwand besonders prächtig ausgestattet, durch illusionistische Malerei noch bereichert. Blau-weißes Teegeschirr, ein glänzender Wasserkessel mit Ständer, eine im Maßstab etwas zu große Wöchnerinnenschüssel gehören, außer dem geflochtenen Babykörbchen, zum Inventar.
Mit der Vortäuschung von stuckierten Wänden und ebensolcher Decke gab man dem Treppenvorplatz im ersten Stockwerk die Großzügigkeit einer Schloßanlage und der schönen Deckenlaterne einen angemessenen Rahmen. Die Türen links führen in das Musikzimmer, das ganz im Geschmack des 17. Jahrhunderts mit Wandmalereien bis unter die Decke bespannt ist. Sie stammen von der Hand David van der Plaats, dem ehemaligen Besitzer. Die silbernen Blaker ließ Sara Ploos um zwei weitere ergänzen, der Deckel des Spinetts wurde im Zeitgeschmack im besten Rokoko neu bemalt. Ein großer Kamin mit Ofenschirm, ein Glasschrank mit Raritäten, ein großes silbernes Kühlbecken geben Zeugnis von einer reichen Haushaltung.
Von passionierter Sammelleidenschaft spricht ebenso das auf der gleichen Etage gelegene Porzellankabinett, das ebenfalls unter Einbeziehung älterer Teile entstand. Wie in fürstlichen Residenzen wird hier die Sammlung von Blau-Weiß-Porzellanen auf Regalen, Konsölchen, Stellagen zur Ausstellung gebracht, ganz nach feudalem Vorbild von Spiegeln umgeben und durch einige wenige Möbelstücke vervollständigt.
Auch hier war wieder der Maler tätig, der sich auf augentäuschende Darstellungen verstand, und er ergänzte die Pracht des Raumes durch illusionistische Stuckdarstellungen. Das Sammelgut ist kein Porzellan, sondern Milchglas mit blauer Malerei in der Art der im 18. Jahrhundert so begehrten Chinaporzellane.
Fortgesetzt wird die Kunstsammlung im Haus der Sara Ploos in einem der oberen Räume, der die Raritätenkammer birgt, daneben liegen die Wäschekammer und das Kinderzimmer. Hier stehen Himmelbett und ein hoher Kamin, das Spielzeug ist aus Silber.
Unter den eingeschweiften Decken, die der äußeren Form des Puppenschrankes folgen, wirken diese drei oberen Räume etwas gedrückt und unübersichtlich. Doch auch für sie vergab Frau Sara Ploos van Amstel Handwerkeraufträge. Sie führte sorgfältig Buch über ihre Ausgaben und überlieferte so detailliert ihre Aufwendungen zur Errichtung des Puppenhauses.

Puppenhäuser im 18. Jahrhundert – zierlich und formenreich

Im Historischen Museum der Stadt Frankfurt a. M. wird ein Puppenhaus aufbewahrt (Abb. 17), das über mehrere Generationen in Besitz der Familie von Daniel Andreas Gontard war und nach diesem Erstbesitzer[15] benannt wurde. Es ist immer wieder verändert und ergänzt worden, und ein indirekter Nachkomme, Carl

Jügel, schrieb innerhalb seiner »Frankfurter Lebensbilder«:
»Die Familientradition läßt dieses, umfangreicher wie in der sonst üblichen Form ausgeführte Puppenhaus aus Holland hierher gelangen, von wo es etwa um das Jahr 1748 dem Fräulein Susanna Maria d'Orville von einer mit der Familie nahe befreundeten Seite zum Geschenk überschickt wurde. Man hatte ohne Zweifel gehofft, der jungen Empfängerin eine absonderliche Freude damit zu bereiten; scheint jedoch insofern darin fehl gegangen zu sein, als Fräulein d'Orville bereits in ihrem vierzehnten Jahre stand, in welchem Alter junge Mädchen ihren Geschmack zu changieren pflegen. Sie verlassen die Illusion der Puppenwelt, um in die wirkliche überzutreten, und in der Tat wurde Fräulein d'Orville auch schon nach kaum vier Jahren (1752) die Gattin des Herrn Daniel Andreas Gontard dahier, und damit später die Großmutter meiner seligen Frau.«[16]
Die hier erwähnte holländische Herkunft des Puppenhauses läßt sich an Einzelheiten der Räumlichkeiten nachweisen, der Schrank jedoch, der es in eine Reihe mit den holländischen Kabinetthäusern zu setzen scheint, ist eine Zutat des 19. Jahrhunderts. In der Einteilung der Zimmer ist manches der holländischen Tradition verpflichtet: das repräsentative Empfangszimmer, hier im Untergeschoß, in der Mitte das Treppenhaus, dem ein Raum mit Gartenausblick folgt.
In der oberen Etage endet die Treppe in einem Podest, an den links die Wochenstube grenzt, rechts sich die große Küche anschließt. Die Betonung der Wochenstube durch ihre Anordnung in das Hauptgeschoß geht auf die niederländischen Puppenhäuser zurück, ebenso der Gartenausblick. An Nürnberger Tradition erinnert die Lage der Prunkküche ebenfalls im Hauptgeschoß und die konsequente Durchführung des Treppenhauses.
Einige der Möbel entstammen noch dem 17. Jahrhundert, in der Wochenstube der glasierte und reliefierte Kachelofen, der Aufsatzschrank, das kleine Hängeregal; ebenso der hochgezogene Kamin, der flämische Leuchter, ein kleiner Schrank im Empfangszimmer, die Wäschepresse auf dem oberen Treppenvorplatz. Die barocke Wand- und Deckenmalerei in der Küche, die von den Borden für das Zinngeschirr überschnitten wird, gehört stilistisch zum Herd, der ein ganz ungewöhnliches Modell ist: tischförmig mit gewaltigen Balusterbeinen, rot marmoriert, darüber die Abzugshaube.
Auch von den Gerätschaften in der Küche sind manche älter als die übrigen, zum Beispiel die große Messinghaube auf dem Herd, eine Glutstülpe, die die Glut über Nacht erhielt, und ein mechanisches Räderwerk aus Schmiedeeisen für den Bratspieß. Ganz unbekümmert um die historischen Gegebenheiten wurde ein Halbschrank aus dem 19. Jahrhundert dazu geordnet.
Der niederländische Gartenausblick ist im Gontardschen Haus zum Fensterblick reduziert worden, durch ein stuckiertes Gewände sieht man hohe Bäume und fliegende Vögel. Darunter ist eine Vorratskammer entstanden, mit Körben, Waage und Merktafel. Die kleine Galerie vor dem Gartenfenster, mit dem gleichen Balustergeländer des 19. Jahrhunderts wie im Treppenhaus, nennt man in Frankfurt eine »Babelage«. Sie ist durch eine Tür vom ersten Treppenabsatz aus zugänglich.
Im 18. Jahrhundert wurden im Gontardschen Puppenhaus Verschönerungen vorgenommen, ein zierlicher Betthimmel aus Spitzen schmückt die Wochenstube, hier kann man auch die Mechanik des Klingelzuges studieren, die Glocke befindet sich, getreu dem natürlichen Vorbild, im Treppenhaus, Es fallen die feinausgeführten Messinggegenstände auf, zwei große Laternen und Blaker.
Die Detailliertheit der Gerätschaften erregte auch in späterer Zeit Bewunderung. Carl Jügel schrieb in seinen Erinnerungen über die Nutzung des Treppenvorplatzes und beschrieb ein ungebräuchlich gewordenes Hausgerät: ». . . eine zierlich gearbeitete Serviettenpresse. . ., welche nach damaligem Sitte dem Tischzeug nach jedesmaligem Gebrauch seinen eigenthümlichen Appret wiederzugeben bestimmt ist.« Weiter bemerkt er zeitkritisch: »Ein Spinnrad und eine Garnwinde auf dem Schranke bezeugen, wie damals die weibliche Dienerschaft, selbst in angesehenen Häusern, ihre freien Stunden auszufüllen hatte; heut zu Tage weiß dieselbe mit dergleichen trivialen Apparaten nicht mehr umzugehen.«[17]
Im 19. Jahrhundert kamen die Puppen im Gewand des 18. Jahrhunderts hinzu, außer den jungen Damen gibt

es die Köchin, die Wirtschafterin und den Diener, in der Wochenstube die Kindsmagd.
Das Gontardsche Puppenhaus ist das erste, das sich im Laufe der Jahrhunderte allmählich veränderte, es scheint im 19. Jahrhundert schon als Spielzeug, wenn auch als sehr kostbares, benutzt worden zu sein. Die Familie betrachtete es offenbar wie eine anschauliche, dreidimensionale Chronik, in der Einzelheiten der Familiengeschichte festgehalten wurden. Daß man im 19. Jahrhundert den kostspieligen Schrank dazu anfertigen läßt, spricht von der Wertschätzung des Puppenhauses.
Die große Formenvielfalt im Europa des 18. Jahrhunderts spiegelt sich auch in den Puppenhäusern wider, wie an einem schwedischen und italienischen »Haus« verdeutlicht werden kann:
Das Puppenhaus im Stockholmer Nordiska Museet (Abb. 16) ist, wie die holländischen Häuser, keine Nachbildung eines Hauses mehr, sondern das Innere eines Kabinettschrankes, in diesem Falle einer dreiseitig verglasten Vitrine. In vier Geschossen sind Räume eingerichtet, die nicht durch ein Treppenhaus verbunden sind, sondern in gleichen Abständen übereinander angeordnet wurden.
Das Untergeschoß birgt Küche und Vorratskammer, darüber Wohn- und Schlafzimmer, in der nächsten Etage ein über die ganze Breite des Schrankes gehender Festsaal mit kostbaren Wandspiegeln im venezianischen Geschmack. Im Obergeschoß befindet sich unter der gewölbten »Decke« ein großer Repräsentationsraum. Mit reichem und zierlichem Zubehör versehen, scheint auch dieser verschließbare Kabinettschrank nach den Vorstellungen eines Sammlers entstanden zu sein, der nach dem Vorbild eines wohlhabenden Haushaltes die miniaturisierten Luxuserzeugnisse seiner Zeit zusammentrug.
Über die Funktion eines italienischen Palazzos des 18. Jahrhunderts in Bologna (Abb. 18) gibt es in der Forschung[18] noch Zweifel, ob es sich dabei um ein Puppenhaus oder um ein Modell handelt.
Für ein Modell spricht die alle vier Seiten gleichmäßig behandelnde Außenausführung des einstöckigen Palazzos, dessen Inneneinrichtung durch große Glasfenster und Türen sichtbar gemacht ist. Die farbige Fassung der Außenwände, Marmorierung mit vergoldeten Profilen um die Fenster, und die mit Malereien versehene, gewölbte Decke im Inneren weisen auf eine Reichtum und Pracht verkörpernde Konzeption hin, die sich auch in der Einrichtung fortsetzt.
Die symmetrisch angelegten Räume werden durch halbhohe, verglaste Wände geschieden, die Verbindungstüren mit vollplastischen Schnitzereien gekrönt. Die Durchblicke zeigen jeweils mehrere Räume, so ein Speisezimmer, hinter dem ein Alkoven-Schlafzimmer liegt, im Mittelpunkt eine muschelförmige Wiege. Durch den Vorraum mit zwei Holzbänken, bemalt mit Blumenkränzen, wird ein anderes Speise- oder Wohnzimmer sichtbar, das einen muschelförmigen Wandbrunnen, Gläserborde und Gemälde in sich schließt. Vergleichsweise einfach ist die Küche mit Rauchfangherd und Backofen, in der Kochgerätschaften, Fayencen und Tontöpfe Aufstellung gefunden haben.
Der bolognesische Palazzo, als einziges Haus im Kleinformat in Italien bekannt, ist wegen seiner offensichtlich modellhaft ausgerichteten Konstruktion als Vorbild und Demonstrationsobjekt zur Einrichtung eines feudalen Haushaltes gut vorstellbar.
Einen Höhepunkt, aber auch einen Ausnahmefall in der Entwicklungsgeschichte des Puppenhauses und der Puppenstube stellt die Puppenstadt »Mon Plaisir« in Arnstadt, die umfangreichste Einrichtung dieser Art in der Welt, dar. Auf Anregung und Betreiben einer verwitweten Fürstin entstand in der kleinen thüringischen Residenz die dreidimensionale, verkleinerte Abbildung ihres Lebensraumes. Die Darstellung wuchs im Laufe der Jahre auf zweiundachtzig Räume an, die – bis auf die unvermeidlichen Verluste durch Diebstahl – im Original erhalten sind.
Augusta Dorothea von Schwarzburg-Arnstadt (1666–1751) begann, nachdem sie 1716 verwitwet war, mit dem Aufbau der Puppenstadt. Schon bevor sie ihr Interesse dem »Poppenzeug« zuwendete – sie kaufte 1697 auf der Leipziger Ostermesse »1/4 Lot« davon –, war sie eine ambitionierte Sammlerin, die zeitlebens von Schulden geplagt war und ihrem Gemahl, Anton Günther II. von Schwarzburg, aus diesem Grund immer wieder Schwierigkeiten bereitete. Die Tochter des kunstliebenden Herzogs Anton Ulrich II. von Braunschweig-Wolfenbüttel kam achtzehnjährig in

den thüringischen Kleinstaat und versuchte, nachdem sie in der Nähe der Arnstädter Residenz die »Augustenburg« erbauen ließ, sich dort ein Lustschloß nach braunschweigischem Vorbild einzurichten. Ihre Anschaffungen an Gemälden, Möbeln, Spiegeln und besonders für das Porzellankabinett beanspruchten große Summen, und vergeblich versuchte sie gegen Ende ihres Lebens den Besitz zu veräußern, um wenigstens einen Teil ihrer Gläubiger befriedigen zu können.

Die Neigung, ihre Vorstellungen großzügig zu verwirklichen, zeigt sich auch in der Anlage der Puppenstadt. Sie geht weit über das Puppenhaus des 17. und 18. Jahrhunderts hinaus und zielte auf eine Vollständigkeit, die einer Dokumentation gleichkommt.

Dieser Grundgedanke schließt auch von vornherein eine etwaige Verwendung als Spielzeug aus; zunächst war es ein kostbares »plaisir« der Fürstin, später Kunstkammerobjekt und Museumsgut.

Die Puppenstadt ist so angelegt, daß die drei Stände der Feudalgesellschaft, Adel, Bürgertum und Bauern, in abgestufter Ausführlichkeit geschildert werden, einbezogen wird die Geistlichkeit und am Rande der Besitzlosen, der Bettler, gedacht.

Die fürstliche Residenz wird in vielen Räumen sehr detailliert dargestellt. Es ist charakteristisch, daß immer eine bestimmte Situation szenisch aufgebaut wurde, also nie der Raum allein wirken sollte, sondern immer in seinem Gebrauch. Die Außenanlagen sind außer acht gelassen, die Gebäude, die die Räume bergen, schlicht und nicht einem fürstlichen Schloß nachgebildet.

Die dargestellten Szenen sind ein Abriß des höfischen Lebens: die Fürstin bei der Morgentoilette mit zwei Kammerfrauen, die Fürstin in der Kinderstube mit Kindsmagd, der Barbier beim regierenden Herrn.

In allen Räumen finden sich kolorierte Papiertapeten; die Kinderstube, die in ihrer aufwendigen Anlage ebenso eine Wochenstube mit Besucherinnen in der holländischen Tradition sein kann, besitzt eine gegliederte Alkovenwand. Vergoldete Kapitelle und fast vollplastische Putti über dem Alkovenbogen bezeugen die Mitarbeit eines Holzbildhauers, die feinst geflochtene Wiege und das Kinderkörbchen die Kunstfertigkeit der beteiligten Korbflechter.

Bei allen Räumen wurde Wert auf die Einbeziehung charakteristischer und zeittypischer Gerätschaften gelegt, eine Einstellung, die die Puppenstadt zum einmaligen kulturgeschichtlichen Quellenwerk machte. So sieht man in der Barbierszene beim Fürsten das große Rasierbecken mit dem Ausschnitt für den Hals, die Nachtmütze und den Perückenstock mit der gelockten Allongeperücke.

Der »Vortragende Rat« erscheint bei der Fürstin mit einem großen Folianten, sie selbst sitzt unter einem üppig drapierten Thronbaldachin in prachtvollem, silber- und hermelinverbrämtem Kleid, unter dem die rotgestöckelten Schuhe hervorschauen. Der Raum ist mit einer Japantapete ausgeklebt, die eine Gesellschaft im Garten darstellt, die hochlehnigen Stühle zeigen kolorierte, aufgeklebte Blumen.

Eine Reihe von Gruppen widmet sich der Unterhaltung der Hofgesellschaft, die Fürstin am Spielbrett und am Teetisch, ein Abend bei Hofe mit Kartenspiel und zeremoniöser Begrüßung, der gedeckte Teetisch oder die Kammermusik – jedes Ereignis fand in einem Extraraum seine Darstellung, und jeder Raum hat eine eigene Tapete, Seiden- und Chintzvorhänge, verzierte Möbel und Kamine.

Einer dieser Kamine, im Zimmer, das zwei Damen am Teetisch zeigt, ist aus blaubemalten Fayence-Elementen zusammengesetzt. Sie stammen, wie die vielen kleinen Fayencekrüge und -schüsseln aus der Manufaktur, die die Fürstin in Dorotheenthal bei Arnstadt 1715 gegründet hatte. Ihre Liebhaberei für zeitgenössisches Kunstgewerbe kam hier auch der Puppenstadt zugute und setzte einen wichtigen Akzent in der Ausstattung.

Wie in Schloß Augustenburg ließ Augusta Dorothea in der Puppenresidenz ein Porzellankabinett einrichten, mit Spiegelwänden und vergoldeten Konsolen, im 18. Jahrhundert ein unverzichtbarer Bestandteil fürstlicher Repräsentation. Die Miniaturporzellane, blau unter Glasur bemalt, stammen aus China und entstanden überwiegend in der Periode K'ang hsi, in der Entstehungszeit der Puppenstadt.

Ihrer eigenen Sammelleidenschaft setzte die Fürstin ebenfalls ein Denkmal und richtete eine kleine Kunstkammer ein, wie sie schon ähnlich in den holländischen Puppenhäusern üblich waren. Ausschlaggebend

war hier wie dort die Kostbarkeit und Rarität des Miniaturgegenstandes, winzige Schnitzereien, Elfenbein-Drechsel-Kunststücke, Ostasiatica, Gemälde. Bei den Niederländern hingen an dieser Stelle signierte Originale, in Arnstadt ist der Anspruch notgedrungen bescheidener, man begnügt sich mit Aquarellen und kolorierten Stichen.
Enge Beziehungen verbanden die Fürstin Augusta Dorothea mit dem Ursulinenkloster in Erfurt, nachdem sie 1715 zum katholischen Glauben übergetreten war. Der Orden half ihr mit Darlehen aus, und nach ihrem Tode wurde sie in der Erfurter Klosterkirche der Ursulinen beigesetzt.
So ist es nur natürlich, daß sie auch der Schilderung des Klosterlebens Räume in ihrer Puppenstadt zuweist, in denen die feierliche Messe, das Gebet in der Zelle und der Mittagstisch im Refektorium geschildert werden. Hier steht ein Vorleser auf der niedrigen Kanzel, eine dienende Schwester mit großem Schlüssel am Gürtel – eine Kellermeisterin? – verläßt mit einem blau-weißen Fayencekrug den Raum, um ihn neu zu füllen. Ein Heiligenbild mit den hochgeschätzten »Klosterspitzen« und ein kleines Memento-Mori-Gemälde unterstreichen die Würde des Ordenshauses. Die Verbindung der Nonnen mit dem Volk bilden zwei andere Gruppen ab: Eine Nonne reicht einem Bettler ein Almosen und der Unterricht in feinen Handarbeiten für junge Mädchen, der im Kloster erteilt wurde. Auch hier sind wieder die Gerätschaften mit Detailtreue nachgebildet.
Die Hofküche und Kellerei (Abb. 19) beanspruchen ein eigenes Haus mit Dach und Schornstein. Das Gewölbe des Weinkellers wird durch einen großen Torbogen angedeutet, durch den man die Fässer und die hantierenden Männer beobachten kann, man sieht ein Regal mit kostbaren Gläsern und Faßreifen an der Wand. Die große Küche bietet ein Musterbeispiel einer reich und vollkommen ausgestatteten Prunkküche, in deren Mitte ein bis an die Decke reichender Kamin eingebaut ist, an der Vorderseite mit einem großen Gemälde geschmückt. Vermutlich war er als Herdkamin, wie in den holländischen Puppenhäusern, zu benutzen. Ringsum ist ein halbhoher Sockel mit Fayence-Fliesen belegt worden, darüber staffeln sich die Borde voller Zinn-, Kupfer- und Messinggerätschaften, die man vom obersten Bord nur mit Hilfe einer langen Gabel herabangeln konnte.
Was man im 18. Jahrhundert als Küchenausstattung für notwendig erachtete, schildert eine zeitgenössische Quelle[19] unter dem Stichwort: »Küchen=Inventarium,

---

an Zinnwerck
Anricht=Löffel,
Butterbüchsen,
Caffee= oder Thee=Kanne,
Caffee= oder Thee=Theller,
Flasche zu Bier
oder Wein,
Bettwärm=Flasche,
Gewürtz=Büchse,
Handbecken mit
Gieß=Kanne,
Lampe,
Lavoir,
Löffel,
Leuchter,
Lichtputz=Scheeren,
Lichtputz=Kästgen,
Saltz=Faß,
Schnecken=Häuser,
Schüsseln, große,
mittlere, kleine,
Commendgen (ist eine
kleine, flache Schüssel,
in der die Dütschen
aufgesetzt werden. Dütschen
=Soßen)
Eyer=Schüsseln,
Suppen=Schüsseln,
Schüssel=Ring,
Teller, gemeine
Brat=Thee=Teller,
Tisch=Kanne,
Vorleg=Löffel,

an Kupfer- und
Messingwerck
Badewanne,
Blech zum Löffeln
oder Quirlen,
Castrole,
Durchschläge,
Feuer=Gicke
(Glutöfchen),
Fisch=Tiegel,
Herd=Schirme,
Kessel zum Thee, Coffee,
Schocolade,
Fisch=Kessel,
Schinken=Kessel,
Schwenck=Kessel
Mörsel,
Pfannen, Kohl=
Feuer= Glut=
Pfannen, Wärm=Pfanne,
Bettwärm=Torten=
Pasteten=Pfannen,
Schöpf=Geltgen
(geböttchertes Gefäß)
Stürtzen, (Topfdeckel),
Töpfe oder Hafen zum
Kochen, Laugen=Topf,
Wasser=Ständer
(Vorratsgefäß),

an Blech= und
Eisenwerck,
Anrichtlöffel,
Bratenwender,
Bratenwender=Böcke,
Butter=Stecher,
Dreyfuß,
Durchschläge,
Feuer=Hacken,
Feuer=Zange,
Fleischbeil,
Fleischhacke,
Fleischgabel,
Gewürtzbüchse,
Gießkellen,
Hackebeil,
Hackemesser,
Küchenmesser,
Löffel, Anrichtlöffel,
Back= Schaum=Treulöffel
Ofengabel,
Ofenschüppe,
Pastenblech,
Pfannen, Brat=Kohl=
Glut=Pfannen,
Reibeisen,
Röste,
Schäuflein,
Eyer=Schäuflein,
Fisch=Ofenschäuflein,
Spicknadeln,
Spiesse, Brat=Spiesse,
Bratwurst=Lerchen=
Vogel=Spiesse,

Stürtzen auf
Schüsseln, Töpfe,
Theekanne,
Trichter,

von Holzwerck,
Anricht=Tisch,
Aufwaschfaß,
Blasebalg,
Fäßgen, zu Mehl
und Zugemüse,
Fischbret,
Flederwisch,
Fleischbret,
Fleischfaß,
Gewürtzbüchse,
Hackebret,
Kehrichtfaß,
Kehrwisch,
Kochlöffel,
Korb, Hand= und Trag=Korb,
Mulden,
Borstwisch (Handfeger),
Quirl,
Reibekeule
Scheuerfaß,
Schleifkanne
(sehr große Kanne),
Schöpfgelte,
Schüsseln,
Spülgelte,
Teller,
Wasserkanne,
Wasser=Ständer,

von töpfernem Gefässe,
Brat=Pfannen,
Butter=Büchse,
Flaschen,
Kohlpfannen,
Krüger, Tisch= oder Bier=
Flasche,
Kohlpfannen,
Krüger, Tisch= oder Bier=
Krüge mit Beschlägen,
Eßig=Krug,
Lampe,
Näpfe,
Fett=Pasteten etc.,
Schüsseln,
Stürtzen,
Teller,
Tiegel, Eyer=Tiegel,
Töpfe zum Kochen,

von Porcellain=Gefäße,
Blumen=Töpfe,
Coffee= oder
Thee=Schälgen
und Köpfgen
Coffee=Napf,
Handbecken mit der
Gießkanne
Lavoir,
Schaalen, grosse, mittlere
und kleine,
Teller, grosse, mittlere
und kleine,

Leinen=Geräthe,
Herd=Tücher,
Küchen Quelen, grosse und
kleine (ist von grobem
Zwillig oder starker Lein=
wand lang verfertigtes Hand=
tuch),
Vorhänge um den Herd,
Umhänge um die Tische etc.«

Die Aufzählung des Kücheninventars mag zunächst den Eindruck der Überfülle und Unübersichtlichkeit vermitteln, bei näherem Vergleich mit einer heutigen Kücheneinrichtung ist es nur die Spezialisierung einiger Geräte, die die Anzahl so umfangreich macht, wie etwa »Lerchen-Spieße« oder »Schöpf-Geltgen«. Statt dessen umfaßt der heutige Haushalt vieles in technisierter Form, allein, was die Wasserversorgung betrifft, und wollte man beispielsweise alles einzeln aufzählen, was zu einer Wasserleitung gehört, dann käme man auf einen ähnlichen Umfang wie das 18. Jahrhundert mit seinen »Wasserständern«, »Lavoirs«, »Gieß-Kellen« und »Schleifkannen«.

Zudem muß man sich vor Augen führen, daß die Haushalte früherer Jahrhunderte weitestgehend Selbstversorger waren, und es gehörte zum Beruf der Hausfrau, daß sie das Schlachtfest zu beaufsichtigen verstand, das Federschleißen und Füllen der Betten, die Vorratshaltung durch Pökeln, Dörren, Einsäuern und Einschlagen in das Sandbeet im Keller. Sie mußte wissen, wie man Lichter gießt und welche Kräuter als Gewürz und zu Heilzwecken im Garten zu ziehen sind, sie mußte Seife zu kochen verstehen und Flachs zu spinnen, der für die Wäschevorräte zum Weber gebracht wurde.
Alle diese Verrichtungen benötigen natürlich ihre Gerätschaften. Bei dieser Überlegung und der Kenntnis, daß der Arnstädter Hof über sechzig Bedienstete zu versorgen hatte, scheint sogar die reich bestückte Hofküche als pars pro toto zu stehen, als Andeutung dessen, was ein gut geführter Haushalt zur Verfügung haben muß.
Die Puppenstadt »Mon Plaisir« verfügt daneben über eine differenzierte Handels- und Gewerbestruktur, die nach der Überlieferung der der Stadt Arnstadt entsprochen haben soll. Für die Fürstin und ihre Mitarbeiter waren die Läden und der Markt die willkommene Gelegenheit, Detailschilderungen anzufertigen.
Folgende Stände, Werkstätten und Berufe haben in der Puppenstadt ihren Platz gefunden: Bäcker, Fleischer, Tischler, Böttcher, Apotheker, Schneider, Weber, Drechsler; sie alle sind in ihrem Arbeitsmilieu abgebildet, mit Gesellen und Gehilfen oder den mitarbeitenden Frauen.
In allen diesen Räumen finden sich die verkleinerten handwerkstypischen Werkzeuge, deren getreue Nachbildungen vermutlich von den Gewerkevertretern selbst hergestellt und so unschätzbare Geschichtszeugen wurden: In der Tischlerei ist, neben Sägen und Bohrern, auch die Reißlade aufgehängt, der Böttcher treibt die geflochtenen Faßreifen, wie sie in der Hofkellerei hängen, über die Dauben, in der Apotheke steht ein Windofen mit Destillierkolben in der Ecke – es ist das Zeitalter der Alchimie.
Auf dem Markt haben sich Verkaufsstände aufgetan, die Schuhe aller Art und Wachsstöcke feilbieten, Blech- und Zinngerät ebenso wie modischen Putz (Abb. S. 2/3). Käufer und fahrende Händler bilden das

»Mon Plaisir«, der »Albertinische Garten«.
Schloßmuseum, Arnstadt

Publikum, das dem Wandertheater lauscht oder die ausgelegten Waren betrachtet.
Hier findet sich auch die ländliche Bevölkerung, die außerdem noch in einem komplett ausgestatteten Bauernhof geschildert wird, der Bauer, der mit der »Radeberre« (eine bestimmte Art von Schubkarre) zum Einkauf in die Stadt gekommen ist, und die Bäuerinnen mit den unverzichtbaren Tragkörben.
Ein Stück der Umgebung der Residenz wird durch den »Albertinischen Garten« verkörpert, erstmals ein dreidimensionaler Garten in Miniaturgröße, der im 17. Jahrhundert bisher nur als gemalter Ausblick oder als brunnengeschmücktes Höfchen in die Puppenbehausungen einbezogen worden war.
Den Hintergrund der Anlage bildet eine Rückwandmalerei in der Art eines Theaterprospektes, der das Ganze ins Großartige und Weitläufige erhebt. Gemauerte Arkaden und hohe Bäume flankieren zwei Alleen, an deren Enden zwei identische Lusthäuser errichtet sind, von zartfarbigem Gebirge hinterfangen.
Der Vordergrund ist im Geschmack des französischen Barock angelegt, streng symmetrisch mit verschnittenen Hecken, Gitterwerk und einem zentral angeordneten Pavillon. Zwischen figurengeschmücktem Brunnen, Pflanzkübeln aus der Orangerie und – nur zu festlichen Anlässen üblich – Fayencevasen mit Blumen promenieren die Herren und mühen sich die Gärtner.
Die Darstellung von Gärten im Puppenstubenformat ist zwar nicht häufig, hat aber immer wieder besonders liebenswürdige Schöpfungen hervorgebracht. Im 19. Jahrhundert kommen in England Wintergärten und Treibhäuser im Kleinformat auf, der Pavillon als Kernstück für ein frei aufzubauendes Gartengelände wird von der deutschen Spielzeugindustrie in mehreren Varianten angeboten. Als Dachgarten und Nachbildung eines einstmals existierenden Hotelgartens findet sich ein Beispiel auf einem Weimarer Puppenhaus (Stadtmuseum Weimar), als abgeschlossenes, fertig bebautes Gärtchen ein Exemplar in der Sammlung Henze, Weimar (Abb. 109).
Für die Puppenstadt »Mon Plaisir« in ihrem szeni-

schen Aufbau sind die Puppen von überragender Bedeutung und von gleichem Aussagewert wie ihr Umfeld. Es ist überliefert, daß die Fertigung der mehr als vierhundert Puppen, die eigentlich Figurinen sind, durch den Hofstaat der Fürstin erfolgt ist.
Die Körper wurden aus Holz oder gestopften Stoffbälgen hergestellt, Köpfe und Hände aus Wachs modelliert. Die Wachsmodellierung hatte sowohl als Reliefdarstellungen als auch als Krippenfiguren Tradition in Italien und wurde im 18. Jahrhundert auch in Deutschland ausgeübt. Die Arnstädter Puppenköpfchen zeichnen sich durch feine Charakterisierung und Individualisierung aus, die ältere Überlieferung berichtet sogar von einer Porträtähnlichkeit bestimmter Personen. Mit den besonders ausgeprägten, faltigen Gesichtern der Bettler und alter Personen wird die Tätigkeit von zwei Patres in Verbindung gebracht, deren Namen bekannt sind, Benedikt Sauer und Antonius Einhorn, beide zeitweise Beichtväter der Fürstin auf Schloß Augustenburg. Zumindest für Antonius Einhorn ist eine künstlerische Tätigkeit nachgewiesen. Mit Sicherheit sind jedoch mehr Modelleure tätig gewesen, als heute bekannt sind.[20]
Die Bekleidung der Puppen wurde aus zeitgenössischen Stoffen und Spitzen genäht, die Strümpfe auf winzigen Nadeln gestrickt, die Schuhe aus Leder gefertigt oder, bei hochgestellten Damen, aus Brokat und Stickerei. Echtes Haar wurde dort angebracht, wo nicht die Puderfrisur das Standesentsprechende war, die Tierkörper wurden mit echten Häuten bezogen.
Die einzelnen Räumlichkeiten der Puppenstadt, die nur ausnahmsweise originalen Häusern nachgestaltet waren, wie die Posthalterei und der Bauernhof, hatte man ursprünglich mit Treppen und Terrassen untereinander verbunden; so jedenfalls präsentierte sich das »Puppenkabinett« nach dem Tode der Fürstin einem gelehrten Besucher.
Augusta Dorothea hatte ihr Schlößchen mit allem Inventar der Herzoginwitwe Antonietta Amalia von Braunschweig-Wolfenbüttel vererbt. Einer späteren Versteigerung der Puppenstadt »Mon Plaisir« kam der Vorsitzende der Arnstädter Waisenhausstiftung mit dem Vorschlag zuvor, seiner Einrichtung die Puppenstuben zu überlassen. 1765 wurde diese Schenkung vom Herzog von Braunschweig bestätigt.
Innerhalb der dem Waisenhaus gehörenden Raritätenkammer konnte die Puppenstadt bis 1850 besichtigt werden. 1881 wurde sie auf Befehl der Fürstin Marie von Schwarzburg-Sondershausen in das Arnstädter Schloß überführt, später auf ihren Besitz in Gehren, wo sie für Besucher nicht mehr zugänglich war. Auf die Initiative des damaligen Arnstädter Oberbürgermeisters Dr. Bielefeld entschloß sich die Fürstin, der Arnstädter Museumsstiftung die Puppenstadt zu übereignen, als deren Eigentum sie seit 1932 wieder gezeigt wurde.
Die Vollständigkeit der Darstellung, die einen Querschnitt durch die materielle Kultur des 18. Jahrhunderts bietet, verbunden mit liebevoller Detailtreue und präziser Ausführung, erhebt »Mon Plaisir« zu einem Kulturdokument ersten Ranges, das als Quelle zum vergleichenden Studium unschätzbare Dienste zu leisten vermag.

Eine eigene Tradition hat die Puppenhaus-Entwicklung in England, die in einigen charakteristischen Merkmalen von der kontinentaleuropäischen abweicht. Die frühesten erhaltenen englischen Puppenhäuser stammen aus dem 18. Jahrhundert, auch hier scheint sowohl Sammlerfreude wie modellhafter Aufbau der Anlaß zu ihrer Entstehung gewesen zu sein.
Ähnlich den Nürnberger Puppenhäusern des 17. Jahrhunderts besitzen die englischen Häuser bis ins 19. Jahrhundert vollständige Fassaden, die aber in Segmenten zu öffnen waren und den Zugang zu den einzelnen Räumen erlaubten. Dabei ist es charakteristisch, daß diese Fassaden der insgesamt äußerlich aufwendig und detailliert gestalteten Häuser bestimmten architektonischen Vorbildern folgten, die landschaftlich typisch waren. Häufig sind dabei der Vorbau mit Freitreppe (Abb. 20), das niedrige Dach und die oben abschließende Balustrade. Die einzelnen Teil-Türen der Fassade haben nicht nur voll ausgebildete Fenster, sondern auch die dem Zimmer entsprechende Innentapete und Gardinendekoration.
So sorgfältig wie die Hauptfassade sind auch die Seitenwände der englischen Puppenhäuser durchgestaltet, bei den großen Exemplaren gehört in der Regel ein stabiles Tischgestell, nach Maß angefertigt, unter das Haus.

Als die schönsten Puppenhäuser des 18. Jahrhunderts in England gelten das Puppenhaus in Uppark in Sussex, das durch die Weitläufigkeit seiner Räume mit den weißen Wandvertäfelungen und der kostbaren Silberausstattung fasziniert, das Puppenhaus von Nostell Priory bei Wakefield in Yorkshire (1743) und das Haus der Familie Tate (Abb. 20), das um 1760 in Dorset entstand.
Das schlichtere Haus der Familie Tate wurde um 1775 eingerichtet und später, um 1830, neu ausgestaltet. So überwiegt jetzt das Mobiliar im Hepplewhite-Stil, dessen klassizistische Strenge das gut verarbeitete Holz wirken läßt und durch einfallsreiche Lehnen- und Sprossengestaltung in Schränken charakterisiert wird. Einige besonders schöne Einrichtungsgegenstände der vorhergehenden Periode, wie Spiegel oder Kronleuchter, wurden beibehalten.
In der Sammlung von Vivian Greene, die in Oxford eigens dafür einen Pavillon baute, befinden sich zwei Beispiele, die die ausgeprägte Vorliebe der englischen Puppenhaushersteller für durchgestaltete Fassaden demonstrieren: ein kleines, zweigeschossiges Haus mit Attika und Klinkerfassaden, deren vordere mit Fenstern und Haustür zum Öffnen eingerichtet ist (Abb. 21), und eine neugotische Villa mit zwei Ecktürmen und imposanter Türumrahmung (Abb. 22).
Das zinnengekrönte Haus mit den Spitzbogenfenstern läßt sich ebenfalls nach vorn öffnen und hat die Eigenart, daß die Ecktürme, die sich dann in der aufgeklappten Fassade befinden, zusätzliche kleine Zimmer besitzen. Dabei sind diejenigen, die direkt an das Haus angrenzen, dem jeweilig danebenliegenden Raum angeglichen, wie bei der Kapelle im Obergeschoß.
Die Einrichtung dieses Hauses, mit Kaminküche und Waschküche, Wohn- und Gesellschaftszimmer im Hauptgeschoß und den Schlafzimmern darüber, ist, einschließlich der Tapeten, reich und vielseitig, hat aber deutlich nicht mehr repräsentativen Charakter, sondern den der Wiedergabe eines bürgerlichen Haushaltes, mit dem gespielt werden durfte. Es steht zu vermuten, daß die englischen Puppenhäuser schon sehr früh als Spielzeug genutzt worden sind, und die große Zahl der erhaltenen Beispiele läßt die Möglichkeit von Serienfertigung zumindest von Einrichtungsteilen zu; schon 1762 wurden im Handel »baby-houses« angeboten.[21] Dem Einrichten des Hauses als wesentlicher Bestandteil des Spielens maß man große Bedeutung bei. »Ein vollständig eingerichtetes Baby-Haus wirkt auf ein Kind ebenso langweilig, wie ein Polsterstuhl auf einen jungen Edelmann«, schrieb Maria Edgeworth 1801 in »Practical Education«.[22]
Wie in Deutschland erlebte die Spielzeugbranche im 19. Jahrhundert eine Blütezeit auch in England, und das um 1860 entstandene Puppenhaus der Mrs. Bryant in Oakenshow ist ein charakteristisches Produkt jener üppigen Wohlstand liebenden Epoche.
Der größte und wichtigste Raum in diesem Haus ist der »Salon«, ein Zimmertypus, den es bis dahin nicht gab und der der reguläre Nachkomme der Prunk- und Audienzzimmer des 17. und 18. Jahrhunderts wurde. Sein wichtigstes Kennzeichen sind aufwendige neubarocke Polstermöbel einschließlich einer Causeuse und eine umfangreiche Nippesausstattung. Die Küche, einst wesentlicher Bestandteil zur Darstellung eines wohlausgestatteten Hauses und dem Wohnzimmer gleichwertig angeordnet, wird in einen schmalen, einfachen Raum gedrängt. Dagegen stehen in den Schlafzimmern noch immer Himmelbetten.
Die amerikanische Puppenhaus-Entwicklung zeigt im Prinzip den gleichen Verlauf wie die europäische, brachte aber im 19. Jahrhundert Sonderformen hervor, die zum Teil auf den amerikanischen Kontinent beschränkt blieben, zum Teil auch in deutscher Produktion aufgegriffen wurden.
Das in Chester County aufbewahrte »Voegeler-Haus« wurde von einem Kunsttischler Voegeler in Philadelphia angefertigt und um 1835 datiert. Es zeigt in seinen Zimmern klassische Biedermeiermöbel, die durch ihre besonders sorgfältige Ausführung auffallen, sie sind, trotz ihrer Kleinheit, über Weichholz furniert, also nicht nur stilistisch, sondern auch technisch Wiederholungen von Möbeln im Miniaturformat. Der Gedanke, daß sie auch Modellcharakter gehabt haben, liegt nahe.
Großflächige, braun in braun gedruckte Landschaftstapeten geben einen angemessenen Hintergrund der kostbaren Einrichtung ab, die in Einzelteilen schon Elemente der Spätbiedermeierzeit aufweist, besonders im Zubehör, wie in den Porzellanvasen auf

dem Kaminsims. Die im Stil der Zeit an eine Hängeleiste mit Schnur gehängten Gemälde sind nach bekannten europäischen Vorbildern angefertigt, das Waschgeschirr im Schlafzimmer Porzellan amerikanischer Produktion aus der Firma Tuckerware in Philadelphia. In diesem Raum findet sich auch die im Biedermeier reduzierte Form des Himmelbettes, das auf seinen gedrechselten Pfosten einen Betthimmel trägt, die Vorhänge sind jedoch zu kurzen Häkelspitzen geworden. Ein nur für Nordamerika typisches Möbelstück ist die Bettleiter, die in der Höhe von zwei Stufen am Fußende des Bettes steht. Die glatt gestrichene Küche mit dem einfachen Kaminherd wirkt im Vergleich zu den europäischen Küchenausstattungen bescheiden und sparsam, die Fülle des Küchengerätes ist auf das Notwendigste beschränkt worden. Messingstielpfannen, Zinn- und Kupfergefäße, Porzellan und Milchglas sind an den Wänden und auf den Möbeln verteilt, die mit ihren gedrechselten Beinen und Lehnen schon zum Spätbiedermeier gehören. Die einzelnen Räume des Voegeler-Hauses werden in den oberen Ecken nach vorn durch geschweifte Eckbretter begrenzt, eine Gehäuseeigenart, die in dieser Form nur hier auftritt.

Lediglich wenige Jahre später entstand das Puppenhaus des Dr. Brett (Abb. 23), heute Exponat des City Museums in New York. Es ist ein komplettes Haus mit vier Stuben, von denen drei im Untergeschoß, die vierte im erhöhten Mittelteil liegen. Das Ganze wird vorn von einem Vorgarten abgeschlossen, der von einer imitierten Ziegelmauer umzogen wird und nach rechts und links in kleinen Nebenflächen endet, auf denen Laube und Hundehütte Platz gefunden haben. Bei den Innenräumen hat der Erbauer, Reverend Dr. Philip Brett, besondere Sorgfalt auf den mittleren, einen Repräsentations- oder Gesellschaftsraum, gelegt. Die Ausstattung ist Biedermeier mit klassizistischen Elementen, die in der Form der hohen Flügeltüren deutlich in Erscheinung treten. Auch Metall-Leuchter von edler Form weisen auf die frühere Stilperiode, im Mobiliar mischen sich Beispiele aus den ersten vier Jahrzehnten des 19. Jahrhunderts.

Selten ist das Vorkommen einer Harfe und einer Laute in einem Puppenhaus, hier mit dem zugehörigen Notenständer zusammen, ebenso selten der bemalte Blasebalg neben dem Kamin und die Sanduhr auf dem Sims darüber. Auch im Wohnzimmer links überwiegt das Biedermeiermobiliar, über dem ein vielarmiger Kerzenleuchter angebracht ist, im Obergeschoßzimmer finden sich die in den USA sehr beliebten Schaukelstühle.

Der Geistliche hat dieses Puppenhaus in den Jahren von 1838 bis 1840 für seine Töchter angefertigt, der Überlieferung nach war es vier Generationen lang Spielzeug in der Familie, ehe es Museumsbesitz wurde.

Die beiden Puppenhäuser der Familien Voegeler und Brett ordnen sich mühelos in die europäische Tradition ein und gehen höchstwahrscheinlich auch auf diese Vorbilder zurück. Etwas völlig anderes wurde in den USA am Ende des 19. Jahrhunderts mit den Bliss-Häusern und den Faltpuppenstuben entwickelt.

Die 1832 gegründete Bliss Manufacturing Company, ansässig in Pawtucket auf Rhode Island, brachte 1895 einen Spielhaustyp auf den Markt, der sehr beliebt wurde und nur für den amerikanischen Kontinent nachgewiesen ist. Die Bliss-Häuser sind kleine, zweistöckige Holzhäuser, weniger als einen halben Meter hoch, mit Dach und Eingangsterrasse im Landhausgeschmack. Sämtliche Flächen sind mit bunt bedruckten Papieren beklebt, die alle architektonischen Elemente, wie Türen, Fenster, Balustraden und Gitter imitieren. Vollplastisch gedrechselt sind nur die Säulen, die den Balkon über der Eingangsterrasse tragen.

Auch im Inneren der beiden übereinanderliegenden Räume sind die Tapeten mitsamt Kamin, Gardinen und Gemälden gedruckt.

Diese Ausstattungstapeten kommen auch an deutschen Gehäusen vor (Abb. S. 80 oben und unten), sie wurden in der Regel nur für Gehäuse von Automatenpuppen verwendet und kamen etwa zur gleichen Zeit in den Handel.

Das Prinzip der so vorgefertigten und teilmöblierten Puppenstube fand einen Höhepunkt in den Faltpuppenstuben, die ebenfalls um 1895 aufkamen. Die Firma McLoughlin Bros. in New York vertrieb ein Modell in eleganter Schachtel, mit der Aufschrift »The New Folding Doll House« (Abb. 94).

1
Nürnberger Puppenhaus von 1611.
Germanisches Nationalmuseum, Nürnberg

2
Saal des Nürnberger Puppenhauses von 1611

3
Nürnberger Puppenhaus von 1639, sogenanntes »Stromer-Haus«. Soller im ersten Stock. Germanisches Nationalmuseum, Nürnberg

4
Nürnberger Puppenhaus
von 1639

5
Nürnberger Puppenstube,
1. Hälfte 17. Jahrhundert.
Germanisches Nationalmuseum, Nürnberg

6

Puppenhaus im Schrank, 17. Jahrhundert.
Historisches Museum, Basel

7
Nürnberger Puppenhaus der Familie Kress zu Kressenstein, 17./18. Jahrhundert. Germanisches Nationalmuseum, Nürnberg

8
Nürnberger Puppenschrank, 17. Jahrhundert.
Germanisches Nationalmuseum, Nürnberg

9
*Nürnberger Puppenhaus, 17. Jahrhundert.
Obere Wohn- und Schlafräume und Treppenhaus*

10
*Nürnberger Puppenhaus, 17. Jahrhundert.
Abstellkammer mit »Sekret«, Kinderzimmer und
Treppenhaus.
Kulturhistorisches Museum, Magdeburg*

11
Nürnberger Puppenhaus, 17. Jahrhundert.
Gesamtansicht

12
Puppenhaus im Schrank,
um 1680. Musée de l'Oeuvre Notre Dame,
Straßburg

13
Amsterdamer Kabinetthaus
der Petronella de la Court, um 1674 bis 1690.
Centraal Museum, Utrecht

14
Amsterdamer Kabinetthaus
der Sara Ploos van Amstel, 1743.
Haags Gemeentemuseum, Den Haag

15
Amsterdamer Kabinetthaus
der Margaretha de Ruyter, Ende 17. Jahrhundert.
Rijksmuseum Amsterdam

16
Kabinetthaus aus dem 18. Jahrhundert.
Nordiska Museet, Stockholm

17
Kabinetthaus der Familie des Daniel Andreas Gontard, Mitte 18. bis Anfang 19. Jahrhundert. Historisches Museum, Frankfurt am Main

18
Palazzo mit Einrichtung, 18. Jahrhundert. Museo d'Arte Industriale, Bologna

19
»Mon Plaisir«,
Hofküche und Kellerei.
Schloßmuseum, Arnstadt

20
Englisches Puppenhaus der Familie Tate, um 1760/75.
Victoria & Albert Museum, Bethnal Green Museum, London

21
Englisches Puppenhaus mit Klinkerfassade, 19. Jahrhundert.
Sammlung Vivian Greene, Oxford

22
Englisches Puppenhaus im neogotischen Stil.
Sammlung Vivian Greene, Oxford

23
Amerikanisches Puppenhaus des Dr. Brett,
1838 bis 1840. Museum of the City of New York

24
Französisches Puppenhaus,
Mitte 19. Jahrhundert.
Musée des Arts Décoratifs, Paris

25
Blechküche mit vorgebautem Kräutergarten, um 1820.
Münchner Stadtmuseum

26
Kleine einfache Rauchfangküche,
1. Hälfte 19. Jahrhundert.
Museum für Thüringer Volkskunde, Erfurt

27
Küchenhaus mit Eck-Rauchfang,
1. Hälfte 19. Jahrhundert

28
Blechküche mit Rauchfangherd, um 1850/60.
Spielzeugmuseum, Sonneberg

Die Herstellung von Faltpuppenstuben fand in den USA weiten Anklang, es wurden zahlreiche Patente erteilt und bis in die dreißiger Jahre des 20. Jahrhunderts faltbare Spielräume angefertigt.
Die McLoughlin-Produkte waren zum Aufstellen auf dem Tisch gedacht, und die vier Räume, die durch das Aufstecken der vier Wände in den kreuzförmigen Mittelfalz entstanden, ermöglichten mehreren kleinen Mädchen das gleichzeitige Spiel.
Die vorgegebene Wanddekoration kennzeichnete die Räume als Kamin- und Eßzimmer, Küche und Schlafzimmer. Mit Paneelen, Bordürentapeten, aber auch mit Kamin, Hirschgeweih und Zinntellerbord repräsentiert diese »Einrichtung« den protzigen Gründerzeitgeschmack, die dann durch entsprechende Möbel und Puppen ergänzt werden konnte.
Während die Dekorationstapeten mit Imitationscharakter nur in ganz speziellen Fällen an deutschen Gehäusen vorkommen, fand die Faltpuppenstube mehr Echo. Sie wurde als dreiseitiges Gehäuse mit Boden als Küche mit Fliesentapete und als Wohnzimmer mit Fensteraufdruck hergestellt (Abb. 92 und 90). Ob direkte Übernahmen nach amerikanischem Vorbild vorliegen, müßte noch untersucht werden.

Wenn auch die Schwerpunkte der Entwicklung des Puppenhauses überwiegend in Deutschland und England lagen, so läßt sich doch eine Verbreitung des Spielzeuges seit dem Beginn des 19. Jahrhunderts außer in den USA auch in vielen europäischen Ländern beobachten. Während in Frankreich eine ganze Reihe von Puppenhäusern überliefert ist, Schweden und Finnland ebenfalls Eigenständiges aufzuweisen haben, wird die Zahl in den südlichen Staaten zunehmend geringer. Bereits erwähnt ist der italienische Palazzo im Museum von Bologna, auch ein spanisches oder portugiesisches Puppenhaus wird im Pariser Kunstgewerbemuseum aufbewahrt. Es fehlen dagegen Belege aus der Türkei, aus Griechenland, ebensowenig sind die osteuropäischen Spielzeuge auf diese Einzelheit hin erforscht und publiziert.
Es hat den Anschein, daß mit dem Puppenhaus ein Mädchenspielzeug kultiviert wurde, das seiner Beschaffenheit nach eine Beschäftigung für den Innenraum ist. Das wärmere Klima der südlichen Länder gestattete viel eher den Aufenthalt im Freien, so daß auch hier das Spielzeug ein anderes war. Wie weit auch unterschiedliche Erziehungsformen eine Rolle spielen, bliebe zu untersuchen.

Das französische Puppenhaus des 19. Jahrhunderts (Abb. 24) gehört wie die deutschen und englischen dieser Zeit unter Berücksichtigung nationaler Stileigenheiten in die kontinuierliche Entwicklung, die, vom Schau- und Sammelobjekt ausgehend, zum Spielzeug mit pädagogischem Charakter führte. Den französischen Puppenhäusern wird ein besonderer Reichtum an Ziergegenständen und graziösen Möbeln nachgesagt; zumindest war der französische Geschmack im Anschluß an das zweite Kaiserreich für die Gestaltung des »Salons« und des »Boudoirs« richtungweisend.
Den strengeren Vorstellungen schwedischer Eltern kam der Zeitstil der zwanziger Jahre des 20. Jahrhunderts offenbar entgegen, als sie die Nachbildung des Hersbyholm-Gutshauses als Puppenhaus anfertigen ließen. Schon die Außenfassade des auf einem Tischgestell stehenden, zweistöckigen Hauses ist streng und einfach gegliedert, der Mittelrisalit mit Doppelflügeltür und darüberliegendem Balkon ist fast der einzige Schmuck. Die Zimmer sind mit dem Mobiliar der Zeit ausgestattet, das sachlich und praktisch wirkt, dazu stabil und spielgerecht, die nur kleine Anzahl an Schmuckgegenständen weist auf die veränderte Funktion des Puppenhauses hin.
Der Überblick über die Entwicklung des Puppenhauses von den Anfängen im 17. Jahrhundert bis in das 20. Jahrhundert läßt, neben der reizvoll zu verfolgenden stilistischen Wandlung der Puppenhäuser, auch den Bedeutungswandel sichtbar werden: Das Kunstkammerstück entwickelte sich über das modellhafte Anschauungsbeispiel zum pädagogischen Spielzeug, der Erziehungsgedanke tritt schließlich zugunsten des nur erfreuenden Spielerlebnisses in den Hintergrund. Die Veränderungen des eigentlichen Spielzeuges, die vom 19. zum 20. Jahrhundert stattfanden, treten in der verkleinerten Form des Puppenhauses, in der sehr viel weiter verbreiteten Puppenstube, noch augenscheinlicher zutage.

Die Puppenstube – Entwicklung eines Spielzeuges

Das Herauslösen einzelner, separat eingerichteter Räume aus dem großen Verband des Puppenhauses, die Umwertung eines Repräsentations- und Sammlungsgegenstandes für Erwachsene zum Spielzeug für Kinder fanden im Laufe des 18. Jahrhunderts statt und sind in ihren Anfängen durch Text- und Bildquellen belegt.
Was den eigentlichen Anstoß gegeben haben mag, das kostbare »Dockenwerck« des 17. Jahrhunderts nun, in vereinfachter Form, in Kinderhände zu geben, ist ein Problem und hat in der Forschung noch keine eindeutige Formulierung gefunden, wenn auch auf die gesellschaftlichen und psychologischen Denkprozesse der Zeit verwiesen wird. Sicherlich spielt es eine Rolle, daß man begann, Kinder als Kinder, nicht mehr als »kleinere Erwachsene«, zu sehen und auf ihre Bildungs-Bedürfnisse einging.
Zweifellos hatte der erzieherische Aspekt, der ja schon in der Vorbildwirkung der frühesten Puppenhäuser beabsichtigt war (Anna Köferlin, 1631), an Gewicht gewonnen, und die Erwachsenen maßen der Erziehung ihrer Kinder mit Hilfe von Spielzeugen größere Bedeutung bei.
Ganz eindeutig bekennt sich Friedrich Justin Bertuch, der aufgeschlossene und rührige Verleger im klassischen Weimar, in einem Kommentar über Spielzeug, den er in seinem »Journal des Luxus und der Moden« veröffentlicht, zu einer kindgemäßen Ausführung von Spielzeug und schreibt dazu:
»Die Unternehmung des Hrn. Catel zu Berlin, die Spielsachen der Kinder, das erste Bedürfnis welches der Mensch nebst Nahrung am Morgen seines Lebens hat, zu verbessern, und sie zweckmäßiger, schöner und unterrichtender zu machen, ist wirklich einzig in ihrer Art; unterstützt den ersten sinnlichen Unterricht in Sachkenntnissen gar sehr, und verdient daher den Dank der Pädagogen und die Unterstützung des Publici gewiß vollkommen.«
Die Auffindung der bisher kaum beachteten Veröffentlichung »Mathematisch-physikalisches Kunstkabinett . . .« von Peter Friedrich Catel, erschienen 1790 in Berlin und Libau (Universitätsbibliothek Halle),[23] erwies sich als Quelle grundlegender Bereicherung für die Spielzeugforschung in mehrfacher Hinsicht.
Catels kleine, mit Kupferstichtafeln illustrierte Schrift erschien drei Jahre vor Bestelmeiers berühmtem Katalog, der öfters direkte Übereinstimmungen mit Catel aufweist, auch in der Abbildung. Die von Bestelmeier angebotenen Spielzeuge sind weitaus zahlreicher, bei Catel gibt es jedoch Beispiele, die Bestelmeier nicht kennt.
Während der »Trokkenplatz« – bei Bestelmeier in Verbindung mit einem Waschhaus – und die »Apotheke« das Gebiet der Puppenküchen / Puppenstuben nur am Rande berühren, werden mit »Speisekammer« und »Küche« (Catel, Taf. VIII, Fig. 200/01) zum ersten Male diese Spielzeugtypen in einem deutschen Spielzeugkatalog abgebildet und beschrieben.
Frühere Kupferstichdarstellungen der Spielküche, wie von Mettenleiter und Will, zeigten dieses Spielzeug als Erläuterung von kindlichem Spielgebaren. Bei

Spielzeugküche und Speisekammer.
Kupferstich von Peter Friedrich Catel, 1790

Catel handelt es sich erstmals um eine reine Sachillustration.
Die Küche besitzt, selbstverständlich für die Zeit, einen Rauchfang über dem Eckherd und eine reiche Ausstattung, die einzeln aufgeführt wird. Auffallend und sonst nicht nachweisbar sind das Satteldach und die kleine Freitreppe.
Die vereinzelte Speisekammer, ebenfalls mit Freitreppe und Pyramidendach, gibt es nur bei Catel. Sie bildet in ihrer Anlage und Ausstattung eine Zwischenform zwischen Puppenstube und Laden.
Charakteristisch für die sich später entwickelnde Puppenstube sind die beiden Fenster in der Rückwand von Catels Speisekammer. An einen Kaufmannsladen erinnern die Waage, die Regale und die Ausstattung, zu der eine Pökeltonne und 24 Säcke mit Hülsenfrüchten gehören. Typisch für die Speisekammer, die es wieder an späteren Puppenstuben gibt, ist und bleibt »ein Fliegenspinde«.
Die Speisekammer bei Catel ist mit einem der Souterrainräume im Nürnberger Stromerhaus von 1639 vergleichbar, der bisher immer als Laden verstanden wurde. Eine Deutung als Speise- oder Vorratskammer wäre hier ebenfalls denkbar.
Außer Spielküche und Speisekammer hat Catel noch viele reizvolle »Spielsachen für Mädchen« anzubieten: »Gedekte Tische«, auf denen die Servietten und Leuchter nicht fehlen, »Toiletten« mit Spiegel und »Kammbürste«, »Gelenkpuppen, sind ganz von Holz geschnittene nakte Figuren, welche an allen Gliedern beweglich sind« (Abb. 111), und »Pompadours mit Strikzeug, sind ganz klein, 3 Zoll lang, von Seide, und enthalten einen kleinen angefangenen Strumpf, nebst einem Knaul mit Zwirn«. Vieles davon wird in die spätere Puppenstube eingegangen sein.
Zur weiteren Information seiner Leser druckt Bertuch den Vorbericht des Verlegers Lagarde, Berlin, ab, in dessen Verlag das mit Kupferstichen illustrierte Verzeichnis des Herrn Catel erschienen war:
»Der Kaufmann Catel machte schon seit vielen Jahren die Bemerkung, daß die Spielsachen und Figuren, mit welchen man die Kinder beschenkt, gemeiniglich ganz ohne Ebenmaaß, und ausser der natürlichen Proportion gefertiget sind. Anstatt der Jugend wahre Abbildungen der Dinge darzustellen, geben sie unrichtige Begriffe. Da nun aber Eindrücke, die in unserm zarten Alter auf uns gemacht worden, schwer zu verdrängen sind, so läßt sich ohne Zweifel zum Theil daraus erklären, daß die meisten Menschen so wenig Augenmaaß und Geschmack für das wahrhaft Schöne haben . . .
Diese Betrachtungen bewogen ihn, im Jahr 1780 eine Handlung zu errichten, in welcher man alle nur ersinnlichen Spielsachen und Puppenwerk für Kinder finden könnte. Er ließ demnach alles, was im gemeinen Leben vorkommt, auf das genaueste nach einem verjüngten Maaßstabe verfertigen, und machte selber die Modell dazu. Köpfe, Hände und andere Gliedmaaßen standen in einem genauen Ebenmaaße unter einander. Tische, Stühle, Schränke, Betten, kurz, alles Haus= und Küchengeräthe, waren verhältnismäßig gearbeitet, und man sahe nicht, wie gewöhnlich, den Stuhl so groß wie den Tisch, oder eine Figur, die so groß, wie das neben ihr stehende Haus war; sondern alles war so, wie es in der Natur angetroffen wird. Die Dinge waren auch nicht durch zu bunte und eckelhafte Farben verstellt.«[24]
Bertuch, ein überaus aufmerksamer Beobachter seiner eigenen Zeit, würde Lagardes Beurteilungen von Spielzeug und seiner erzieherischen Wirkung auf Kleinkinder nicht veröffentlicht haben, wenn er nicht der gleichen Ansicht gewesen wäre. Der Gedanke, durch den Umgang mit der miniaturisierten Umwelt das kleine Kind, ohne daß speziell an Mädchen gedacht wurde, spielerisch auf das »gemeine Leben« vorzubereiten, war offenbar überzeugend und wurde gerne aufgegriffen. Das erzieherische Spielzeug war eine willkommene Ergänzung zu den moralisierenden Jugendschriften, die weitverbreitet waren und geschlechtsspezifisch auf die zukünftige Rollenverteilung von Jungen und Mädchen vorbereiten wollten.
»Die Kunst, ein gutes Mädchen, eine gute Gattin, Mutter und Hausfrau zu werden«,[25] war das einzig erstrebenswerte Ziel für das weibliche Kind. Auch Goethe, der später Marianne von Willemer Kongenialität zubilligte, ist in »Hermann und Dorothea«, 1798, noch der gleichen Meinung: »Dienen lerne beizeiten das Weib nach ihrer Bestimmung; Denn durch Dienen allein gelangt sie endlich zum Herrschen, zu der verdienten Gewalt, die doch ihr im Hause gehöret.«

Größeres Interesse an der mit Überlegung gehandhabten Gestaltung von Spielzeug läßt sich besonders gegen Ende des 18. Jahrhunderts beobachten; die ersten Spielküchen gab es schon früher.

Die Rauchfangküche – der erste eigenständige Spielraum

Bevor die Spielküche in einer speziellen Form Einzug in die Kinderstube hielt, gab es im 17. Jahrhundert Puppenhäuser in Schrankform, in denen das ursprüngliche, umfangreiche Puppenhausprogramm auf Küche und Stube reduziert worden war (Nürnberger Puppenschrank, Abb. 8, Baseler Puppenschrank, Abb. 6). In der Tat bildet diese Gruppierung der wichtigsten Räume menschlicher Behausung die Vorstufe zu den späteren Puppenstuben, die der Doppelstube aber andere Funktionen zuwiesen.
Die barocke Kombination von Wohn- und Schlafraum trennte sich im Laufe der Entwicklung in die Einzelräume »Stube« und »Kammer«, der Küche wurde zentrale Bedeutung beigemessen, sie machte eine eigene Entwicklung im Einzelgehäuse durch.
Die wahrscheinlich früheste schriftliche Erwähnung von Spielküchen bringt das schon zitierte »Frauenzimmerlexikon« von 1739, das mit Selbstverständlichkeit die Existenz der Puppenküchen voraussetzt, als es sie als Mittel empfiehlt, die Eignung kleiner Mädchen zur künftigen Hausfrau unauffällig festzustellen, da man beobachten könne, »ob denen kleinen Jungfern die kleinen Puppenküchen angenehm« seien.
Bisher hat sich weder ein Originalbeispiel noch eine Abbildung einer so früh zu datierenden Spielküche nachweisen lassen. Aus der ersten Hälfte des 18. Jahrhunderts besitzt das Sonneberger Spielzeugmuseum zwar eine kleine Küche aus bemaltem Papier, sie ist jedoch eigentlich ein winziges Theater, auf dessen Bühne gemalte Kulissen und ein illusionistisch dargestellter Hintergrund das ebenfalls aus Papier ausgeschnittene Küchenpersonal umgeben.
Die detaillierte und präzise Darstellung des Kücheninventares hat entschieden etwas Demonstratives, möglicherweise bezogen auf ein Kindertheaterstück erzieherischen Inhalts. Spielbar im eigentlichen Sinne – und das eben setzt das »Frauenzimmerlexikon« für seine Beurteilung voraus – war diese kleine Kostbarkeit nicht. Die ältesten Darstellungen von regelrechten Spielküchen befinden sich auf Kupferstichen aus dem letzten Drittel des 18. Jahrhunderts.
Textquelle und bildliche Darstellungen weisen für die Frühzeit ausschließlich die Puppenküche als ersten Einzelraum aus, der damit zum Ursprung der Einzelstube wurde. Die Spielküche war der erste Miniaturraum, in dem ein Kind nach Vorbild der Erwachsenen hantieren, nachahmen und spielen konnte. Und da hierbei nun Wasser und Feuer »ins Spiel« kamen, verstand sich die Trennung eines solchen Raumes von anderen von selbst, im Rahmen eines Puppenhauses war die »richtige« Benutzung einer Küche undenkbar. Kleine Töpfe und Krüge aus Ton, die in das 14. Jahrhundert datiert werden, sind der Nachweis dafür, daß Küchengerät im Kleinformat schon im Mittelalter als Spielzeug gebräuchlich war. Die nächste Stufe war der Herd, auf dem man »kochen« konnte.
Ein Einzelherd, der 1768 datiert ist, wurde dem Baseler Puppenschrank (Abb. 6) in neuerer Zeit beigefügt. Ob er wirklich ein Spielherd ist oder ein sorgfältig ausgeführtes Modell eines Ofenbaumeisters, ist allerdings nicht entschieden. Die Spielherde, die in den ersten Abbildungen von Puppenküchen dargestellt werden, sind wesentlich einfacher.

Küche als Bühne. Papier, koloriert. Spielzeugmuseum, Sonneberg

Spielzeuggeschirr aus Ton, 14. Jahrhundert. Stadtmuseum Jena

Zwei Mädchen mit Spielküche. Kupferstich von Johann Michael Mettenleiter, um 1765. Staatliche Graphische Sammlung, München

Johann Michael Mettenleiter schildert in einem Kupferstich um 1765 zwei kleine Mädchen, die mit einer sehr einfachen Spielküche beschäftigt sind. Auf einer Grundplatte ist eine Rückwand mit Rauchfang befestigt, davor ein Herd angebracht, dessen Vorderfront eine halbrunde Feuerstellenöffnung aufweist. Die Binnenzeichnung deutet an, daß es sich um einen gemauerten Herd handelt.

Der gleiche Herdtypus findet sich innerhalb der Spielküche, die in einem Ausschneidebuch des 18. Jahrhunderts (s. Abb. S. 10) abgebildet ist, und zwar als Mittelpunkt eines Spielzimmers.[26] Wie bei Mettenleiter steht die Spielküche auf einem Tisch, ist also ein einzelner Spielgegenstand, dessen Standort leicht verändert werden kann – im Gegensatz zum Puppenhaus –, und besitzt ein dreiseitiges Gehäuse.

Die zu Grundplatte und Rückwand hinzugekommenen Seitenwände haben damit erstmals einen dreiseitig geschlossenen Raum mit Spielseite gebildet, der bis ins 20. Jahrhundert konstant bleiben wird. Die Seitenwände bieten die Gelegenheit, entsprechend den Vorbildern in den Puppenhäusern, Regalbretter und Borde zum Aufstellen von Küchengeschirr und Gerätschaften anzubringen und prägen damit ein weiteres Grundelement der Spielküche. Während im Kupferstich von Mettenleiter die Kinder nur einige wenige Töpfchen zur Verfügung haben, ist die Spielküche aus dem Ausschneidebuch schon reich bestückt mit Tellern und Pfannen.

Die variantenreiche Ausstattung ist auch das Kennzeichen der Puppenküche, mit der die kleinen Mädchen auf dem Kupferstich von Johann Martin Will, entstanden um 1770, spielen. Hier ist der Rauchfangherd in eine Ecke des Gehäuses gerückt, eine Einrichtungsart, die sowohl auf bildlichen Darstellungen wie auch in den späteren Originalbeispielen in der Frühzeit der Spielküchen parallel zur Küche mit zentral gelegenem Herd vorkommt.

Der materialreiche Spielzeugkatalog des Georg Hieronymus Bestelmeier, seit 1793 wiederholt in Nürnberg erschienen, hat mehrere Spielküchen in seinem Angebot. 1812 hat der Verleger einige Ausführungen – die einfachste davon gab es in verschiedenen Größen – in seinem Kupferstichkatalog abbilden lassen und erläutert dazu:

»Eine ganz neue Art von Spielküche, sie ist viel natürlicher, als die bisher gewöhnlichen, indem sie ein Dach mit einem Rauchfang, eine große Tür und zwei Glasfenster hat. Inwendig ist sie sehr artig eingerichtet, man kann die ganze vordere Wand aufschieben, von außen ist sie schön lackiert, kostet 4 fl. 30 kr. die Kiste 36 kr.. Es sind auch ganz große zu 6 bis 8 fl. zu haben. Wenn man das Geschirr haben will, so muß es besonders bezahlt werden.«[27]

Drei Neuerungen werden hier betont, die nach Meinung des Verlegers die Spielküche »viel natürlicher« machen: Dach mit Rauchfang, Tür und Fenster, die aufschiebbare vordere Wand.

Mädchen mit großer Spielküche.
Kolorierter Kupferstich von Johann Martin Will, um 1770. Privatbesitz

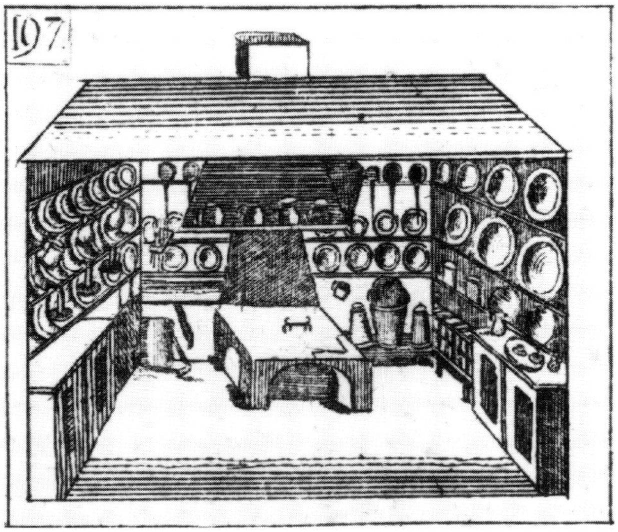

»Eine ganz neue Art von Spielküche…«. Kupferstich, Angebot aus dem »Magazin von verschiedenen Kunst- und anderen nützlichen Sachen…« von Georg Hieronymus Bestelmeier, 1812

Die Anbringung von Dach und Rauchfang hat sich generell bei der Fertigung von Küchen nicht durchgesetzt, Dächer blieben die Ausnahme, auch während der Zeit der Rauchfangküchen. Daß die Spielseite durch das Aufschieben der ganzen vorderen Wand zugänglich wird, setzt voraus, daß sie vorher geschlossen gewesen sein muß, wahrscheinlich durch Flügeltüren, wie es die Küchenhäuser des 18. Jahrhunderts zeigen, die in Augsburg, Altona und London aufbewahrt werden.[28] Sie haben die Form kleiner, zweiflügeliger Vitrinen- oder Kabinettschränke und sind nach der Art der Prunkküchen in den vorhergehenden Puppenhäusern ausgestattet. Die verschließbare Vorderwand fiel ganz weg, seit die Küchen mit Spielzeuggerätschaften eingerichtet wurden, die keine kostspieligen Erzeugnisse bester Handwerkskunst mehr waren, sondern Dutzendware.

Türen und Fenster kommen in der Puppenküche seit dieser ersten ausdrücklichen Erwähnung immer wieder vor, sind aber nicht obligat; auch am Ende des 19. Jahrhunderts gibt es noch die fensterlose Spielküche.

Eine ganz entscheidende Neuerung führt Bestelmeier in seinem Angebot Nr. 1012 ein: »Eine Spielküche, darinnen laufendes Wasser, nebst einer Köchin, wie sie in Nürnberg vom Markte kommt; der Wasserkasten ist äußerlich angebracht, und läuft inwendig vermittelst eines mößingen [= Messing-] Hahnes, so auf und zugeschraubt werden kann, in einen Trog hinein. Kindern macht dies sehr viele Freude, auch ist die Küche mit Zinn etc. eingerichtet, 18 Zoll lang und 12 Zoll breit und hoch, kostet 8 fl.«[29]

Hier ist also die Spielküche bereits mit einer frühen Form der Wasserleitung versehen, das Prinzip, die Leitung aus einem außen am Gehäuse angebrachten Tank zu speisen, sollte bis ins 20. Jahrhundert gebräuchlich bleiben. Allerdings war eine so vorzüglich versorgte Küche auch in späteren Zeiten die Ausnahme, und wir wissen nicht, ob Bestelmeier davon viele verkaufte.

Daß die Küche mit Zinn »etc.« eingerichtet zu haben war, wird nur noch beiläufig genannt, auch die schon erwähnte einfache Spielküche[30] verfügte über Zinn und »Porcellain«. Das Magazin bot solche Kleinspielzeuge in vielen Varianten an, so daß dem Besteller vorbehalten blieb, wie er für seine Kinder die Spielküche

ausstattete. Dabei wurden Irdenware und Tontöpfchen in der Regel von den ortsansässigen Töpfern hergestellt und konnten, noch bis Mitte des 20. Jahrhunderts, auf Topfmärkten gekauft werden.[31]
Bemerkenswert ist die Zufügung einer »Köchin«, die Bestelmeier erwähnt, also einer Puppe, wobei man nach der Abbildung eher auf eine Pappfigur als auf eine Spielpuppe schließen kann. Die frühen Spielküchen zeigen in ihren Darstellungen nie eine Puppe innerhalb des Gehäuses. Die Spielgewohnheit beinhaltete nicht, eine maßstabgroße Puppe als Köchin fungieren zu lassen – in den Nürnberger und Amsterdamer Puppenhäusern und in »Mon Plaisir« gehörte das Küchenpersonal unbedingt zur Darstellung –, sondern als Besitzerinnen der Küche kochten die Mädchen für ihre Puppenkinder, die außerhalb zu finden waren.
Aus diesem Grunde sind die ersten Spielküchen auf den Kupferstichen des 18. Jahrhunderts im Verhältnis zur Größe der Kinder viel größer, als es später üblich wurde, nachdem auch die Küche ins miniaturhafte Format übertragen wurde.
Über das tatsächliche Spielen mit diesen Küchen und Herden berichtet Elise Gräfin Bernstorff in ihren Erinnerungen und schreibt: »Mein zwölfjähriger Onkel Magnus hatte mit mir sehr eifrig Kochen gespielt und es nicht bemerkt, daß mein Halsstrich [= schmale Spitzenkrause] sich an einer kleinen Lampe, über der wir Wasser wärmten, entzündete. Als ich schon ganz in Flammen stand, fachte er sie durch Dareinschlagen noch mehr an, dann erst umfaßte er mich und erstickte auf diese Weise die Flammen, die mir schon mein Haupthaar verbrannt und die Wimpern versengt hatten.«[32]
Die früheste erhaltene Rauchfangküche entstand um 1780,[33] die zeitlich folgenden stammen aus den Jahren zwischen 1800 und 1830, zunächst alle mit Holzgehäusen. Sie wurden von Blechküchen abgelöst, die eben-

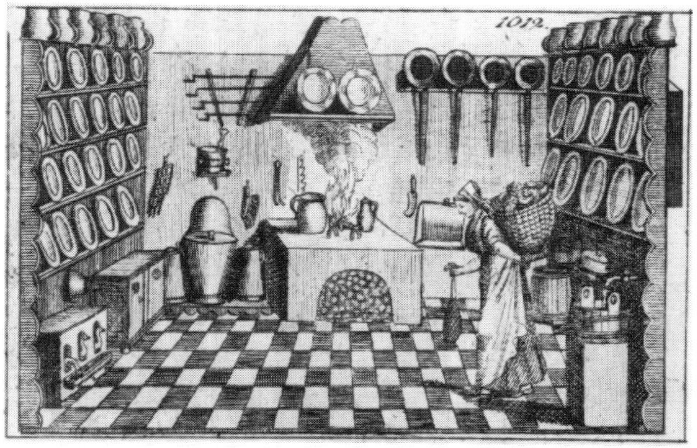

Spielküche mit laufendem Wasser. Kupferstich aus dem »Magazin...« von Bestelmeier, 1812

Zwei Kinder mit kleiner Spielküche. Gemälde von Gustav Adolf Köttgen, 1840. Focke-Museum, Bremen

falls einen Rauchfang aufwiesen und bis etwa 1870 produziert wurden.
Die Rauchfangküchen mit Holzgehäuse, wie das Exemplar aus der Sammlung Johanna Kunz im Deutschordenmuseum Bad Mergentheim (Abb. 30), besitzen die gleiche Innengliederung, wie sie schon Ende 18. Jahrhundert in der Abbildung des Ausschneidebuches (vgl. Abb. S. 62) und bei Bestelmeier (vgl. Abb. S. 63) aussieht: über dem zentralgestellten, »gemauerten« Herd der Rauchfang mit Schornstein, die Rückwand mit Regalbord, das an den Seitenwänden weitergeführt sein kann, die Seitenwände mit Borden und Brettern.
Die Mergentheimer Küche besitzt noch immer, wie es im 17. Jahrhundert vorkam und bis etwa 1840 nachweisbar ist, einen Geflügelstall und ein Tellerbrett, neu hinzugekommen ist ein kleiner Schrank, der in diesen Küchen an der linken Seitenwand zu stehen pflegt. Durch das Aufhängen von getriebenen, glänzenden Kupferbackformen rechts und links der Feuerstelle hat sich eine Schauwand ergeben, wie sie auch in den Nürnberger Puppenhäusern zu finden ist.
In ähnlicher Ausstattung hat man sich die kleine Rauchfangküche im Museum für Thüringer Volkskunde in Erfurt (Abb. 26) vorzustellen, nur in bescheidenerem Anspruch.
Ihr ursprüngliches Inventar ist verlorengegangen, da es vielleicht einen anderen Maßstab als die Küche hatte, ähnlich dem, mit dem die Kinder auf dem Gemälde von Gustav Adolf Köttgen spielen.
Für dieses Doppelporträt eines Knaben und eines Mädchens dient der Spielzeugaufbau auf dem Tisch als erläuterndes Attribut, der Knabe hält eine Schiefertafel hoch, offensichtlich ist er schon ein Schulkind, das kleine Mädchen benutzt einen Mörser; daneben stehen verschiedene Miniaturgerichte vor der den Abschluß bildenden, sehr kleinen, einfachen Rauchfangküche.
Theodor Hosemann, der Berliner Zeichner und Illustrator, gibt um 1830 auf seinem Bilderbogen »Mädchenspiele«[34] ein Küchenhaus wieder, das an die Tradition des 18. Jahrhunderts anknüpft. Hier ist die Rauchfangküche in ein dreiseitiges Holzgehäuse eingebaut, das durch ein nach hinten abfallendes Pultdach abgedeckt wird.

Mädchen mit Küchenhaus. Kolorierte Lithographie von Theodor Hosemann, 1830. Aus dem Bilderbogen »Mädchenspiele«. Sammlung Heiner Vogel, Mölkau bei Leipzig

Ein dieser Abbildung entsprechendes Küchenhaus wird in der Sammlung Hannelore Henze, Weimar, aufbewahrt (Abb. 27). Eine Ziegelmauertapete, die eigentlich für Außenwände verwendet wird, verleiht der Küche einen rustikalen Charakter, der durch den würfelförmigen Kunststein anstelle des Herdes unterstrichen wird. Die Rauchfanghaube in der Ecke mit einem weitergeführten Topfbrett bestimmt die Einrichtung, die überwiegend aus späteren Perioden, bis zum Ende des 19. Jahrhunderts, stammt. Das Prinzip der Schauwand lebt noch in der Aufreihung von Keramik auf Tellerregal und Wandbord, wie auch in der Anordnung von Küchengeräten an den Wänden.
Die Anfertigung von Blechküchen, darunter sind Gehäuse aus Eisenblech mit eingebautem Rauchfang und Herd zu verstehen, wird schon für das erste Drittel des 19. Jahrhunderts vermutet, als schriftlich fixiertes Datum gibt es nur die Nachricht, daß die Firma Rock und Graner in Biberach 1813 Küchenspielzeug aus Blech herstellte.
Dieser Manufaktur wird auch die früheste Blechküche aus dem Besitz des Münchner Stadtmuseums zuge-

schrieben, die allerdings einen Sondertypus verkörpert (Abb. 25). Die eigentliche Küche ist hier in einen größeren Rahmen integriert, der eine Gartenanlage mit Balustraden, Pavillon und Treppen darstellt; Rückwand und Seitenwände bilden dann die eigentliche Küche, in der ein Herd mit Rauchfanghaube und Schornstein, Wandborde, Schrank und Tisch fest eingebaut sind.

Von dieser bereicherten Variante blieb bei den späteren Blechküchen nur das Dreiseitengehäuse mit festinstalliertem Mittelherd üblich, der auch noch nach der Jahrhundertmitte einen Rauchfang haben kann. Zur Vorbeugung von Verletzungen durch die scharfen Kanten der Blechwände setzte man auf die Ecken kleine Messingknäufe, die der einzige Schmuck des Gehäuses blieben.

Ein ausgeprägter Typus der Blechspielküche mit zentral gestelltem Rauchfangherd hat sich mehrfach erhalten (u. a. München, Stadtmuseum; Sonneberg, Spielzeugmuseum; Abb. 28), so daß man eine größere Produktion dieses Modells zwischen 1840 und 1870 annehmen kann.

Charakteristisch ist das festinstallierte Mobiliar, das außer dem Herd noch den Geflügelstall, den Fliegenschrank, Borde und einen Ausguß mit Pumpe umfaßt. Alle Einrichtungsgegenstände sind farbig lackiert. Die an der Außenwand angebrachte Pumpe mit Wasserbecken ist ein liebevoll ausgeführtes mechanisches Spielzeug, das allein schon hohen Spielwert besitzt. Etwa siebzig Jahre später wird es wieder verwendet, und zwar an den Blech-Freibädern. Eine Besonderheit dieser Blechküchen sind die auf der Oberkante der Rückwand angebrachten Schlitzbleche. Sie dienen als Halterungen für Kerzenständer, mit denen die Küchen zur Weihnachtszeit festlich beleuchtet wurden.

Die früheste Spielpuppenstube in Gestalt der benutzbaren Küche hat schon in ihren Anfängen unter Einbeziehung von Varianten einen feststehenden Typus entwickelt, der in den Grundzügen bis nach 1900 beibehalten wurde. Dabei wurden das Zubehör und die Betonung einzelner Funktionen hin und wieder verändert, die Spielmöglichkeiten blieben dieselben: das Hantieren mit Geschirren, das womöglich reale Kochen auf einem beheizten Herd, in besonderen Fällen auch das fließende Wasser.

Die Methode, die kleinen Mädchen durch Nachahmung handgreiflich auf ihren zukünftigen Beruf, den der Hausfrau, vorzubereiten, hatte in der Spielküche ein ideales Mittel gefunden. Spielerisch und vergnüglich wurde das Mädchen auf seine spätere Rolle fixiert und der Ehrgeiz, diese Rolle vorbildlich zu erfüllen, am Miniaturhaushalt erprobt. Die Erzieher sahen in der Art des Spielens, »ob sie darüber die Liebe zur künfftigen Haushaltung auch darbey blicken lassen« (Frauenzimmerlexikon 1739) und damit willig die vorgeschriebenen Wege betreten.

Die gelehrte Dorothea Schlözer (1770–1825) schrieb allerdings schon als Siebenjährige an ihre Freundin Luise voller Vorbehalte:

»Meinst Du denn, daß Kochen und Spinnen angenehmer ist, als wenn ich ein historisches Collegium bei meinem Vater höre? . . . Du mußt Dir aber ja nicht einbilden, daß ich nichts von weiblichen Arbeiten verstehe: im Kochen nehme ich es doch wohl mit Dir auf, und meine Mutter macht mir oft Schmeicheleien über mein flinkes Stricken. – Ich kann spinnen, nähen, mit Wein umgehen . . . Nicht einmal, sondern wohl zehnmal hat es mir mein Vater freigestellt, ich sollte keine Lernstunde mehr haben, sondern nur weibliche Sachen treiben – aber ich hielt es doch nicht für ratsam, wahrhaftig nicht bloß weil ich fürchtete, meinen Vater bös zu machen . . . und müßte mein – will's Gott! – Künftiger nicht ein Flegel sein, wenn er mir nicht eine Köchin bezahlte, weil ich ihm einen Buchhalter ersparte? Freilich wählen können wir Mädchen nicht, weder ich noch Du; . . . immer vor dem Herd zu stehen, wäre meine Sache auch nicht . . .«[35]

Die Biedermeier-Puppenstube – gediegene Bescheidenheit

Im Gegensatz zur Puppenküche sind Darstellungen der Puppenstube recht selten, so daß man erst in den Verkaufskatalogen vom Anfang des 20. Jahrhunderts umfangreiches Vergleichsmaterial findet. Für die Frühzeit ist es wieder das vielseitige Bestelmeier-Magazin, dem die Kenntnis von einem »Meublement« zu

verdanken ist. Die Katalogbeschreibung vermerkt folgende Einrichtung:
»Ein Meublement für Kinder. Es bestehet aus einem lackierten Saal, den man zusammenlegen kann; darinnen folgende Stücke: 1 Tisch, 6 Sessel, 2 Soffas, 1 Comodschrank, 2 Spiegel, 2 Wandleuchter und eine kleine Stockuhr [lt. Grimm: Standuhr von kurzer Form ohne herabhängende Gewichte].«[36]
Wichtig innerhalb dieser Erläuterung ist der Hinweis, daß sich das Gehäuse für das »Meublement« zusammenlegen läßt, eine Form der Puppenstube, die kurz nach der Biedermeierzeit ungebräuchlich wird oder nur in Einzelbeispielen existiert, nach 1900 aber in Form der Faltpuppenstube wieder auflebt.

Der »lackierte Saal« für das »Meublement« hat bei Bestelmeier eine Parallele in der »Bauernstube zum Zusammenstellen«[37], die zusammengelegt in einem flachen Kästchen angeboten wurde. »Die Seitenwände werden mit dem Fußboden durch Drahthacken zusammengehängt«, heißt es in der dazugehörigen Textstelle. Der Sinn der platzsparenden Aufbewahrung war offensichtlich nicht nur in versandtechnischen Gründen zu suchen, sondern barg schon einen Spielvorgang in sich, indem das Aufstellen und Einrichten durch die Kinder vorgesehen wurde, die »sich angenehm damit unterhalten können«.
Die Möbeleinrichtung, die Bestelmeier 1812 anzubieten hat, ist die eines Repräsentationszimmers, symmetrisch mit zwei Sofas, zwei Spiegeln, zwei Wandleuchtern ausgestattet, in der Mitte die Kommode mit der Stockuhr. Es ist die Möblierung, wie sie noch heute in kleinen feudalen Landschlössern zu finden ist, die ihre originale Einrichtung bewahrt haben.
Das »Dockenhaus«, das ebenfalls bei Bestelmeier bestellt werden konnte,[38] fügt dem sehr ähnlichen »schön meublierten Zimmer« noch einige Erweiterungen hinzu: eine »Schlafkammer mit Vorhängbett«, »eine Küche mit der ganzen Einrichtung«; das »Domestiquen-Zimmer« befindet sich unten neben dem Stall.
Offensichtlich wurden in der Anordnung dieses Puppenhauses die alten Nürnberger Traditionen fortgeführt, wo im Untergeschoß Stall und Dienerschaftsräume waren, wie auch die vollständig eingerichtete

Puppenstube mit »Meublement«. Kupferstich aus dem »Magazin ..«.von Bestelmeier, 1812

Küche und das Himmelbett in der Schlafkammer, der hier wie dort Tisch und Stühle beigefügt wurden. Die vordere verschiebbare Wand mit Glasfenstern und Vorhängen wird eigens erwähnt, »damit Kinder inwendig das Meublement in Ordnung stellen, und damit spielen können«.
Zur Ausstattung des Gehäuses gehörte auch, daß die Zimmer »alle auf Tapetenart, mit Borduren und schön gemahlet sind«, ein seit dieser Zeit unverzichtbarer Bestandteil des Puppenstubengehäuses.
Die fünf Puppen werden als »Figuren« bezeichnet, als »Herr, Dame, Köchin, Bedienter und Kutscher« charakterisiert, was darauf schließen läßt, daß sie in ihrer äußeren Erscheinung typisiert wurden. Am ehesten ließe sich an die standesgemäß gekleideten Figuren in »Mon Plaisir« in Arnstadt denken. Viel wahrscheinlicher ist aber für das Bestelmeiersche Dockenhaus, daß es sich um zweidimensionale, farbige Pappfiguren handelt. In der schon genannten »Bauernstube« werden in Zusammenhang mit der Einrichtung auch Figuren aufgeführt: »alles ist artig von Pappendeckeln ausgeschnitten und gemahlet«, heißt es dazu in der Erklärung der Darstellung.
Eine original erhaltene kleine Stube aus Holz und Papier scheint ganz den Bestelmeierschen Angeboten zu entsprechen. Sie wird im Spielzeugmuseum Sonne-

»Dockenhaus«.
Kupferstich aus dem »Magazin...«
von Bestelmeier, 1812

berg aufbewahrt (Abb. 30). Das um 1800 datierte Stübchen zeigt eine gemalte Wandgliederung mit Fenstern in der Rückwand, eine Reihe von Stühlen und die zweidimensionale Figur einer jungen Dame im Zeitkostüm, alles in der zartfarbigen Kolorierung klassizistischen Stilempfindens.
Eine Spielstube, in der »Kinder inwendig das Meublement in Ordnung stellen können«, wie Bestelmeier ausdrücklich betont, ist es aber noch nicht, eher die Vorform dazu, die einen modellhaften, unveränderbaren Typus verkörpert.
Die Angebote von Bestelmeier aus Nürnberg verdeutlichen mit großer Ausführlichkeit, daß das Spielzeug »Puppenstube« 1812 schon feste Bestandteile aufwies, die für alle weiteren Entwicklungsstufen verbindlich bleiben sollten: das dreiseitige Gehäuse, die Tapeten mit Bordüren, die zusammengehörige Einrichtung.
Charakteristisch ist für diese Zeit der Puppenstube, daß die Stube, wie vorher auch die Küche, vordergründig repräsentativen Zwecken diente, sie war zunächst einmal die »Darstellung« einer Stube, und zwar nicht eines gewöhnlichen Wohnzimmers, sondern eines »Audienz-Zimmers«, wie es in den Puppenhäusern üblich war, woraus dann allmählich der »Salon« und die »Gute Stube« wurden, um schließlich als einfaches Wohnzimmer genutzt zu werden.

Eine literarische Erwähnung einer »Wohnstube« finden wir im Knabenmärchen »Der neue Paris«, das Johann Wolfgang Goethe 1811 diktierte. Er schildert darin ein Spielzimmer so detailliert, daß daraus auf eine Kenntnis der Arnstädter Puppenstadt geschlossen werden könnte:
»»Nun wollen wir spielen«, sagte sie und führte mich in das andere Zimmer. Hier sah es nun aus wie auf einem Christmarkt; aber so kostbare und feine Sachen hat man niemals in einer Weihnachtsbude gesehen. Da waren alle Arten von Puppen, Puppenkleidern und Puppengerätschaften, Küchen, Wohnstuben und Läden, und einzelne Spielsachen in Unzahl. Sie führte mich an allen Glasschränken herum . . .«[39]

In den früheren und gleichzeitigen Spielküchen geben Herd und Geschirr sehr bald die Möglichkeit zum wirklichen »Spielen« ab, für die Puppenstube wird nur das Ein- und Ausräumen angeboten, ein immerhin schon echter Fortschritt im Vergleich zu den nur auf Anschauung und Belehrung zugeschnittenen Vorgänger-Häusern.
Kleine Mädchen im Umgang mit einer Puppenstube zeigt ein Kupferstich aus dem Kinderbuch »Die Puppenwelt«, das 1844 in Nürnberg erschien[40]. Wahrscheinlich handelt es sich bei dieser Darstellung nach Bestelmeiers »Meublement« von 1812 um die früheste Abbildung einer Puppenstube, die trotz des Erscheinungsjahres 1844 noch eindeutig frühbiedermeierliche Merkmale aufweist.
Entsprechend den praktikablen Spielküchen ist auch die hier abgebildete, sehr große Stube ein Einzelgehäuse, das auf einem Normalmöbel, einer Bank, aufgestellt wurde. Ein Kind sitzt davor auf einer Fußbank. Sehr schön stehen daneben zum Vergleich Puppenmöbel, die der großen Puppe, also dem Kind des Kindes, angemessen sind. Die Puppenstube ist dagegen im kleineren Format eine Welt für sich.

Mädchen mit Puppenstube und Puppen. Kolorierter Kupferstich aus »Die Puppenwelt«, Nürnberg, 1844

Ein einfaches Brettergehäuse, dreiseitig, die Vorderkanten unverziert, mit offenbar rohem Fußboden, bildet den Raum, der aber, wie das Bestelmeiersche Dockenhaus, mit Bordüren verziert und »gemahlet«, das heißt gestrichen ist. Ein seitlich gelegenes Fenster trägt die starkfarbige Schaldekoration, die im Klassizismus üblich war, und der Säulenofen in der linken Ecke ist ebenfalls ein Prachtstück aus dieser Stilperiode. Ein langgestreckter Pfeilerspiegel und ein Bild sind goldgerahmt, die rechte Wand nimmt ein strenger, hoher Aufsatzschrank ein. Drei kleine Puppen gruppieren sich um den runden, mit Flasche und Glas gedeckten Tisch.
Die Puppen werden durch den Brustblattkopf mit anmodellierter Frisur gekennzeichnet, Köpfe, die es seit 1820 aus Porzellan gab. Der zusammen mit Hals und Brustansatz geformte Kopf ergab die Möglichkeit, die Puppen der Mode entsprechend mit den dekolletierten Puffärmelkleidern der Biedermeierzeit zu bekleiden, die auch die größeren Puppen im Vordergrund der Darstellung tragen. Sie sind, ihrer Robe nach, kleine Damen, während die Besitzerinnen einfache Mädchenkleider mit Schürze anhaben.
Das Spielen mit der Puppenstube bestand häufig, und das zeigt auch der vorliegende Stich, nach dem Einrichten aus der Bewirtung und Beköstigung der Stubenbewohner, wobei es sich im Biedermeier wohl um den Brauch der »Visite« handelt, um den offiziellen Höflichkeitsbesuch der Damen untereinander. Die Kinder lassen die Puppen stellvertretend einen Vorgang nachvollziehen, den sie bei den Erwachsenen beobachtet haben.
Dieses Imitieren der Erwachsenenwelt bleibt auch für die folgende Zeit beim Spiel mit der Puppenstube ein wesentliches Spielmotiv, das in einigen Literaturquellen spannend und überzeugend beschrieben worden ist. Dabei mischt sich das Nachvollziehen mit dem Kreativen in der Erfindung von Ereignissen und Begebenheiten, denen die Puppenstubenbewohner ausgesetzt werden.
Die aus der Biedermeierzeit erhaltenen Puppenstuben sind durch die Übernahme der Stilelemente der Zeit besonders liebenswürdig und anziehend (Abb. 33). Ein hausartiger Kasten mit Dach und Flügeltüren an der Vorderseite vereint das Mobiliar eines kleinen

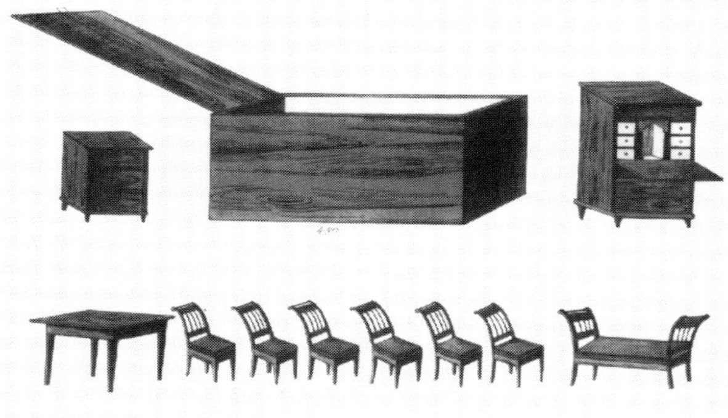

Puppenstubenmöbel
aus dem »Sonneberger Spielzeugmusterbuch«
von Johann Simon Lindner, 1829–31

Wohnzimmers mit dem einer Schlafkammer und bildet in dieser Art eine Zwischenform zwischen Puppenhaus und Puppenstube.
Die Verwendung von innen dekorierten Flügeltüren erinnert an die Gepflogenheit bei den englischen Puppenhäusern und kommt im deutschen Bereich nur bei Puppenstuben mit Dach vor.
Die Vereinigung von Wohn- und Schlafzimmereinrichtung stammt traditionell aus den Nürnberger und holländischen Puppenhäusern des 17. Jahrhunderts und ist in unserem Beispiel auf ein einfaches, bescheiden in die Ecke gestelltes Bett reduziert. Die Wohnzimmerecke weist den klassischen Mittelfußtisch mit Stühlen, das Polstersofa mit flacher Rückenlehne, einen Schrank und einen bestickten Ofenschirm auf, von einer auffallend komplizierten Deckenlampe mit sechs Petroleumbrennern gekrönt.
Das Wohnzimmer allein, ohne Schlafmöbel, bestimmt in den folgenden Jahren das Gesicht der Puppenstube. Eine kleine Biedermeierstube (Abb. 31) aus dem Thüringer Raum (Dingelstädt im Eichsfeld) verkörpert das repräsentative Wohnzimmer, die »feine Stube«, in bescheidenem Rahmen. Charakteristische Staatsmöbel sind im Biedermeier der Sekretär und die Kommode, wie es in den Gründerjahren Vertiko und Buffet sein werden. Dazu kommt hier neben dem kleinen weißen Säulenofen mit Messingreifen das Biedermeiersofa, klassisch mit gerader Rückenlehne und Seitenrollen. Der runde Mitteltisch, die einfachen Stühle mit den leicht gebogenen Lehnen vervollständigen das Inventar zusammen mit einem Beistelltischchen, dessen spitz zulaufende Beine zeittypisch sind. Der Schrank in der Mitte zwischen den mit bauschigem Tüll dekorierten Fenstern entstand etwas später, wie auch das Teegeschirr; das Zinngerät sowie Leuchter, Schale und Salznapf gehören in die Biedermeierzeit. Für die Frühzeit der Fotografie ist die gerahmte Daguerreotypie ein interessantes Beispiel im Kleinformat. Eine Eigenart des Gehäuses sind zum einen die gedrechselten Halbsäulen als Anschnittverblendung, zum anderen die Abdeckung der Stube durch eine einfache Sperrholzplatte. Letzteres ist bei Puppenstuben unüblich; es kommt aber vor, besonders bei selbstgebauten Gehäusen, wenn eine Zweitstube darüber aufgestellt werden sollte.
Die Anschnittverblendungen bilden in der Folgezeit durch die Verschiedenheit ihrer Ausführung ein wichtiges Stilmerkmal zur Einordnung des Gehäuses, da sie auch bei Veränderung des Inneren durch Erneuerung der Tapeten fast immer erhalten bleiben. Die schlichten Drechselteile der Naturholzsäulen, die in der Dingelstädter Stube verwendet wurden, gehören wie das Mobiliar in die Zeit um 1835, ebenso die Porzellankopfpuppe mit Stoffbalg.
Im Spielzeugmusterbuch, das der Verlag Johann Simon Lindner in Sonneberg 1829 bis 1831 herausgab[41], ist ein ähnlicher Sekretär abgebildet, wie er sich in der vorgenannten Stube befindet. Er gehört, wie das Sonneberger Angebot ausweist, zu einem »Kistchen, poliert, mit Möbeln« und scheint die gleiche gemalte Maserung zu haben wie das Originalbeispiel.
Das Sonneberger Kistchen barg eine komplette Einrichtung für eine Stube, außer dem genannten Sekretär die übliche Kommode, einen Tisch, sechs Stühle und ein Sofa. Der Begriff »Sofa« hat sich für uns heute verschoben und gilt für ein voll gepolstertes Sitz- und Liegemöbel. Das frühbiedermeierliche »Soffa« ist eine Sitzbank mit geschweiften Seitenlehnen aus Holz, wie es auch bei Bestelmeier (vgl. Abb. auf S. 67) dargestellt ist. In der originalen Biedermeier-Puppenstube ist das Sofa schon mit gepolsterter Rückenlehne versehen.
Als Einzelstücke konnte man nach dem Sonneberger

Musterbuch auch andere Stuhl- und Sofamodelle bestellen, außerdem »Commodschränke« und »Glasschränke«, »Commoden« und »Commoden mit Rollen«. Unter dem Letztgenannten hat man sich einen Rollsekretär vorzustellen, wegen der zylindrisch geformten Abdeckhaube auch »Zylinderbureau« genannt. Die Kastenmöbel haben alle zierliche weiße Beschläge, vermutlich aus Horn oder Bein.

Die Biedermeier-Puppenstube erscheint, wie auf dem Kupferstich, fast immer als Einzelraum. Auch im sehr kleinen Gehäuse kommt eine komplette Biedermeier-Einrichtung zur Aufstellung (Abb. 35), mit dem nun schon üblichen Polstersofa, Schrank und Kommode; ein Vitrinenschrank ist als neuer Möbeltypus hinzugekommen. Er wurde später, in Normalgröße, als Schauschrank für die berühmten bemalten Tassen, sehr beliebt.

Charakeristisch sind in dieser Stube die Stühle, die nach ihrer Konstruktion »Seitenrahmen-Stühle« genannt werden, ein Fertigungsprinzip, das auf einen Entwurf von Karl Friedrich Schinkel zurückgeht. Bemerkenswerte Zubehörteile sind die Pendelstutzuhr auf dem Glasschrank und die Biskuitporzellanbüste im antiken Geschmack; von sorgfältiger Detailtreue zeugt die Messinggardinenstange mit den dazugehörigen Knipsern.

Das kleine Gehäuse mit dem Mittelfenster und den abschließenden Flammleisten wurde in den zwanziger Jahren neu tapeziert.

Vom Spätbiedermeier zum Neurokoko – neue Liebe zum Schnörkel

Der Geist der gemütlichen Gediegenheit der Biedermeierzimmer setzt sich noch in den Einrichtungen aus der Spätbiedermeierzeit fort (Abb. 32): Die lackierten Naturholzmöbel vermitteln ein freundliches Bild. Noch ist der runde Mittelfußtisch zentraler Punkt des Raumes, Vitrinenschrank und Lehnensofa Zeugnisse behaglichen Wohlstandes. Alle Möbel, selbst Schrank und Kommode in der kleinen Schlafkammer, sind mit gedrechselten Halbsäulchen verziert, ein technisches Charakteristikum, das diesem Stil auch die liebevoll-spöttische Bezeichnung »Nudelmeier« eintrug.

Das besonders schön ausgestattete Gehäuse hat außer den Pilastern mit Lünette an den Anschnitten eine aufwendige Tapete im Wohnzimmer, deren »Spiegel« – große, eingegrenzte Wandflächen – mit Druckbörtchen eingefaßt sind.

Die sich anschließenden Mischstile, in denen sich historisierende Elemente immer mehr durchsetzten, haben auch in den Puppenstuben ihren Niederschlag gefunden. Hatte sich mit der Einbeziehung von Drechselteilen in die Möbelkunst die Neigung der Zeitgenossen von der schlichten und strengen Linie der Biedermeiermöbel abgewendet, so war dies noch eine zurückhaltende Vorstufe zu einer neuen Liebe zum Schnörkel, zum Ornament.

Etwa drei Generationen nach dem Rokoko des 18. Jahrhunderts wird dieser Stil für das Kunstgewerbe neu entdeckt, um eigentlich nie wieder daraus zu verschwinden; sogar neben Jugendstil und Neuer Sachlichkeit, zweier im 20. Jahrhundert sehr erfolgreicher Kunstströmungen, wurde im Neurokokogeschmack weitergefertigt, allerdings dann nur noch in den Bereichen von Kitsch und Nippes, aber zumindest in der Porzellankunst bis heute unverwüstlich.

In der Puppenstube gerät diese Bereicherung durch Ornamente und Verzierung schon durch die Verkleinerung ins Reizende und Liebenswürdige, zumal es sich ja »nur« um Spielzeug handelt, um eine doch nicht ganz so ernst zu nehmende Scheinwelt.

Ein interessantes Beispiel dieses Neurokoko präsentiert sich in dem »Salon mit roter Damastbespannung« (Abb. 38). Ein einfaches Gehäuse wurde mit einem Originaldamast aus dem letzten Viertel des 19. Jahrhunderts ausgeschlagen, um den reichen Möbeln einen angemessenen Rahmen zu bieten – einer Salonmöblierung mit bronzierten Zinnbeschlägen.

Zunächst ist es wieder die klassische Zimmereinrichtung, bestehend aus Mitteltisch, Sofa und Stühlen. Bei genauerem Hinsehen sind diese Möbel Biedermeiermodelle, denen durch die Applizierung der reichdurchbrochenen Beschläge der moderne Neurokokostil aufgeprägt wurde. Eigens in Puppenstubengröße wurden Blumenstücke mit Vögeln auf Seide gedruckt, um die kostbaren Bezüge herzustellen.

Ein neuer Möbeltypus taucht mit dem Damenschreibtisch auf, der besonders in der späteren Gründerzeit beliebt wurde. Hier sind – konsequent in der bewegten Linie des neuen Rokoko – Drechselteile mit reichen Beschlägen vereinigt worden, abgerundet durch die Hochglanzlackierung.
Im Zubehör feiert der Schnörkel Triumphe, sei es nun in der zierlichen Etagere, die ein Vogelbauer trägt, im dreibeinigen Gueridon oder in den Blumenständern. Bilderrahmen und Wandkonsölchen sind mit Rocaillen verziert, die in dem Wunsch, eine feudale Wohnatmosphäre zu erzeugen, auf die Blütezeit des Rokoko zurückgreifen.
Bei der Herstellung des schmückenden Zubehörs hat besonders die Puppenstubenzinn-Industrie eine überaus große Formenvielfalt hervorgebracht und sich als außerordentlich anpassungsfähig erwiesen. Der Zinnguß, von versierten Technikern gehandhabt, die oft gleichzeitig mit der Fertigung von Zinnsoldaten vertraut waren, ermöglichte die Wiedergabe feinster Ornamente (Abb. 41), deren Formen in Schiefer gestichelt wurden. Auch das über eine Positivform gedrückte Zinnblech, zum Beispiel für die Bilderrahmen, war für exakte und feinteilige Ausführung bestens geeignet. Mädchen im Schulkindalter liebten diese Spielzeuge sehr, und Jeanne Berta Semmig schrieb dazu:
». . . es ist eine meiner schönsten Erinnerungen, wie ich an diesem Tag an seiner Hand [des Vaters] durch die Meßbuden ging und mir ein Geschenk, ein kleines zinnernes Teegeschirr, aussuchen durfte. Es war mein liebstes Spielzeug für lange Zeit – mein Ehrenbecher und Ehrenkranz.«[42]
Alle diese kleinen Ziergegenstände wurden in Fabriken gefertigt, über die man fast nichts weiß, kaum etwas über die Herstellungsorte, gar nichts über die Entwerfer und Ausführenden der Modelle. Führend im thüringisch-mitteldeutschen Raum war die Firma Theo Krause in Gotha.
Der Formenreichtum dieser Gerätschaften ist wie geschaffen für den Aufbau eines »Zinnbuffets«, wie an einer anderen Doppelstube im Neurokokogeschmack gezeigt werden kann (Abb. 37 und 39). Als Prunkstück eines kleinen Salons mit sogenannten »Boulle-Möbeln« befindet sich dort ein Buffet, das über einem viertürigen Unterteil Borde in drei Etagen besitzt, die von Elfenbeinsäulchen getragen werden. Eine geschweifte Rückwand bildet, dunkel lackiert, den effektvollen Hintergrund für Säulchen und Zinngeschirr aus der Zeit um 1860/70.
Das Buffet wie auch Sofa und Stühle sind über dunkelbraunrotem Lack mit feingliedriger Ornamentik im Rokokogeschmack geschmückt; technisch ist es Schablonenmalerei mit Goldbronze, die die kostbaren Intarsien des französischen Kunsttischlers Charles André Boulle (1642–1732) imitiert.
Boulle hatte die klassische Holzintarsientechnik durch Hinzufügung von Zinn-, Messing- und Perlmuttintarsien, die den ganzen Möbelkorpus überziehen, bereichert. Im englischen Sprachbereich werden diese Puppenstubenmöbel »Waltershäuser Möbel« genannt.[43]
Sofa, Stühle und der Spiegel im Schlafzimmer der Doppelstube sind bei dieser Neurokokovariante nicht nur durch die aufschablonierte Ornamentik dem modischen Möbelstil angepaßt worden. Auch der bewegte Umriß, der von der Muschelform abgeleitet wurde, prägt die oberen Lehnen- und Rahmenabschlüsse. Korrespondierend dazu wird der obere Abschluß der Anschnitt-Halbsäulen ebenfalls von einer geschnitzten Muschel gebildet.
Die zu den Stuben gehörenden Puppen – erstmals dargestellt in der Biedermeier-Puppenstube von 1844 – haben zierliche Porzellanköpfe mit anmodellierten Frisuren; es sind seit der Jahrhundertmitte überwiegend Kinder, wie in dem rotbespannten Salon (Abb. 38), aber auch der Typus der eleganten Dame hat sich erhalten (Abb. 39), die auch später immer wieder in den Puppenstuben vorhanden sein wird. Eine spezielle Eigenart der Puppenstubenpuppe ist damit angesprochen: Diese Puppen sind nicht ausschließlich Kinder (wie die großen Puppen), sondern als Bewohner einer imitierten Erwachsenenwelt auch Erwachsene, Väter, Mütter und Großeltern, durch gealterte Gesichtszüge und entsprechende Frisuren charakterisiert. Die der Mode angepaßte Kleidung unterscheidet auch zwischen der Eleganz der Dame und der Schlichtheit der Köchin oder Magd. Im »Spielbuch für Mädchen« werden diese kleinen Puppen nachdrücklich empfohlen:
»Die besten Bewohner der Puppenhäuser sind Glie-

derpuppen, die sehr wohlfeil und in allen Größen zu haben sind.
Wenn die ganze Hausbewohnerschaft – bestehend aus Vater, Mutter, Kinder und Dienstboten – ausgewählt und nach ihrem Alter und Stand sorgfältig gekleidet ist, kannst Du sie in den verschiedenen Zimmern verteilen. Ist nach unserer Angabe Alles recht nett und ordentlich hergestellt, so wird das Puppenhaus einen höchst niedlichen Anblick gewähren und Dir eine endlose Quelle des Vergnügens werden.«[44]

Im Spiel mit ihnen trat die Puppenstube erst wirklich in Funktion; die Lebenserinnerungen schreibender Frauen haben es für die verschiedenen Zeitepochen überliefert:

»Ganz glücklich waren wir, wenn sie [die Mutter] mit uns spielte, oder, richtiger gesagt, uns vorspielte. Mit den steifen, sehr primitiven Bewohnern unserer Puppenstube wußte sie unendlich viel anzufangen und führte die ergreifendsten, aber auch lustigsten Szenen damit auf. O wie jammerte mich der fingerlange kleine Junge, der aus dem Hause verbannt und in einen Zigarrenkasten eingesperrt wurde um irgendeiner Missetat willen! Als das Spiel zu Ende war, holte ich ihn heimlich heraus, tröstete ihn und brachte ihn ins kleine Bett.«[45]

Die Puppenküchen der Jahrhundertmitte sind noch immer Rauchfangküchen oder kleine Küchenhäuser mit Dach, ebenfalls mit Rauchfang. Abbildungen in Kinderbüchern zeigen, daß neben der Spielküche auch der größere Puppenherd verwendet wurde, der eine Spiritus- oder Ölbeheizung besaß, die ihren Zug durch ein Ofenrohr mit Krone erhielt.

Die kleinen Mädchen beschäftigten sich, nach der Häufigkeit der Darstellungen zu urteilen, noch immer mit Vorliebe mit den Spielküchen. Die begeisterte Schilderung eines Weihnachtsgeschenkes gibt ein Text von 1828 wieder:

»(Gustchen zu ihrer erwachsenen Base Therese:) Und meine Küche! Ist nicht alles darin, was in deiner Küche ist? Sieh her, ein Feuerherd, ein Gossenstein, eine Anrichte, ein Schrank, unten setzt man die in der Küche nöthigen täglichen Speisesachen. Oben die Teller und Schüsseln – da sind Glasthüren vor – damit kein Staub hineinkommt, und das rein glänzende Tischgeschirr nett darin bleibt; aber man muß es auch

Mädchen mit Puppen und Spielküche. Holzschnitt von H. Bürkner, 1863, nach einer Zeichnung von Oscar Pletsch. Titelillustration zu »Gute Freundschaft«, Leipzig, 1875[5]

Mädchen mit Puppenherd und Spielküche. Holzschnitt von H. Bürkner, 1863, nach einer Zeichnung von Oscar Pletsch aus »Gute Freundschaft«, Leipzig, 1875[5]

Puppenstube mit Biedermeiereinrichtung. Holzstich von J. Vogel aus »Illustriertes Spielbuch für Mädchen« von Maria Leske, Leipzig, 1877[6]

schön geordnet hineinstellen, sagt die Mutter, – und sieh hier meine schönen Wassereimer und Wasserstande [große Wasservorratsbehälter], hast du die noch nicht bemerkt? Sieh! wie nett sie sind, mit messingern Reifen belegt, und inwendig mit Oelfarbe angestrichen, wie die Eimer in der Mutter Küche.«[46]

Die Gründerzeit – Vielfalt und Üppigkeit

Im letzten Viertel des 19. Jahrhunderts entstand innerhalb der Spielzeugindustrie in Deutschland eine solche Fülle an Puppenstubeneinrichtungen, daß noch bis heute die Gründerzeitpuppenstube als die »alte Puppenstube« überhaupt angesehen wird. Parallel zur Entwicklung des Wohnstiles, der in imitierendem Nachvollzug die wesentlichsten Stile der Vergangenheit durchlief, sind auch die Puppenwohnungen der jeweiligen Mode gefolgt. Oftmals bestanden verschiedene dieser Stilbestrebungen nebeneinander, wie es bei Neobarock und Neorenaissance der Fall war, ebenso oft kamen Mischformen vor. Aus der vorhergehenden Periode des Neurokoko hatte sich die Liebe zum Schnörkel und zum Zierat erhalten, die Freude am Schmuck des Interieurs konnte sich bis zum Übermaß steigern. Bestimmte Möbeltypen wurden bevorzugt, sie fanden, wie in den Wohnungen der Menschen, auch in den Puppenstuben ihren Platz.

In sechs verschiedenen Beispielen läßt sich der Formenreichtum von Gründerzeit-Puppenstuben in der Sammlung Henze, Weimar, ablesen, ein reizvolles Exemplar eines Zimmers mit Oberlicht besitzt das Kreisheimatmuseum Greiz (Abb. 45).

In einem Doppelraumgehäuse, dessen größeres Zimmer eine Originaltapete mit Silhouettenbordüre besitzt (Abb. 42), befindet sich eine Wohnzimmereinrichtung, deren Stil selbst in der erfindungsreichen Gründerzeit ungewöhnlich und selten ist.

Die schwarzgebeizten Möbel sind alle mit geschnitzter Durchbruchornamentik versehen, die Barockschwünge mit gotischen Umrißformen vermischt, dazu kommen Drechselteile an den Stuhlbeinen oder Halbsäulen an den Kastenmöbeln. Vertiko und Buffet, zwei Repräsentationsmöbel, die in keiner Gründerzeiteinrichtung fehlen dürfen, haben schwere, geschlossene Umrißformen, denen Ornamentgiebel aufgesetzt wurden. Die Stühle mit ihren durchbrochenen Lehnen wirken steif, das Sofa, eine abgewandelte Biedermeierform, wuchtig. Die roten Lederbezüge unterstreichen den noblen Charakter der Einrichtung, die, vom Gehäuse ausgehend, auf den Farbklang schwarzrot eingestimmt ist.

Das Rot kommt schon in den profilierten Anschnittblenden vor, schwarz-rot ist die Silhouettenbordüre im Wohnzimmer, rot liniert sind die giebelförmigen, durchbrochenen Gardinenbretter.

Die steif und zeremoniell wirkende Atmosphäre dieser Puppenstube wird durch das Zubehör aufgelockert und abgerundet: Eine Biskuitporzellanbüste des österreichischen Kaisers Franz Joseph beweist, daß Loyalität auch in den Puppenwohnungen zu Hause war, dünnwandige Fadenglasgefäße dokumentieren die Kunstfertigkeit der Glasbläser, vermutlich aus dem thüringischen Lauscha.

Das kleinere Zimmer dieser Doppelstube mit ebenfalls originaler Gardinendekoration erhielt eine komplette Schlafstubeneinrichtung aus der Zeit um 1910, mit Stilelementen des Werkbundes.
Im Gegensatz zu der auf würdevolle Repräsentation abgestimmten schwarzmöblierten Stube strahlt die kleinere Doppelstube mit den Dreiviertelsäulen am Gehäuse (Abb. 40) gemütvolle Wärme aus, der Eindruck einer gepflegten Großtanten- oder Witwenwohnung wird durch die Gegenwart einer distinguiert gekleideten Altdamenpuppe noch verstärkt.
Die Einrichtung mit naturholzfarbenen Eichenmöbeln im Geschmack der Neorenaissance ist genau das, was sich als Inbegriff der Gründerzeitmöblierung in der Vorstellung der Nachwelt verfestigt hat, obwohl es auch hier eine unübersehbare Vielfalt von Varianten gibt.
Der Wohnzimmermöbelsatz aus Sofa, Tisch, Stühlen, Spiegel und Vertiko ist bis ins 20. Jahrhundert beibehalten worden, z. B. im »Universal-Spielwaren-Katalog« von 1924[47] werden auf den farbigen Musterseiten der Firma Paul Leonhardt aus Eppendorf in Sachsen siebenundsechzig solcher Einrichtungssätze angeboten, noch immer überwiegend im Stil der Neorenaissance. Ergänzend kamen Salons, für die der kleine, runde Tisch und Polstermöbel kennzeichnend sind, Musikzimmer, Schlafzimmer und Küchen zum Angebot, jeweils nur einmal ein Kinderzimmer, eine Schule, ein Kontor und ein Billardzimmer.
Die Möbelsortimente wie auch das Küchenzubehör waren in Pappkartons festgenäht, deren Ränder mit Papierspitzen verkleidet wurden, eine Verpackungsart, die noch in den zwanziger Jahren des 20. Jahrhunderts zu finden ist.
Die Einrichtung der kleinen Gründerzeitstube wird durch gediegene Verarbeitung massiver Eichenholzbrettchen charakterisiert, die in den schmückenden Teilen die beliebten ausgesägten Giebelverzierungen aufweisen, auch sauber gedrechselte Säulchen. Ebenso beliebt wurden in der Folgezeit die kleinen Zinnbeschläge, die, aus dünnem Blech bestehend, über eine ornamentale Form gedrückt und ausgestanzt, keine haltende Funktion hatten, sondern den historisierenden Geschmack unterstreichen sollten.
Ein für die Gründerzeit typisches Möbel ist dazugekommen, der »Trumeau«, ein Standspiegel mit Konsole, der offenbar das Staatsmöbel schlechthin wurde und dem die ganze Liebe und Fürsorge der Hausfrauen galt – Fontane stellt es jedenfalls als Todsünde hin, wenn dem Trumeau etwas zustieß.[48]
Unverzichtbar wurden für die nächsten Jahrzehnte die Fransen an den Möbelkanten – jede Handarbeitsenzyklopädie des Zeitalters vermittelte die Anleitung zur Herstellung von Fransen, Quasten und Trotteln – wie auch die Häkeldeckchen, unter denen die Sofaschoner geradezu berüchtigt wurden, da sie sich dauernd verschoben und einer praktischen Nutzung des Möbelstückes im Wege standen.
Stilistisch verwandt mit der kleinen Gründerzeitstube sind die Möbel einer Einzelstube, die Saloncharakter hat (Abb. 44), da neue Möbeltypen hinzugekommen sind, eine der Mode angepaßte Form des Damenschreibtisches und ein Klavier. Daß Aufsatzbuffet und Trumeau vorhanden sind, versteht sich nun schon von selbst, beides mit passendem Zubehör wie Uhr und Büste; Sofa, Tisch und Stühle weisen wieder die gleiche sorgfältige Ausführung aus massiver Eiche mit Drechselteilen auf.
Das Reizvolle an dieser Stube ist ihre Installierung in einem eigentlich nicht zugehörigen Gehäuse, das durch den trapezförmigen Grundriß und das seitlich gelegene Fenster als Spielküchengehäuse identifizierbar ist. Seine Anpassung an die schöne und vollständige Möbelgruppe wurde durch originale Tapetenbordüren und eine sorgfältige Fensterdekoration erreicht, die nach altem Vorbild materialgerecht angefertigt wurde. Dementsprechend sind auch die Kleidungsstücke der Porzellanpuppen aus der Zeit neu angefertigt worden.
Eine großzügige Übersicht über Gründerzeitmöbel, bei denen vorwiegend Drechselteile den Schmuck bilden, bietet ein großes Dreizimmergehäuse (Abb. 34), das aus dem Erzgebirge stammt und mit formenreich verzierten Anschnittblenden versehen wurde. Die gern verwendeten Halbsäulen wurden durch Prismaformen erweitert und jeweils mit einer bronzierten Kugel bekrönt. Säulen und Gesimse sind weiß gestrichen, der Farbklang weiß-gold wurde verwendet, um einen betont feudalen Eindruck zu erzielen, und kommt noch in den zwanziger Jahren bei luxuriösen

Musik- und Schlafzimmermöbeln vor.[49] Den aufwendigen Stil des Gehäuses unterstreichen ein Deckenleuchter mit zwei dazu passenden Wandleuchtern, die, aus bronziertem Zinnguß, reich mit Ornamentschmuck versehen sind.

Die gedrechselten Möbelteile der Stühle, Sofas und Tische variieren Perlstab und Baluster, sogar die Zarge des einen Tisches erhält eine winzige Balustrade. Die selten erhaltene Fußbank ist mit der beliebten Fransenkante geschmückt, sie gehört zu der Möbelgruppe mit den roten Plüschbezügen, deren steiflehniges, dazugehöriges »Plüschsofa« für spätere Generationen zum Inbegriff des Altmodischen und Belächelten wurde. Zusammen mit dem »Sorgenstuhl«, zu dem die schon genannte Fußbank gehört, ist es für die neunziger Jahre des vorigen Jahrhunderts ein ganz wesentlicher Bestandteil eines Wohnzimmers geworden und durfte in keiner Familie, die auf sich hielt, fehlen. Wer es sich leisten konnte, besaß dazu einen großblumigen Plüschteppich, wie er in dieser Puppenstube liegt; selbstverständlich waren diese Teppiche nicht geknüpft, sondern maschinell hergestellt.

Daß zierliche, geschliffene Marmorplatten auch auf den Puppenstubenmöbeln verwendet wurden, weist darauf hin, daß sich die Spielzeugindustrie bemühte, in der miniaturisierten Wiederholung der menschlichen Einrichtung materialgetreu zu arbeiten. Auch der Kachelofen, vor dem der interessante Schaukelstuhl steht, ist aus glasierter Keramik. Natürlich ist er nicht aus Kacheln aufgesetzt wie ein normaler Kachelofen, aber der äußere Eindruck bleibt gewahrt. Die möglichst getreue Wiederholung der eigenen oder einer erträumten Wohnwelt war vorrangiges Fertigungsprinzip, ob es sich nun um industrielle oder individuelle Herstellung von Puppenstuben handelte.

Diese Perfektion der Nachahmung fand offenbar, denn sonst wäre nicht in so großen Mengen produziert worden, einhellige Zustimmung von Kindern und Eltern. Um so bemerkenswerter ist die kritische Stimme von Louise Otto-Peters von 1876:

». . . unsere, bis zur Kunst fortgeschrittene Industrie gefällt sich darin, alles Wirkliche nachzuahmen und so alle Moden der Erwachsenen auch auf die Puppenwelt zu übertragen, alle Hausgeräte in minutiöser Form nachzubilden. Man muß in der Tat selbst über diese Puppen staunen, die als Wiegenkinder schreien, . . . – man muß lächeln über diese Küchen mit Spiritusfeuerung in Maschinen und Kochherden, mit allen nötigen Kochgeräten und Vorräten in der Speisekammer; echten Schinken, die nach Zollen messen, Flaschenkörbchen mit echten Champagnerflaschen usw. – man kann sie reizend finden, diese Puppenhäuser mit dem eleganten Salon, in dem weder die Stutzuhr, noch das Album auf dem Lesetische, wie das Schlafzimmer, in dem weder das Waschservice noch die Wachsstockschachtel von Silber fehlt, und alles nach neuester Façon – und ebenso kann man diese Puppendamen anstaunen, die nach der neuesten »Modenwelt« gekleidet sind und einen Koffer mit vollständiger Garderobe für jede Saison besitzen: – aber es sind doch zwei sehr wichtige Bedenken dabei: Das eine, daß der Phantasie nichts mehr übrig bleibt hinzuzutun, daß ihr jede Arbeit erspart wird und sie so ungeübt verkümmern muß; das andere: daß durch das Puppenspiel der Mädchensinn nur auf Äußerliches gelenkt und mit Gewalt darauf hingedrängt wird, an Mode und Luxus Gefallen zu finden und die eigenen Bestrebungen und Wünsche allein auf dieses Gebiet zu konzentrieren.

Das eigentliche Spiel wie sein Zweck hören fast auf bei dieser Nachahmung des Wirklichen. Statt die eigene Kraft zu üben, selbst zu denken, zu erfinden, zu schaffen, wird dieselbe eingeschläfert, und an die Stelle belebenden Interesses tritt sehr bald die Langeweile.«[50]

Eine Beurteilung wie diese, von einer Schriftstellerin, die als Vorkämpferin der Emanzipation bekannt wurde, ist nicht nur für ihre Zeit extrem selten, sondern auch für spätere Perioden, in denen Frauen durch Bildung und Beruf ganz andere Perspektiven als die des Hausfrauendaseins eröffnet worden waren. Auch bei sonst durchaus kritischer Betrachtung der eigenen Zeit wird gerade das Spiel mit der Puppenstube, als zu der unbeschwerten Kindheit gehörend, liebevoll und positiv betrachtet, und der ursprünglich beabsichtigte erzieherische Zweck des Spielzeuges wird nicht mehr in Erwägung gezogen. Durch die Einbringung eigener Ideen, die dem eigentlich vorgesehenen Haushaltsspiel fremd sind, wird im 20. Jahrhundert das Spiel mit der Puppenstube verändert und kreativ.

Natürlich gab es kritische Stimmen zum Stil der Grün-

derzeit selbst, die sich nicht auf die Puppenstuben, sondern auf die eigene Umwelt bezogen und die sich gegen Ende der neunziger Jahre in Vorbereitung einer Stilwende mehrten. Das Übermäßige einer Einrichtung, in der Prunk und Prachtliebe den Ausschlag gaben, wo nicht das Benutzbare, Zweckmäßige, sondern das Repräsentative und Schmückende entscheidend waren, hat auch damals schon zu negativer Bewertung herausgefordert. In der Puppenstube jedoch, wo man damit spielte und es nicht auf Verwendbarkeit und praktisches Leben ankam, waren die Gründerzeiteinrichtungen außerordentlich beliebt.
Das Greizer Puppenzimmer (Abb. 45), das eigentlich ein kleines Haus mit Dach und Oberlicht ist, bietet die komplette Darstellung einer neureichen Saloneinrichtung, die mit Erker, Vertäfelungen, Parkett und aufwendigen Fenstern bereits in der Innenarchitektur alles vereint, was in den Fachzeitschriften und Vorbildersammlungen für Möbeltischler empfohlen wurde.
Die Art der Möbel selbst unterscheidet sich nicht grundsätzlich von der der schon betrachteten Puppenstuben, die sich an den gleichen Vorbildern orientierten. Dazugekommen sind die eine Zeitlang beliebten Balustraden, die den Erker vom großen Wohnraum trennen, halbhoch und als Bereicherung der Innenraumgestaltung verstanden.
In den Erinnerungen an die Kindheit eines Knaben liest man dazu: »Im Eßzimmer gab es zwei Balustraden mit dicken Holzsäulen, die aus den Wänden wuchsen und am Ende je einen Blumentopf trugen. Die Mama sagte immer, sie seien ein Greuel, und man solle sie verheizen, aber Opapa ließ das nicht zu; er hatte sie nämlich von seinem Kriegerverein zum sechzigsten Geburtstag bekommen, wahrscheinlich weil ein anderer Krieger sie los sein wollte. Auch ich war ihnen feindlich gesinnt, vielleicht, weil ich ihre Geschmacklosigkeit schon innerlich empfand.«[51]
Mit ihrem Formenreichtum ist – trotz aller möglichen Einwände – für Ausstellung und Sammlung eine großbürgerliche Puppenstube um 1895 ein wichtiger Schwerpunkt. Die Weimarer Sammlung (Abb. 46) verfügt über ein besonders schön ausgeprägtes Beispiel, in dem das Gehäuse mit den braun gebeizten Anschnittverzierungen mit den dunklen Eichenholzmöbeln und einer prächtigen Tapete harmoniert, wenn auch die Tapeten beider Zimmer nach 1900 ergänzt wurden.
Das Mobiliar, wieder der Neorenaissance verpflichtet, umfaßt drei interessante Typen von Schrankmöbeln, die mit bronzierten Zinnblechbeschlägen ausgestattet wurden, das zweiteilige Vertiko sogar mit einer Flora aus Biskuitporzellan. Ein halbhoher Schrank hat, außer Schubladen und gedeckter Stellfläche oben, zwei kleine, verzierte Nischen, das Vertiko ist in einem Teil mit einer Spiegeltür versehen, die Kredenz oder das Buffet ist eine flachere Variante des Vertikos. Original erhalten sind die Gardinenbretter in Kerbschnitt-Technik, zeitweilig besonders als Bastelarbeit sehr beliebt, zeitgleich die Petroleumlampe und der vergoldete Deckenleuchter, der schon »elektrische« Birnen trägt – man kann seit 1880 mit Elektrifizierung der städtischen Wohnungen rechnen. Die Tisch- oder Stehlampe für Petroleum blieb daneben noch lange gebräuchlich.
Hinzugefügt wurde der grünglasierte Kachelofen, der sich bei näherem Hinsehen als Sparbüchse und Werbegeschenk eines Schornsteinfegermeisters erweist. Vom Inventar dieser Stube verdienen besonders das »Album auf dem Tisch« (Louise Otto-Peters) und der verschnörkelte Rahmen für Photographien die Aufmerksamkeit des Betrachters.
Auch im dazugehörigen Schlafzimmer bestimmt Neorenaissance den Möbelstil, wenngleich in ganz schlichter Form. Die minutiös bestickten Bettbezüge gehören zu der in breitestem Umfang gepflegten Handarbeitskultur der Gründerjahre, wie die Häkeldeckchen.
Durch einen intensiv betriebenen Handarbeitsunterricht an den Volksschulen im kaiserlichen Deutschland wurde den kleinen Mädchen eine umfassende Ausbildung auf diesem Gebiet zuteil, der zu einer erstaunlichen Vielseitigkeit und heute unglaublichen Perfektion führte. Viele Arbeiten, besonders die Proben, haben Verwendung in den Puppenstuben gefunden. Daß diese feinen, kleinen und so akkuraten Handarbeiten Tränen und Verzweiflung bei den kleinen Mädchen oft genug zur Folge hatten, wird in vielen Mädchenbüchern aus der Zeit beschrieben. Die moderne Kindheitsforschung sieht in dem intensiven Handarbeitsunterricht ein Domestizierungsmittel, das

Musterkarte mit Häkelproben,
Ende 19. Jahrhundert

eingesetzt wurde, um den Mädchen moralisch das Rückgrat zu brechen: »Für die Kasteiung der Neugier, der Bewegungslust und des unweiblichen Egoismus gab es keine bessere Geißel.«[52]
Ein sehr geschätztes Modell einer speziellen Art von Gründerzeitpuppenstube ist das »Altdeutsche Zimmer« (Abb. 47)[53], das einen historisierenden Einrichtungsstil im kleinen wiedergibt.
Neben Neorenaissance und Neobarock erfreute sich für bestimmte Räume ein Stil besonderer Beliebtheit, der sich am mittelalterlichen Vorbild orientierte und das Interieur von »altdeutschen« Bürgerhäusern nachzuahmen trachtete, wofür Bürgerhäuser in Städten wie Nürnberg und Rothenburg ob der Tauber zum Vorbild genommen wurden. Selbstverständlich war es nicht das historische, sondern ein aus der Vorstellung des 19. Jahrhunderts entstandenes Mittelalter, dessen Nachbildung sich vor allem in der Verwendung von Butzenscheibenfenstern und »gotischen« Spitzbogen manifestierte.
Sogenannte »Trinkstübchen« und Erkerzimmer kamen in Mode, wie in Wirklichkeit so auch in der Puppenstube, die dunkel, das heißt »gemütlich« gehalten wurden, durch dunkelgemusterte Tapeten und Paneele, dunkle Möbel, dunkle Portieren und Vorhänge. In der Puppenstubenmöbel-Fabrikation wurde dafür besonders häufig die Laubsägetechnik eingesetzt, die die kleinteiligen Durchbruchornamente ermöglichte. Vom Umriß und Korpus her sind die hier verwendeten Kastenmöbel noch der Neorenaissance verbunden, die Gliederung der Flächen erfolgt im altdeutschen Laubsägeornament.
Mit der gleichen Technik wurden auch die »Butzenfenster« gestaltet, in denen wabenförmiges Gitterwerk den erwünschten Eindruck hervorrufen sollte.
Brettschemel oder sogenannte »Lutherstühle«, auch einfache Bretthocker vervollständigen als Sitzmöbel diese Stilzimmer, die mit Steinzeug oder Zinn im altdeutschen Geschmack ausgestattet wurden.
Es hat den Anschein, daß diese »altdeutschen Zimmer« mit Mobiliar und Gehäuse als zusammengehörig verkauft wurden, im Gegensatz zu den als Sortiment lieferbaren und vom Gehäuse als unabhängig beziehbaren Neorenaissance-Einrichtungen.
Da die Laubsägearbeit, wie der Kerbschnitt und die Brandmalerei, als häusliche Bastelarbeit sehr beliebt war und Arbeitsanleitungen dazu veröffentlicht wurden, gibt es auch Beispiele von individueller Anfertigung von Puppenstubenmöbeln in dieser Technik (Abb. 51). Die aus geschliffenen Ahornbrettchen gefertigte Möbelgruppe zeigt einen schwer zu bezeichnenden Mischstil der Ornamente, in dem Adler- und Löwenfiguren in der Art heraldischer Symbole vorkommen, aber auch Balustraden und gotische Spitzbogen. Offenbar hat hier ein handwerklich geschickter Vater oder großer Bruder sauber und sorgfältig einen eigenen Entwurf ausgeführt, der ganz im Geschmack des »Altdeutschen« steht.
Verwandt in der Ausführung, jedoch von solcher technischer Virtuosität, daß man einen professionellen Modelltischler vermuten möchte, ist die umfangreiche Möbelgruppe böhmischer Herkunft (Abb. 49 und 50), zugleich das einzige Beispiel osteuropäischer Puppenstubenmöbel.
Alle diese Möbel, die im Umriß sowohl Neobarock- wie Neorenaissanceformen aufweisen, sind mit einem Netzwerk von ausgesägten Ornamenten verziert, das hauptsächlich Rokokoelemente enthält, ins Volkskundliche abgewandelt, und mit dem zentral angebrachten Gitterkreis, der auch auf den böhmischen Gläsern immer wieder verwendet wird.

Außer Stühlen und Sesseln sind Wohn- und Schlafzimmermobiliar in Rahmenkonstruktion ausgeführt, in die die gitterartigen Füllungen eingesetzt wurden. Schubladen und Türen besitzen maßstabgerechte, also eigens angefertigte, funktionstüchtige Beschläge.
Schon bei dem vorher beschriebenen Beispiel der Laubsägemöbel wäre die Verwendung als Vitrinenstück denkbar gewesen. Bei der Gruppe der böhmischen Gitterwerkmöbel kann es sich wohl kaum noch um Spielzeug gehandelt haben.
Eine liebenswürdige Schilderung von der Verfertigung einer typischen Spiel-Puppenstube durch die Eltern wurde durch Heinrich Seidel in seinem gemütvollen Roman »Leberecht Hühnchen« aus dem Jahre 1887 gegeben und soll noch einmal auf die Blütezeit der Puppenstube am Ende des 19. Jahrhunderts hinweisen:
»Für ihr kleines Mädchen hatten die Hühnchens gemeinsam eine Puppenstube angefertigt, die wahrlich zauberhaft war und einer zweiten Familie Hühnchen in ein Zehntel der natürlichen Größe zum Wohnsitz diente. Dieses Wunderwerk zu beschreiben, sind Worte zu schwach; es genügt zu sagen, daß diesen Puppenräumen nichts, aber auch gar nichts fehlte von dem, was die wirklichen Räume der Hühnchenschen Wohnung enthielten, und daß alles von einer großartigen Eleganz und Zierlichkeit war. Die Schränke waren angefüllt mit winzigsten Kleidern und Leinensachen und die Küche mit den niedlichsten Geschirren, selbst Kinderspielzeug, Bilderbücher und Schulhefte waren vorhanden in liliputanischer Größe und Porträte der Hühnchenschen Vorfahren an den Wänden, sauber in Gold gerahmt. Ja, die Naturwahrheit war fast zu weit getrieben, denn sogar jener Ort, zu dem selbst Karl der Große keinen Vertreter schicken konnte, fehlte nicht, wie mir Hühnchen unter großem Schmunzeln zeigte.«[54]
Neben der Vielzahl der Gründerzeit-Puppenstuben existiert eine Sonderform, die nur bedingt zu den eigentlichen Puppenstuben zu zählen ist, ihnen aber durch die Gehäuseform verwandt ist: der sogenannte »Redouten-Saal«. Schon bei Bestelmeier, 1812, gibt es ein Angebot, das einen »Saal mit durchbrochener Gallerie« beschreibt, mit Tisch, Sessel und Spiegel möbliert.[55] Hier handelt es sich um ein vierseitiges ge-

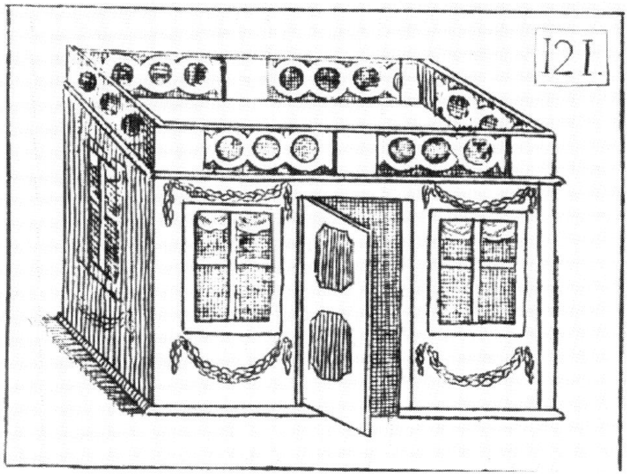

»Saal mit durchbrochener Gallerie«. Kupferstich aus dem »Magazin...« von Bestelmeier, 1812

schlossenes Gehäuse, dessen Benutzbarkeit durch die Fronttür nur schwer vorstellbar ist.
Ein direkter Vorfahr der Säle des späten 19. Jahrhunderts ist jedoch der »Redouten-Saal von Pappe, zum aufstellen, in einem Futteral, mit vielen gemahlten Masquen . . . Man kann die Figuren kommen und abgehen lassen.«[56] Es handelt sich offensichtlich um eine Art Bühne, auf der das spielende Kind die Pappfiguren der »Masquen«, also kostümierter Figuren, agieren lassen konnte.
Ein solches Sälchen, ursprünglich auch zum Zusammenklappen, befindet sich in der Weimarer Sammlung Henze und ist nach seiner Stabilisierung durch einen Holzfußboden ähnlich der Bestelmeierschen Beschreibung möbliert worden: Sessel, Sitzbank, Tisch und Stuhl aus »Eisenguß«. Der repräsentative Spiegel ist schon als Druck in der Wandtapete enthalten. Die in ganzer Fläche als Imitation gestaltete Tapete ist das Charakteristikum dieser Säle, in denen am Ende des 19. Jahrhunderts Automatenpuppen Aufstellung fanden. Sie waren letztlich also Schauobjekt, nicht Spielgegenstand im Sinne der Puppenstube.
Die umfassende Nachahmung einer Gründerzeit-Einrichtung durch die Tapete macht sie jedoch zu

Festsaal mit Bildertapete. Außenansicht,
Ende 19. Jahrhundert

Kleiner Saal mit Bildertapete, Ende 19. Jahrhundert.
Privatbesitz. Einrichtung Sammlung Henze, Weimar

einem wichtigen Dokument innerhalb der Puppenstubenentwicklung. Die Wandaufteilung durch Vertäfelung und Tapete, die Fensterdekorationen, die Bilder und Bleiglasfenster verdeutlichen par excellence die Vorstellung eines festlichen Raumes jener Zeit.
Noch umfassender ist die Imitation auf einem großen Gehäuse in der gleichen Sammlung, das nur durch sorgfältige Restaurierung als Dokument erhalten werden konnte. Hier ist die Innenausstattung durch Zubehör, wie Pfauenfeder-Arrangement hinter dem Spiegel und altdeutsches Zinn auf dem Paneel, bereichert worden; komplizierte Säulen schmücken, ebenfalls im Farbdruck, die Anschnitte, die Außenseiten imitieren eine großartige Neorenaissance-Villa mit Balustraden, Reliefornamenten und Figurennische.
Die Verwandtschaft mit der amerikanischen Faltpuppenstube von 1894 (Abb. 94) ist offensichtlich. Die Fragen der gegenseitigen Einflußnahme und der Ersthersteilung sind noch offen.

»Meine Küche ist mein Stolz« – die Spielküche der Gründerzeit

Ähnliche Sprüche, wie der in der Überschrift verwendete, gab es in den Jahren zwischen 1875 und 1900 in Hülle und Fülle, die Spruchstickerei hatte gerade bei Küchentextilien ein weites Betätigungsfeld gefunden. Der schon erwähnte umfassende Handarbeitsunterricht zog eine umfangreiche Produktion nach sich, die fast ausschließlich nicht maschinell, sondern mit der Hand angefertigt wurde. Dabei waren in der Stickerei, außer altdeutschen Kreuzstichmustern, besonders Sprüche beliebt, die im Wohnzimmer mit »Nur ein Viertelstündchen« die Sofakissen, im Schlafzimmer den Wäscheschrank mit moralisierenden Versen auf mehrteiligen »Schrankkanten« zierten, in der Küche aber besonders verbreitet waren. Es gab Deckchen für den Einkaufskorb und den bestickten Brotbeutel, die Schaufläche des Überhandtuchs und – als Extrem dieses pflegeaufwendigen Ausputzes – das Deckchen für den Ausguß, wo für den Tropfen aus dem Wasserhahn in der Mitte ein Loch sauber auslanguettiert wurde. Überall fand sich Gelegenheit, sinnige Sprüche anzubringen, und alle nehmen Bezug auf die musterhaft geführte Küche, die als wahrer Mittelpunkt verantwortungsvoller Hausfrauentätigkeit verstanden wird.
Die Gründerzeitküche wird demzufolge wieder zur Schauküche wie im Barock, in der Puppenwohnung allerdings mit dem Unterschied, daß außerdem darin gekocht wird. Die Spielküchen dieser Zeit sind bestens ausgestattet, einfallsreich und solide, bunt und fröhlich.
Fünf Beispiele zeigen, daß die Ausstattung sehr unterschiedlich in Ausführung und Material sein kann, die individuelle Küche überwiegt, wenn auch die verwendeten Möbel aus Serienfertigung stammen. Mit dem Aufkommen der weißlackierten Kücheneinrichtung wird das Bild seit dem Jugendstil etwas einförmiger. Es gab nun ausschließlich dreiseitige, nach oben offene Küchengehäuse, die leer oder »complet eingerichtet«[57] in den Handel kamen. Durchgängig wird der Fußboden mit Fliesentapete beklebt, neben glattem Anstrich gibt es Sockelverkleidungen in verschiedener Höhe.
Bemerkenswert ist die Verwendung der Fliesentapete in der Küche mit Blechmöbeln (Abb. 54), in der die Fliesentapete des halbhohen Sockels zugleich zur Verkleidung des Herdes verwendet wurde, der als Attrappe mit Messingtürchen und Ofenrohr komplettiert wurde. Eine kleine Gruppe von frühen und seltenen Blechmöbeln bildet die Ausstattung. Ein Fliegenschrank und ein zweiteiliger Küchenschrank sind, wie der Tisch und die Wasserstande, mit Holzmaserung bemalt. Bei den Schrankmöbeln wurde außerdem eine schablonierte Rankenmalerei in Schwarz hinzugefügt, ein Schmuckelement, das in Küchen immer wieder vorkommt und das bäuerliche Element hineinbringt.
Topfdeckelständer, Schöpflöffelkonsole, Petroleumkanne und Hackstock sind die wichtigsten Zubehörteile aus der Entstehungszeit der Küche.
Eine dunkelbraun gebeizte Möbelausstattung befindet sich in einem neutapezierten Gehäuse mit einem Blechherd aus der Zeit um 1895 (Abb. 53). Die schlichten und solide ausgeführten Möbel umfassen drei Schränke, von denen der hohe Fliegenschrank mit dem geschwungenen Giebelbrett und der halbhohe

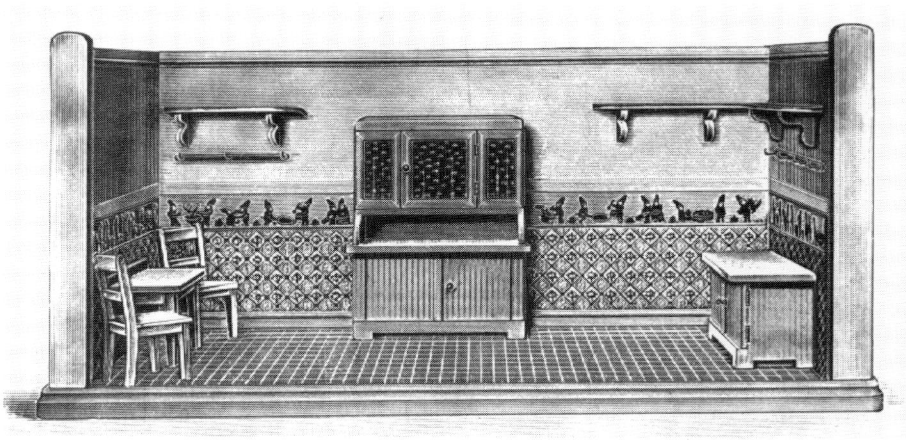

Küchengehäuse. Katalogangebot der Firma Hugo Roithner, Schweidnitz/Schlesien. Aus der Jubiläumsausgabe des »Wegweisers für die Spielwaren-Industrie«, 1925

Eckschrank seltene Modelle sind, an den Wänden sind Gewürzschrank und Konsolbretter, Topfdeckelständer und Löffelkonsole angebracht, dazu über dem Herd der nicht häufig anzutreffende Handtuchtrockner. Auch diese Kleinmöbel sind der Einrichtung entsprechend aus gebeiztem Holz gefertigt, also nicht aus den reichen Blechangeboten der Firmen Märklin oder Bing hinzugefügt, die als Hersteller des lackierten Ausgusses mit kleinem Wassertank in Frage kommen. Eine Reihe von Porzellanvorratsdosen mit Deckel und Aufschrift, die wirkungsvoll mit dem dunkelbraunen Bord kontrastiert, war der Stolz jeder Hausfrau; in dieser Küche kommt noch ein umfangreicher Satz von Znaimer Tontöpfchen dazu, deren Oberfläche durch ausgesparte Rechtecke gemustert wurde. Die Identifizierung des Herstellungsortes in Südmähren ist der neuesten Puppenküchenforschung zu danken.[58]

Mit großen und geräumigen Möbeln ist eine Spielküche ausgestattet (Abb. 55), die über einen komplett besetzten Herd verfügt, einen mit Zinkblech ausgeschlagenen Aufwaschtisch und besonders umfangreiches Inventar besitzt. Es war offenbar eine häufig und lange benutzte Küche, denn später wurde noch ein Ausguß mit Wasserhahn und außen angebrachtem Tank eingebaut.

Die Gerätschaften sind auf vielseitige Benutzbarkeit hin ausgewählt, man hatte ein praktikables Waffeleisen aus Gußeisen zum Wenden, eine Puddingform, einen Zucker-Brecher, ein Bügeleisen mit Untersatz, ein Tee-Ei sowie Fischheber, Trichter und Siebe. Eine formenreiche Sammlung von Preßglas vervollständigt die gut ausgestattete Küche, die ein vielseitiges Wirtschaften und Kochen ermöglichte. Daß die Eltern solch sinnvolles Spielen gern sahen, bestätigen die Verse aus dem Kinderbuch von Oscar Pletsch:

»Hausmütterchen«, so grüßt' ich gern
Euch Mägdlein alle – nah und fern:
Denn in des Hauses enge Welt
Hat Gott zur Arbeit Euch gestellt,
Damit Ihr in dem kleinen Kreis
Mit strenger Zucht und treuem Fleiß
Des heiligen Berufes waltet
Und reich an Segen Euch entfaltet.
Unscheinbar wohl ist, was Ihr thut
In Eurer Mütter treuer Hut.

Doch ist der Nutzen auch gering,
Der Fleiß gibt Werth dem kleinsten Ding.
Bestellen lernt bei Zeit das Haus,
Von ihm geht aller Segen aus . . .[59]

Ganz im Gegensatz dazu wurde eine Kücheneinrichtung produziert, die als Schaustück für die Vitrine gedacht war (Abb. 58), einige wenige Möbel und sehr viel Zubehör umfaßt und mit reichlich Brandmalerei bedeckt wurde.
Der Küchenschrank mit dem Schweifgiebel ist noch dem Stil der Neorenaissance verpflichtet, Wasserbank und Stuhl weisen in bäuerliche Bereiche. Alle Gefäße, Kannen, Zuber, Töpfe, Eimer, sind holzgedrechselt, die gebrannten Blumenmalereien koloriert.
Diese Sortimente handwerklicher Serienfertigung gehören schon nicht mehr zum Spielzeug, sondern zur Andenkenindustrie. Nicht selten wurden sie mit entsprechenden Aufschriften versehen. Sie wurden bis etwa 1940 im Erzgebirge hergestellt.
Eine kleine Geräteküche (Abb. 56), mit einem vollständigen Herd und Messingtöpfen der Firma Bing von 1901 ausgestattet, war ursprünglich nur für die Aufnahme von Möbeln und Geschirr gedacht, der Herd wurde außerhalb des Gehäuses benutzt. Sie schließt damit an die kleinen Küchenhäuser um 1865 an, die, wie die Kinderbuchillustrationen zeigen, einen ebenfalls außerhalb stehenden Herd hatten.
Die seitlichen Brettkonsolen und das rückseitig durchlaufende Hängebrett deuten darauf hin, daß hier hauptsächlich Gerätschaften aufbewahrt werden sollten. In der heutigen Form sind schöne und seltene Möbel aus der Märklinproduktion dazugekommen, die mit durchbrochenem Giebelbrett und gemalter Holzmaserung noch immer Neurokokoformen aufweisen.
Ähnliche Ornamente zeigt auch die funktionstüchtige Tellerwaage; das farbig bemalte Steinzeug wie auch die weidengeflochtenen Körbe stammen aus handwerklicher Fertigung.
Die vollständigste Ausstattung mit lackierten Blechmöbeln weist die »Blechküche« im Museum Göltzsch in Rodewisch auf (Abb. 57). Außer dem bekannten Küchenschrank mit Neurokokogiebelbrett und schablonierter Ornamentik gibt es noch zwei kleine Schränkchen, einen Halbschrank und ein Tellerbord in gleicher Manier, ebenso Tisch und Stuhl.
Ein seltener Stufenherd mit hoher Filterkanne aus Blech gehört zu der vorzugsweise aus Blech bestehenden Ausstattung (Löffelhalter, Handkorb, Brotkapsel, Wanne mit Kanne).
Das mit gedrechselten Halbsäulen verzierte Gehäuse umfaßt neben der Küche noch eine Vorratskammer, eine Raumkombination, die seit dem Anfang des 19. Jahrhunderts nachweisbar ist und um 1890 wieder auflebte. Im Gegensatz zum süddeutschen Raum ist die zweiteilige Küche in Mitteldeutschland nicht üblich.
Daß ein Herd mit einer so schönen Topfausstattung, wie sie Abbildung 56 zeigt, zum Kochen verlockt, leuchtet ein. Eine liebenswürdige Schilderung von Spielküchenbenutzung und der Liebe zu altem Spielzeug überhaupt ist Ernst Penzoldt zu verdanken; (Weihnachtsfest im Altersheim) ». . . es zeigte sich auch, daß die Alten einschließlich der bösen Fräulein Grufft aus ihrer fernen Kindheit ganz allerliebste Spielsachen besaßen, die, wie sie entschuldigend betonten, dereinst ihren Urenkeln gehören sollten.
Vorläufig machten sie durchaus keine Anstalten, sich des kindlichen Besitzes zu entäußern . . .
Unvergeßlich bleibt mir, wie die Alten nach der Bescherung schmerzhaft geduldig auf den engen Kinderstühlchen saßen und aus winzigen Tässchen Fräulein Gruffts in ihrer Puppenküche zubereiteten Kakao tranken und eifersüchtig darüber wachten, daß auch jedes sein Teil davon bekäme, obgleich er stark nach denaturiertem Spiritus schmeckte.«[60]

Jugendstil – Dominanz der Linie

Der totale Umschlag des Stilkonglomerats der Gründerzeit in die alle Bereiche der bildenden Kunst umfassende Linienführung des Jugendstils ist in seinen Ursachen, Vorformen und Entwicklungsvarianten von der Kunstgeschichtsforschung so grundlegend behandelt worden, daß die Kenntnisse, die man zur Beurteilung eben dieses Stiles innerhalb der Puppenstube benötigt, ohne weiteres vorausgesetzt werden können.

Möbel im Karton:
Angebot der Firma Richter und Wittich, Eppendorf in Sachsen, 1925.
Aus der Jubiläumsausgabe des »Wegweisers für die Spielwaren-Industrie«, 1925

Wie schon in den vorhergehenden Perioden vom Biedermeier bis zum Ende des 19. Jahrhunderts macht sich die Spielzeugindustrie jene Stilelemente zu eigen, die sich im Laufe des Entwicklungsprozesses als tragbar, gängig und verkäuflich erwiesen haben, modifiziert durch Kleinigkeiten, die im Wesen des produzierten Gegenstandes begründet liegen.
Gleich der Gründerzeit ist die Anzahl und Modellverschiedenheit der Puppenstuben auch im Jugendstil groß. Das mag eine Ursache darin haben, daß nun eine breit entwickelte Produktionsbasis und ein entsprechender Markt bereits vorhanden sind, die lediglich den Stil ihrer Produkte zu modernisieren haben, Neuerfindungen und Neueinführungen waren nicht notwendig.
So ist auch zu beobachten, daß nur ein neuer Möbeltypus entwickelt wird, der Herrenschreibtisch, der aber in den Puppenstuben seine größere Verbreitung erst in den zwanziger Jahren findet. Alle anderen Möbel sind Umformungen von Gründerzeitmodellen im Sinne des neuen Stils, deutlich sichtbar an einem Möbelsortiment, das sich in der ursprünglichen Verkaufspackung erhalten hat (Abb. 62).
Die klassische Wohnzimmermöblierung umfaßt Tisch und Stühle, einen Armlehnsessel, ein Vertiko, ein Sofa, eine Standuhr und einen Trumeau. Die beiden Zinnleuchter für die Konsolen am Sofa-Aufsatz sind dicht daneben angeheftet. Obwohl noch einige Elemente des Stiles der Gründerzeit vorhanden sind – wie Drechselbeine und Fransenbesatz, kein Stil entwickelt sich ohne Übergänge –, sind doch generell die weichgeschwungene Linienführung, der bewegte Umriß und die Verwendung von geometrischen Sprossenformen vorherrschend. Die oft als »teigig« bezeichneten Umrißlinien sind bei den Spielmöbeln konsequent an Sofa-Aufsatz, Vertiko (jetzt heißt es Anrichte) und Standuhr angewendet worden. Die Rechteckplatte des Tisches wurde mit entsprechendem Dekor in Linienornamenten schabloniert.
Ähnliche Sortimente finden sich, zusammen mit den schon besprochenen Gründerzeitmöbelsätzen, noch 1924 im »Universal-Spielwaren-Katalog«. Daß sich eine originale Verkaufspackung erhalten hat, schließt einen Kindheitsschmerz mit ein: Die erste Besitzerin dieser Möbel erinnert sich nur mit Bitterkeit daran, daß es ihr nicht gestattet war, mit diesen Möbeln wirklich zu spielen, sie mußten, ihrer Kostspieligkeit wegen, so bleiben, wie sie waren.
Ein kleiner »Rosa Salon« (Abb. 61) zeigt den neuen Stil in seiner Verwendung im Puppenstubengehäuse, das selbst keinerlei Jugendstilmerkmale zeigt, und

Jugendstil-Schleiflackmöbel, um 1900/05

macht offensichtlich, daß sich der Gesamteindruck nicht grundlegend von dem einer Gründerzeitstube unterscheidet. Es ist die übliche Gruppierung von Sofa, Tisch und Stühlen, Anrichte und Konsolspiegel. Die Stühle wirken besonders konventionell, wenn auch durch das helle Holz der Einrichtung und die rosa Polsterbezüge der Farbklang zum Leichten, Eleganten im Gegensatz zum Dunkel-Gemütlichen gedrängt wird. Anrichte, Spiegel und Sofalehne tragen kleine Messingbeschläge in Festonform, zu denen ein Spiegel-Blaker zwischen den Fenstern paßt. Im ganzen haben die Möbel noch die Massigkeit der vorhergehenden Periode, zeigen aber eindeutige Elemente des Jugendstils. Das daneben liegende kleine Wohnzimmer – die Tapetenbordüre weist auf eine ehemalige Benutzung als Kinderzimmer hin – hat ein interessantes Jugendstilvertiko mit schablonierter Malerei, kombiniert mit Gründerzeitstücken, unter denen ein ausgefallenes Sofamodell ist. Derartige Mischungen kommen in Puppenstuben seit etwa 1900 häufig vor, sicherlich, weil verschiedene Stileinrichtungen gleichzeitig angeboten wurden.

Konsequent stilrein präsentiert sich eine Doppelstube, deren Möbel mit schablonierten Ornamenten gestaltet wurden (Abb. 59). Das Gehäuse, dessen Anschnittblenden den linearen Schmuck tragen, wie er ab 1905/10 gebräuchlich wurde, umfaßt Schlaf- und Wohnzimmer, beides aus jeweils einer zusammengehörigen Möbelgruppe stammend. Im Schlafzimmer herrscht ein sanftes Oberflächengrau vor, ein Novum in der Puppenmöbelfertigung, die schwarz schablonierten Linien und Ornamentbänder vertreten die strengere, abstrakte Richtung, die der Jugendstil neben der weichen, floralen Linie hervorgebracht hatte.

Auch die Wohnzimmermöbel tragen schlichte, farbig aufschablonierte Ornamente, sie sind im Holzton lackiert und von strengem, statisch betontem Umriß. Neben der Anrichte taucht ein Möbel der Biedermeierzeit wieder auf, der verglaste Schrank, hier mit winzigen Büchern gefüllt.

Das Zubehör ist, wie im Jugendstil überhaupt sehr ausgeprägt, stiltypisch: eine Schreibtischlampe mit apfelgrünem Schirm, ein linear bestickter Filzteppich, ein Tischbesen mit Schaufel und floraler Ornamentik. Auch die Puppe trägt ein originales Matrosenkleid.

Sehr verwandt, die konstruktive Strenge der einzelnen Möbelform noch mehr betonend, ist eine andere Doppelstube mit dem gleichen Einrichtungsprogramm, Wohn- und Schlafzimmer (Abb. 63).

Die schablonierte Dekoration ist hier bei zwei Polstersesseln angewendet worden, die befestigte Bettdecke zeigt das gern verwendete Feston, das auch als Schrankbeschlag wiederkehrt. Von gediegener Ausführung sind die Hängelampen mit Messinggestellen und eine Metallvase, die entfernt an Henry van de Veldes strenge Gefäßformen erinnert.

Bestimmt durch den schlichten und zurückhaltenden Eindruck, den diese Puppenstube hervorruft, wurden ihr zwei dazu passende Puppen beigesellt: ein Offizier im Soldatenmantel und ein alter Herr mit Bart im Schlafrock.

Der »Rote Salon« (Abb. 65) ist im Vergleich zu den bisher behandelten Einrichtungen von leichter und beschwingter Eleganz. Alle Möbel, zu denen ein raffiniertes Ecksofa mit Überbau gehört, sind dunkelrot lackiert und mit Goldlinien bemalt, eine Variante, die im deutschen Jugendstil nicht vorkommt, in Frankreich aber hergestellt wurde. Das graziöse, langbeinige Lampentischchen, der ungewöhnlich hohe Konsolspiegel und die seltene Stehlampe lassen vermuten, daß es sich hier um ein Einzelmodell, vielleicht aber auch um einen Import handelt. Auch der Fellhund könnte aus Frankreich stammen.

Die Möbel gehören zur Einrichtung eines inzwischen verschollenen Puppenhauses, das der Maler Professor Hans W. Schmidt seinen Kindern in Weimar schenkte. Hans W. Schmidt war zu seiner Zeit erfolgreich und anerkannt. Es ist durchaus möglich, daß er für seine Kinder auch Spielzeug von einer Frankreichreise mitbrachte.

In der Art dieses leider nicht mehr nachweisbaren Puppenhauses hat man sich wohl das Spielzeug von Alice Herdan-Zuckmayer vorzustellen, das sie ausführlich beschreibt:

»Unten aber in meinem Zimmer stand das neue, herrliche Puppenhaus. Mama hatte darauf bestanden, daß Onki mir das Puppenhaus uneingerichtet schenken müsse, damit ich es nach und nach selbst einrichten könnte.

Als ich es am Weihnachtsabend untersuchte, fand ich

unter der Stiege ein weißes, kleines Eisbärenfell und eine goldene Standuhr, die mein Onki in das leere Haus eingeschmuggelt hatte.
Noch am selben Abend begann die Übersiedlung der Möbel aus den zwei Puppenzimmern und der Puppenküche [die Alice vorher besessen hatte] in die Räume des großen Puppenhauses. Der Umzug dauerte tagelang und hätte noch viel länger gedauert, wäre Awdotja nicht so tüchtig gewesen. Awdotja war die älteste Tochter der Familie, ein Mädchen von zwölf Jahren. Sie war vier Zentimeter groß, hatte lange blonde Zöpfe und blaue Augen ... Sie war sehr tüchtig, führte den Haushalt, kümmerte sich um die Geschwister und war eine vorzügliche Pflegerin, wenn das Haus von Seuchen befallen wurde. Das Elternpaar, Besitzer des Hauses, trat wenig in Erscheinung.«[61]
Alice Herdan-Zuckmayers Erzählung ist ein seitenlanger Bericht über das Spiel mit einem Puppenhaus und seinen Bewohnern, der aus kindlicher Sicht über die gesellschaftliche Situation im kaiserlichen Wien der Jahrhundertwende Aufschluß gibt. Schon das Eisbärenfell und die goldene Standuhr sind zeittypisch, später berichtet sie noch von einem Baby, das »in einer goldenen Wiege, bedeckt von kronenbesticktem, schwerem Brokat, gehüllt in gelbliche Spitzen« lag.
Luxus und Reichtum spiegeln sich nicht nur in der angedeuteten Einrichtung des Puppenhauses wider, sondern vor allem auch in den Spielabläufen, die das Mädchen Alice inszenierte: »Die Dame des Hauses litt an Migräne, lag viel auf einer grünen Chaiselongue in ihrem Schlafzimmer und las Bücher. Sie war oft verreist und lebte winters in Meran oder Ägypten.
Der Vater war fast immer auf der Jagd und kam meistens nur dann nach Hause, wenn er ins Bein geschossen worden war oder sich selbst aus Versehen verletzt hatte ...
Die Puppenhausbewohner ... waren mit Sack und Pack aus ihrem Stadthaus aufs Land übersiedelt, sie waren sehr weit mit der Eisenbahn gefahren und wurden an der Station von einem riesigen Landauer abgeholt und zu ihrem Landhaus gebracht. Das Landhaus war wieder das Puppenhaus, aber in völlig verändertem Zustand.
Alle Möbel waren daraus entfernt, Personal und Herrschaft schliefen auf Strohsäcken im selben Raum, das Speisezimmer hatte sich in einen Stall mit Kühen, Schafen und Schweinen verwandelt ...«
In diesen Spielberichten zeigt sich eine deutliche Wandlung im Umgang mit dem Spielzeug Puppenstube. Es wird nur noch am Rande von einer musterhaften Haushaltsführung gesprochen, vielmehr sind dramatische Ereignisse oder ungewöhnliche Situationen der Hintergrund für den Umgang mit Mobiliar und Puppen, die Küche, einst Mittelpunkt weiblicher Erziehung, wird nur verfremdet genutzt (in der Landhaus-Szene). Sicherlich war diese Art Spiel nicht die ausschließliche dieser Zeit, denn noch immer werden besonders viele Spielküchen angefertigt. Eine Veränderung im Verhältnis zum Spielzeug Puppenstube hat sich jedoch um 1900 angebahnt und setzte sich in den folgenden Jahrzehnten fort.
Die Serienanfertigung von Jugendstilmöbeln brachte in der Folgezeit verschiedene interessante Abwandlungen hervor, die auch durch den konsequenten Einsatz technischer Mittel bedingt waren.
Die Einführung von gepreßter Ornamentik, wie an dem Mobiliar im »Haus mit Pultdach« (Abb. 64), hat nicht zu einer Schematisierung und Verödung des Stiles geführt, sondern gestattete, da das Relief auch in sehr dünnen Holzteilen sichtbar wurde, die leichte und grazile Linie der späteren Jugendstilmöbel zu betonen. Auch hier gibt es ein grau getöntes Schlafzimmer mit schablonierten Textilornamenten. Besonders schön sind in diesem Zweizimmerhaus die originalen Tapeten mit den Bordürensockeln.
Das durch Tapezierung, Gardinen und Einrichtung so stilrein wirkende Haus hat sich nach näherer Untersuchung als Spielzeug der Biedermeierzeit herausgestellt, etwa zeitgleich mit der überdachten Puppenstube mit Fassadentüren (Abb. 33) entstanden.
Die ausgedehnte Verwendung von gepreßten Möbeloberflächen führte allerdings dann zur Imitation, wenn sie zur Nachahmung anderer Materialien herangezogen wurde: Die winzigen Weidengeflechtmöbel waren ohne großen handwerklichen Aufwand nicht materialgerecht herzustellen (Abb. 66). Die Preßform lieferte den Anschein von Korbmöbeln ansehnlich und glaubhaft, die Jugendstilform blieb gewahrt, und die neue Beliebtheit dieser Möbel konnte auch im Puppenstubenbereich zur Wirkung kommen.

Für das sehr kleine Gehäuse mit den Art-Deco-Tapeten sind die leichten Pappmöbel gut geeignet, und nur selten haben sich Originalmöbel in dieser Vollständigkeit erhalten. Die kleine Kammer daneben wurde mit Drahtbett und Blechwaschtisch folgerichtig mit billigen, aber hübschen Möbeln ausgestattet.
Einen auffallend gern für die Puppenstube übernommenen Möbeltypus verfertigte um 1900 die Firma Thonet in Wien.
Der Schreinermeister Michael Thonet hatte sich schon um 1850 mit Stühlen aus gebogenen Hölzern befaßt, er verwendete Buchenholz, das durch Dampf biegsam gemacht wurde. Sein berühmter Wiener Kaffeehausstuhl mit Rohrgeflechtsitz war das erste billige Massenmöbel dieser Zeit, das häufigste Modell von 1895 wurde zu Tausenden produziert und wird noch heute in Abwandlungen nachgeahmt.

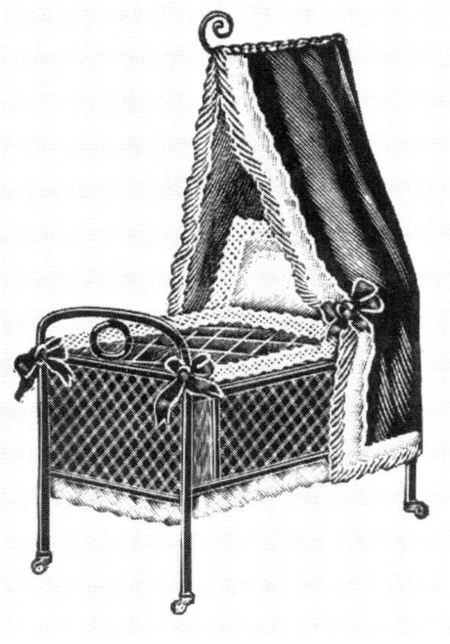

Himmelbett aus Metall. Katalogangebot der Firma Kittel, Leipzig-Gohlis, 1925

Für die Puppenstube waren die leichten, graziösen Stühle und Tische (Abb. 67), zu deren Herstellung materialgerecht ebenfalls dampfgebogene Rundhölzer verwendet wurden, besonders geeignet. Sie verkörperten die elegante Linie des Jugendstils ohne aufwendig zu sein, und sie waren fast unzerbrechlich. Daß sie im vorliegenden Beispiel mit Plüschbezügen und Fransen beklebt wurden, ist sicherlich eine Konzession in Hinblick auf nicht ganz so modern eingestellte Eltern.
Die Thonet-Modelle wurden auch in Metall nachgeahmt, ein beliebtes Sammelobjekt sind die »Golddraht-Möbel« (Abb. 69), die um 1900 und kurze Zeit danach produziert wurden. Tisch, Stühle und Bett gehen auf die Bugholz-Vorbilder der Wiener Firma zurück, die Zubehörteile wie Teewagen, Blumenkrippe, Handarbeitsständer und Arzneischränkchen sind in der bewährten Zinngußtechnik ausgeführt und wie die Möbel mit Goldbronze gestrichen.
Um dieser kleinen Sammlung ein angemessenes Gehäuse zu verschaffen, baute in jüngster Zeit ein Hobby-Bastler ein kleines, liebevoll ausgestattetes Sommersälchen mit vielen Laubsägeteilen.
Ein ganz eigenwilliges Gehäuse aus der Zeit zwischen 1900 und 1910, ein »Vestibül« verkörpernd (Abb. 68), beherbergt schön geformte, robuste Geflechtmöbel, die Thonet-Merkmale mit Jugendstilformen vereinen. Dreibeinige Tische dieser Art entwarf Henry van de Velde für die durch seine Entwürfe zur Berühmtheit gelangten Korbflechtereien in Tannroda bei Weimar.
Das Vestibülgehäuse aus derben, ungehobelten Brettern ist eine Laienanfertigung, deren ursprünglicher Verwendungszweck nicht mehr bekannt ist. Eine simple Leimfarbenbemalung der Wände gibt Tapezierung und Fenster mit Gardinen wieder, ungewöhnlich ist die hohe Glastür mit Vorhängen in der Mitte der Rückwand, auch sie gemalt. Ein Deckenleuchter im flämischen Geschmack, aber ins Volkskundliche abgewandelt, verleiht dem Ganzen einen festlichen Hauch.
Die Zuordnung einer Puppe vom Typus »Köchin« oder Wirtschafterin macht deutlich, wie stark der Eindruck einer Puppenstube durch die beigesellten Puppen bestimmt werden kann. Die Charakterisierung eines »Herrenzimmers« durch die Puppen hat schon die Jugendstil-Doppelstube (Abb. 63) augenscheinlich gemacht.

Die Einbeziehung einer »Köchin« in eine Küche stilisiert das Spielzeug in den Bereich des Schauobjektes, da besonders die Küchen ja der eigentliche Zuständigkeitsbereich der Besitzerin, des Mädchens, war, das von dort aus seine Familie versorgte.
Eine kleine Jugendstil-Geräteküche in der Weimarer Sammlung (Abb. 71) ist durch ihr Gesamtbild zur Musterküche wie geschaffen. Die zusammengehörigen Naturholzmöbel, von denen nur Abwaschtisch und Wasserbank ausgeprägte Jugendstilformen aufweisen, wurden durch eine umfangreiche Gruppe von Küchenporzellan mit Zwiebelmuster ergänzt, das den Schmuck der Küche bildet.
Vor dem ersten Weltkrieg hatte sich in den deutschen Haushalten geradezu eine Zwiebelmustermanie herausgebildet, die besonders in den vielgestaltigen Küchenporzellanen ihren Ausdruck fand. Die meisten dieser Gerätschaften stammten nicht aus der Königlichen Porzellanmanufaktur Meißen, wo das Muster ursprünglich entwickelt worden war, sondern aus einer der Manufakturen, die den Dekor zur Weiternutzung von Meißen erworben hatten. Das beliebte Blau-Weiß-Muster, inzwischen weit entfernt von seiner ostasiatischen Herkunft, griff auch auf andere Trägermaterialien über, zum Beispiel Steingut, Emaille, Lack, schließlich sogar auf Gardinenstoffe. Entsprechendes findet sich auch in den Puppenküchen.
Bei der Einrichtung der Jugendstil-Küche kommt ein Prinzip zum Tragen, das seit Mitte des 19. Jahrhunderts immer wieder befolgt wird: die Anordnung der Naßstrecke, also Abwaschtisch und Wasserbank, in der rechten Ecke der Stirnwand.
Durchgängig im Jugendstil sind die individuell gefertigten Möbel der »Rudolstädter Küche« (Abb. 70) hergestellt. Ein Rudolstädter Tischlermeister baute sie 1913 für seine Tochter und hatte offensichtlich seine Freude daran, die naturholzfarbenen, dünn lasierten Küchenmöbel schmuck und zierlich zu machen, wobei ihm die Stuhllehnen etwas ins Biedermeierliche gerieten. Ein kleines Kastenwandregal mit Schublade und das inzwischen ungebräuchlich gewordene Tellerbord zeigen, daß hier nach persönlichen Vorstellungen eine reichlich möblierte Küche entstehen sollte.
Vom Vater Tischlermeister stammt sicherlich auch der eingeritzte und ausgemalte Fliesenfußboden, die gekonnte Art-Deco-Bordüre hat er vielleicht von einem Malermeister anbringen lassen.
Das Zubehör, vor allem der kleine Herd mit den geprägten Außenseiten, unter dem ein Reisstrohbesen und ein Korb aus dem gleichen Material auffallen, wurde beim Spielwarenhändler gekauft.
Neben solch komfortablen Küchen mit Holzgehäusen und mehr oder weniger umfangreichen Einrichtungen kamen Blechküchen in den Handel, die eine durchgehende Feuerstelle an der Rückwand besaßen und Haken für Töpfe und Schöpflöffel, die noch kleinere Variante hatte einen winzigen Blechherd und Raum für vier Gerätschaften.
Diese Kleinstküchen waren eigentlich nur noch Herde mit umgebender Hängefläche und greifen damit auf ein Gestaltungsprinzip zurück, das es schon einmal im 18. Jahrhundert gab: Der bereits genannte Stich von Mettenleiter (s. Abb. S. 62) bildet eine Küche, die aus Herd und Rückwand besteht, ab.

*Mädchen mit Spielküche.
Titelvignette zu einem »Kinderkochbüchlein«
von Anna Bergner, 1871*

29
Rauchfangküche mit Holzgehäuse,
um 1830. Deutschordenmuseum, Sammlung Johanna Kunz,
Bad Mergentheim

30
Puppenstübchen mit Einrichtung
aus kolorierten Kupferstichen, um 1800.
Spielzeugmuseum, Sonneberg

31
Kleine Biedermeierstube
aus Dingelstädt/Eichsfeld, um 1825/30

32
Zwei Zimmer
mit Spätbiedermeiereinrichtung, Mitte 19. Jahrhundert

33
Biedermeierzimmer im hausartigen Kasten, um 1825/30. Münchner Stadtmuseum

34
Dreizimmer-Gehäuse mit bronzierten Knäufen, Erzgebirge, um 1885/90

35
Einzelstube mit Biedermeiereinrichtung, um 1825/Ende 19. Jahrhundert

36
Vergoldete Wanduhr, Zinnguß,
Mitte bis Ende 19. Jahrhundert

37
Schaubuffet
aus der Puppenstube von Abb. 39

38
Salon mit roter Damastbespannung,
Mitte 19. Jahrhundert

39
Zwei Zimmer mit Durchgang,
Neurokoko,
nach Mitte 19. Jahrhundert

40
Kleine Gründerzeitstube und Kammer, um 1880/90

41
Koffer mit Zinnservice, 2. Hälfte 19. Jahrhundert

42
Zwei Zimmer
mit schwarzmöbliertem Wohnzimmer,
Erzgebirge, 1890/1910

43
Betten und Bettzeug,
Ende 19. Jahrhundert

44
Große Gründerzeitstube,
Salon, um 1890

45
Puppenzimmer mit Dach und Oberlicht,
Ende 19. Jahrhundert. Kreisheimatmuseum, Greiz

46
Großbürgerliches Wohn- und Schlafzimmer, um 1895/1900

47
»Altdeutsches Zimmer« mit Erker, letztes Viertel 19. Jahrhundert

48
»Altdeutsches« Weinservice, letztes Viertel 19. Jahrhundert

49
Wohnzimmereinrichtung mit Gitterwerkmobiliar,
Böhmen, 2. Hälfte 19. Jahrhundert

50
Mobiliar
mit Gitterwerk,
Böhmen,
2. Hälfte 19. Jahrhundert

51
Gründerzeit-
Möbelgruppe
in Laubsägetechnik,
Ende 19. Jahrhundert

52
Zwei Zimmer im Werkbundstil,
1910/15

53
Große dunkelbraune Gutshofküche,
um 1890/1910

54
Küche mit eingebautem Herd, 1860/70/1890

55
Große Spielküche mit Eichenmöbeln,
Ende 19. Jahrhundert

56
Kleine Geräteküche mit Blechmöbeln, um 1890/1900

57
»Blechküche« mit Vorratskammer, um 1900. Museum Göltzsch, Rodewisch

58
Prunk-Kücheneinrichtung mit Brandmalerei,
Erzgebirge, Ende 19. Jahrhundert

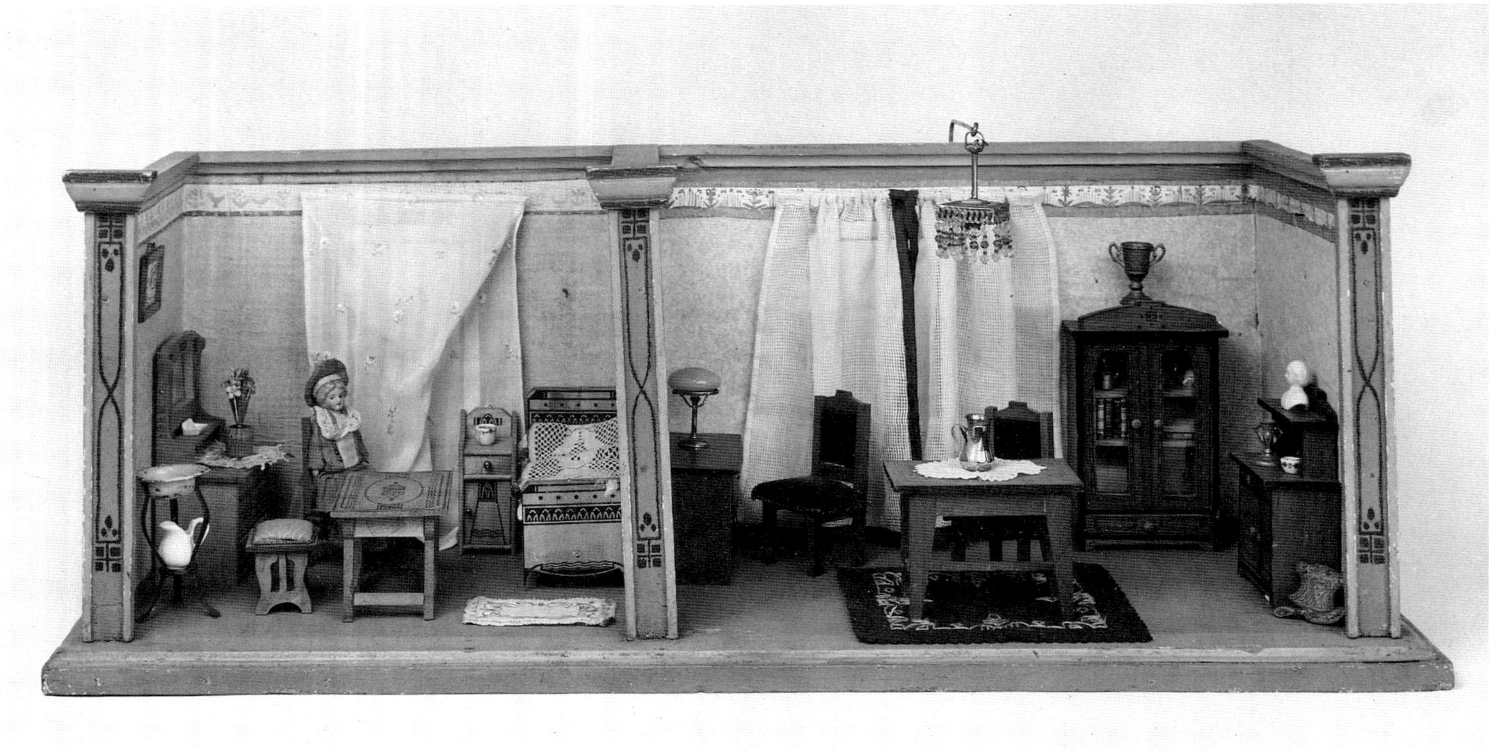

59
Zwei Zimmer mit Verbindungstür, Jugendstil, um 1900

60
Kaminuhren, Zinnguß

61
»Rosa Salon«, Puppenstube mit zwei Zimmern, um 1895/1900

62
Jugendstil-Möbelsortiment
in der Verkaufspackung, um 1900

63
Wohn- und Schlafzimmer,
Jugendstil, um 1900/05

64
*Haus mit Pultdach, zwei Jugendstil-
räume, um 1825/30; um 1900*

65
Jugendstilsalon mit dunkelroten Möbeln,
um 1895/1900

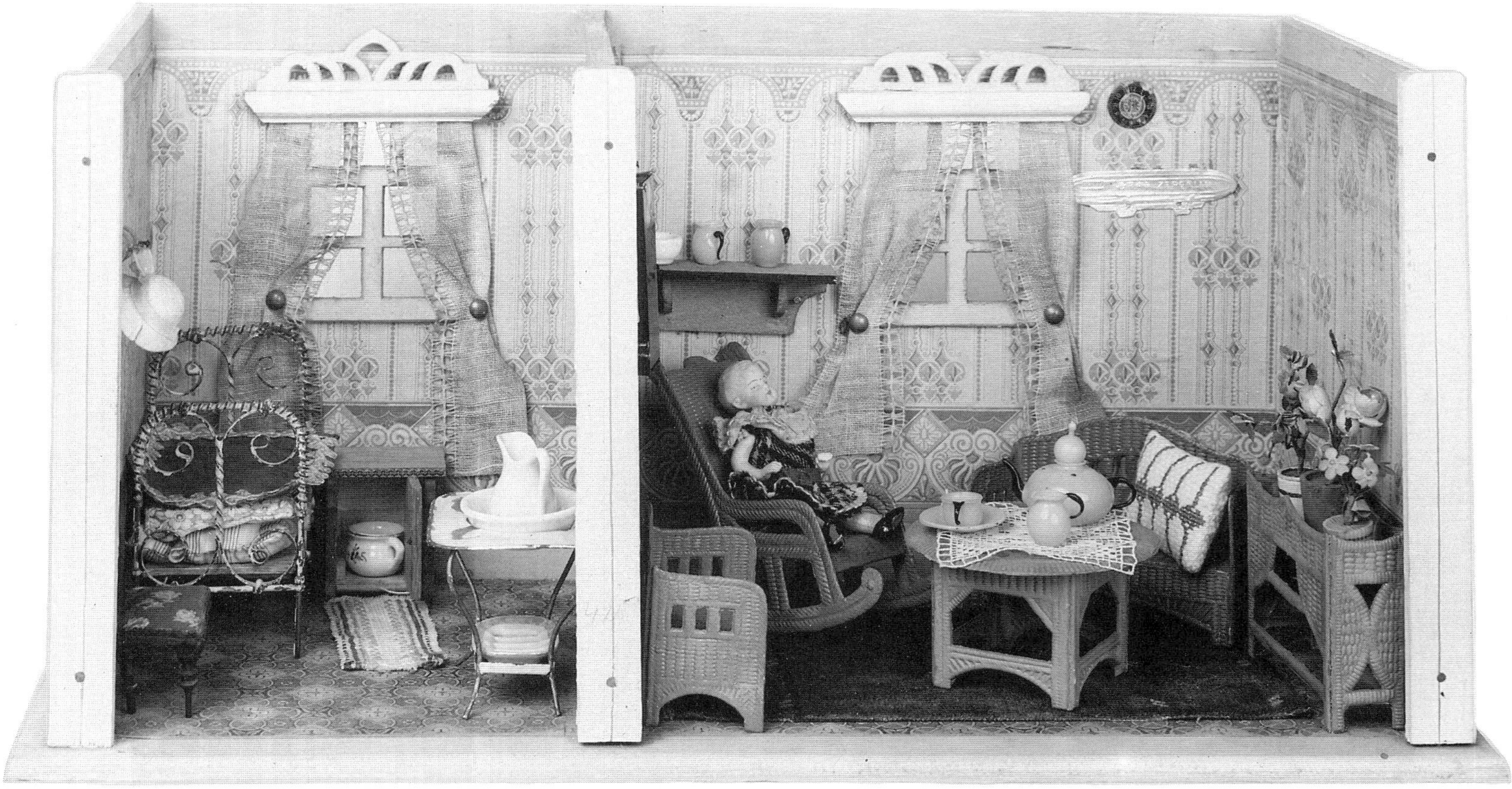

66
Eineinhalb Zimmer mit Jugendstil-Korbmöbeln,
um 1905/10

67
Sitzgruppe im Stil der Wiener »Thonet-Möbel«,
um 1900/05

68
Vestibül mit naiver Ausmalung,
um 1900/10

69
Sommersälchen mit Golddraht-Mobiliar,
um 1900

70
»Rudolstädter Küche«, Jugendstil, 1913

71
Jugendstil-Geräteküche mit Naturholzmöbeln,
um 1900

Gries
Reis

72
Blau-weiße Küche ohne Fenster, um 1900/05

73
Küche im bäuerlichen Geschmack, um 1915

74
Küche mit eingebautem Schrank, um 1905/10

75
»Klempnerküche«, Weimar, 1913

76
Große Küche mit Delfter Bordüre, um 1905/10

77
Zweiteilige Küche mit Delfter Tapete,
1910/20. Deutschordenmuseum, Sammlung Johanna Kunz,
Bad Mergentheim

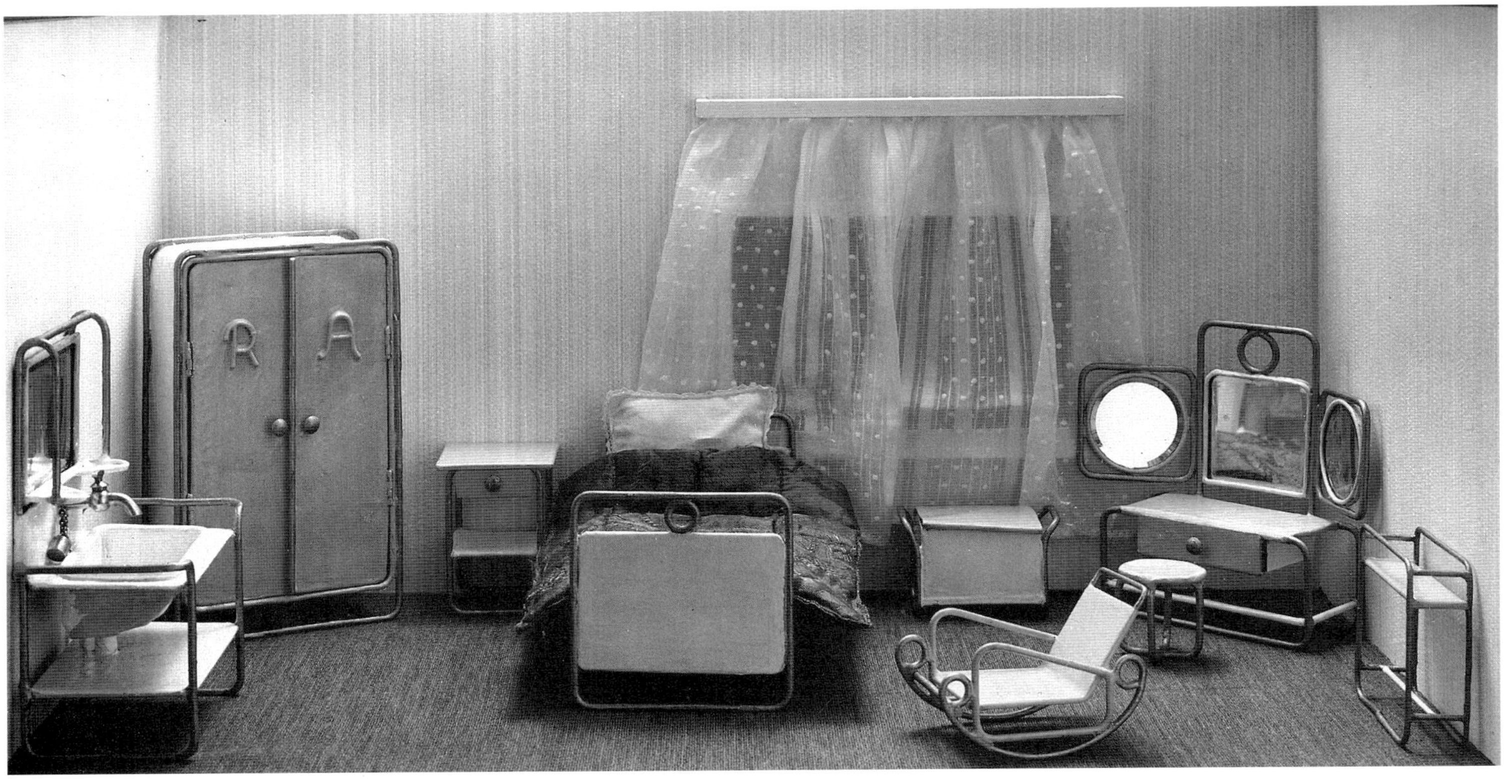

78
Schlafzimmer im Stil der Neuen Sachlichkeit,
um 1925/30. Rheinisches Freilichtmuseum,
Landesmuseum für Volkskunde, Mechernich-Kommern

79
Möbelgruppe mit Filzhandarbeiten im Bauhausstil,
um 1920

80
Möbelgruppe aus Draht und Blechstreifen
im Stil der Neuen Sachlichkeit, nach 1926

81
Wohnzimmer mit Rundbogenfenstern,
um 1925

82
Einzelnes Wohnzimmer mit eingebautem Spiegel, 1922/25

83
Zwei Zimmer mit großem Erker, Mitte zwanziger Jahre

84
Große Puppenstube mit drei Räumen und Flur,
Erzgebirge, 1922

85
Große Puppenstube,
drei Räume mit Durchgangstüren,
1925/27

86
Etagenpuppenstube, vier Räume,
um 1939/42

87
Puppenhaus, Villa der dreißiger Jahre, Spielseite

88
Villa der dreißiger Jahre, Straßenseite

89
Möbelgruppe, farbig lackiert, um 1930/35

90
Faltpuppenstube, um 1940

91
Doppelstube mit Quererker,
um 1935

92
Faltküche,
um 1935/40,
Küchenmöbel im Jugendstil
um 1905

93
Einkochtopf
und Patentgläser,
1935/45

94
Faltpuppenstube, um 1895.
Museum of the City of New York

95
Kleine Küche mit Schleiflackmöbeln,
1942/48

96
Puppenstube, Erzgebirge, 1978.
Modell des Betriebs Holzspielwaren VERO,
Olbernhau

97
Historisierende Puppenstubenmöbel
von Hans Kurtius, Gotha, 1975/85.
Privatbesitz und Sammlung Henze, Weimar

98
Miniaturpuppenstube,
Erzgebirge.
Ende 19./
Anfang 20. Jahrhundert

99
Puppenstube in
der Zündholzschachtel,
Erzgebirge,
Anfang 20. Jahrhundert

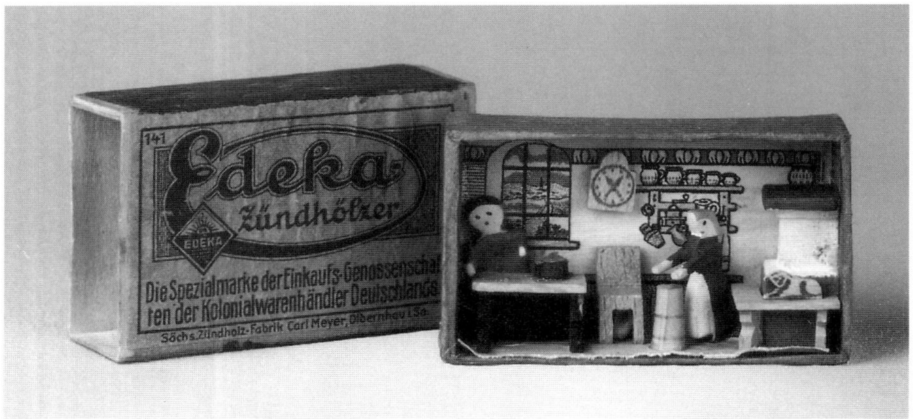

100
Kleines Blechbadezimmer, um 1914

101
Badewännchen und Kinderstuhl, 1915/20

102
Kleines Badezimmer im Holzgehäuse, um 1920/30

103
Freibad aus Blech, um 1920/25

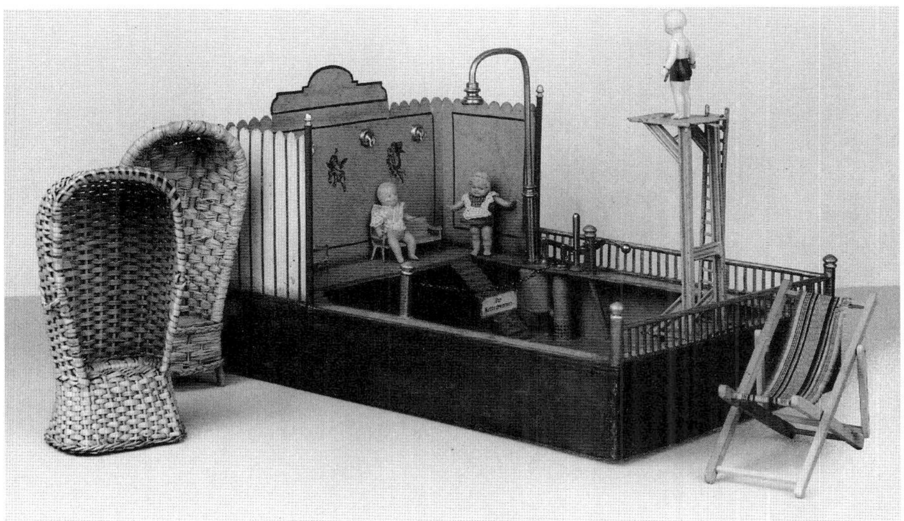

104
Pavillon, um 1915/20

105
Treibhaus
mit Biedermeierzimmer,
Ende 19./
Anfang 20. Jahrhundert.
Historisches Museum,
Frankfurt am Main

106
Gartenhaus als Pavillon,
französisch (?), Ende 18./Anfang 19. Jahrhundert.
Historisches Museum, Frankfurt am Main

107
Schulklasse, um 1900

108
Schulklasse, 1935/40

109
Puppengarten, um 1920/25

Das Spielen mit der Puppenstube oder der Küche in Darstellungen der bildenden Kunst der Zeit ist, im Vergleich mit der Vielzahl der erhaltenen Spielzeugbeispiele, ein selten verwendetes Thema. 1871 und 1877 werden noch einmal Spielküchen abgebildet,[62] danach ist dieses Sujet bisher nicht mehr nachweisbar. Von Leopold Graf Kalckreuth, dem progressiven Vertreter figürlicher Malerei, der aus der Weimarer Malerschule hervorgegangen war, existiert in Privatbesitz ein Porträt seiner Tochter Mucki vor der Puppenstube, das 1895 entstand.[63]

Wie schon in der Mitte des Jahrhunderts wird auch hier das Spielzeug zur Charakterisierung des Kinderporträts gebraucht, die Puppenstube steht erläuternd als die verkürzte Abbildung der kindlichen Spielwelt. Es liegt im Wesen dieser attributiven Verwendung, daß das Spielzeug nur summarisch behandelt wird, nicht mit der erzählenden Akribie, die zum Beispiel für die Biedermeierdarstellungen typisch ist. Der inzwischen vollzogene Stilwandel innerhalb der Malerei bevorzugt vielmehr die Wiedergabe des allgemeinen Eindrucks in realistischer Form, ohne ins Detail zu gehen.

Beachtenswert ist dabei, daß alle vorhergehenden Darstellungen von Puppenstuben und -küchen, abgesehen von den rein sachlichen Katalog-Kupfern von Bestelmeier, beim Umgang mit dem Spielzeug immer mehrere Kinder zeigten. Das einsame Spiel mit der Puppenstube, wie bei Kalckreuth, wiederholt sich später noch einmal in einer Darstellung von 1935, scheint aber doch nicht so zufällig zu sein, wie die beiden bisher nachgewiesenen Darstellungen vermuten lassen könnten; auch viel spätere Fotos bilden oft das allein spielende Kind ab. Ob sich hier Veränderungen einer Spielhaltung zeigen, die ihre Wurzeln in der Wandlung des gesellschaftlichen Umfeldes hat, bliebe zu untersuchen.

Besonders freudenreich war das einsame Spielen jedenfalls nicht: »Auf alle Fälle boten die äußeren Zutaten – Kaufladen, Kücheneinrichtung, Krankenschwester-Ausrüstung – der Einbildungskraft nur schwache Hilfen. Um die Geschichten, die ich erfand, lebendig werden zu lassen, brauchte ich eine Gefährtin«, schrieb Simone de Beauvoir rückblickend in ihren »Memoiren einer Tochter aus gutem Hause«.[64]

Auf dem Wege zur Zweckmäßigkeit – die Werkbundzeit

Wie schon mehrfach vermerkt, haben sich im industriellen Angebot von Puppenstubenmöbeln der Stil der Gründerjahre und der Jugendstil nebeneinander bis in die zwanziger Jahre des 20. Jahrhunderts gehalten; in der Blütezeit der funktionellen Möbelkunst sucht man Beispiele dieses Stils als Spielzeug vergebens. Das gleiche gilt für die vorweggehenden Bestrebungen, die von praktischer Verwendbarkeit und Zweckmäßigkeit ausgingen; für die Puppenstube waren sie offenbar nicht gefragt, vielleicht deshalb, weil ihnen das »Verspielte«, also das Ornament, das gedrechselte Beiwerk, die komplizierte Untergliederung, hätten fehlen müssen.

Puppenstuben im Stil der Werkbundzeit kommen demzufolge sehr selten vor, während Küchen aus diesen Jahren – etwa 1905 bis in den ersten Weltkrieg – zahlreich sind.

Die Beispiele zeigen, daß die Kücheneinrichtungen noch deutlich von den Prinzipien des 19. Jahrhunderts geprägt sind, lediglich die Möbelform wird modifiziert, im Anschluß an den Jugendstil und Verzierungsvarianten, die sich aus anderen Bereichen ableiten lassen. Grundsätzlich ist es jetzt immer die Kochküche, die den Herd einbezieht. Nur ein einziges Beispiel zeigt die alte Form der Geräteküche.

In einem mit sehr hohem Anstrichsockel versehenen, einfachen Gehäuse bestimmt ein eingebauter Schrank die gesamte Einrichtung (Abb. 74). Er dominiert nicht nur durch seine schlicht ornamentierten Türen, die im Oberteil verglast sind, sondern besonders durch die zentrale Stellung an der Mitte der Rückwand, die sonst dem Herd eingeräumt wird. Offensichtlich war dieser Schrank das eigentliche Schaustück der weißlackierten Küche. Der bescheidene Herd wurde aus einer älteren Periode übernommen.

Auf dem umrandeten Abwaschtisch ist Bügelwäsche mit dem Bügeleisen und Untersatz aufgebaut, die Geschirrausstattung ist sparsam.

Im Gegensatz dazu besitzt die Küche mit den blaudekorierten weißen Möbeln (Abb. 72) ein reiches Porzellaninventar, dessen Formenfülle beachtlich ist:

Schneppentöpfe, Krüge und Kannen, aber auch Vorratsgefäße, Durchschlag und Filter, »Warme-Würstchen«-Dose und Rührlöffel, Quirl, Fleischklopfer, alles reinweiß ohne Ornament.
Das sachliche Geschirr ist auf zweckmäßigen Möbelstücken verteilt, die bescheidene blaue Kränzchen als Dekoration aufweisen, eine Spur von »bäuerlichem« Geschmack, auf den auch der Küchenstuhl in Form eines Brettschemels hinweist. Als Hersteller für den Herd mit den hübschen Wirbelknäufen käme die Nürnberger Firma Bing in Betracht, die auch ähnliche Blechkonsolen für Schöpftopf und Spülbürste, wie hier verwendet, produzierte.
Den sogenannten »bäuerlichen« Geschmack vertreten die Möbel in der schon erwähnten Geräteküche (Abb. 73). Die Blümchenmalerei auf Möbelstücken, die noch heute in der Spielzeugindustrie Anwendung findet, wurde mit dem Schlagwort »bäuerlich« bezeichnet, obwohl sie mit echter Volkskunstmalerei, wie sie etwa auf den farbigen Bauernschränken und Truhen des 18. und 19. Jahrhunderts vorkommt, nichts mehr zu tun hat. Lediglich der Gedanke, einem Möbel durch farbige Bemalung einen bestimmten Stimmungswert, und zwar einen heiteren, zu verleihen, ist noch vorhanden.
Die gefälligen, in vielfach abgerundeten Konturen gehaltenen Möbel erhielten durch eine lockere, mehrfarbige Bemalung eben diese »bäuerliche« Geschmacksrichtung. Die Möbeltypen sind durchweg für die thüringisch-sächsische Spielwarenproduktion ungewöhnlich, der sehr hohe Schrank mit der zweigeschossigen Nische, der Tisch mit dem breiten Brett als Zarge, der Bretthocker, die kommodenartige Anrichte. Ein Wandschränkchen mit zwei großen Schubladen könnte als Teeschrank gedeutet werden, ein Kleinmöbel, das, von England herkommend, in Norddeutschland auch gebraucht wurde; vielleicht ein Hinweis auf norddeutsche Herkunft der Geräteküche.
Ein zweites Dekorationsmotiv neben dem »bäuerlichen« war für Küchen dieser Zeit noch beliebter, das »Delfter« Muster (Abb. 76).
Wie das Zwiebelmuster auf den Farbklang blau-weiß ausgerichtet, dominieren beim »Delfter Muster« die Windmühle, die überall vorkommt, und das Segelschiff, beide in kleinen Landschaften. Im Vergleich

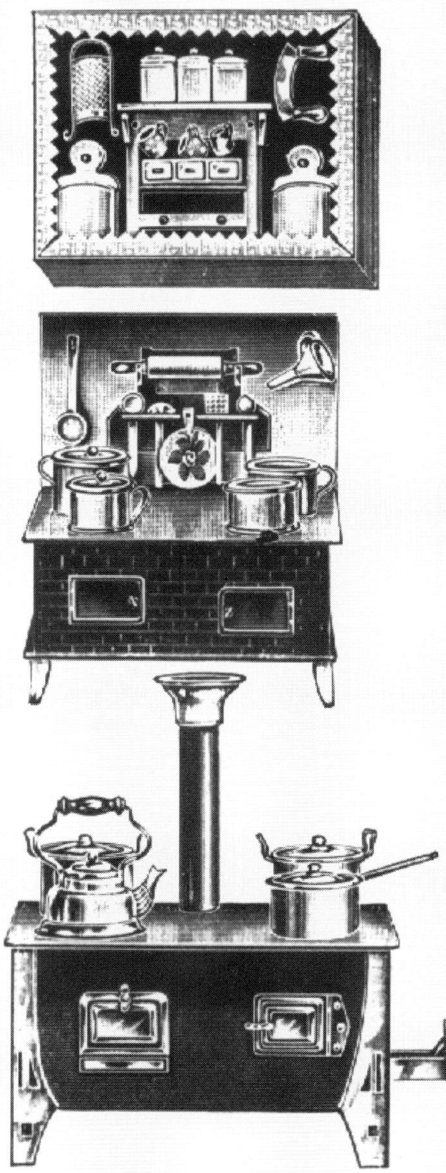

Kochherde und Küchensortimente.
Katalogangebot der Firma F. & R. Fischer, Göppingen.
Aus der Jubiläumsausgabe des
»Wegweisers für die Spielwaren-Industrie«, 1925

zu dem stark abstrahierten Zwiebelmuster ist das »Delfter Muster« kompliziert und setzt industrielle Vervielfältigung voraus, während das Zwiebelmuster meistens gemalt, seltener schabloniert wurde.
Das »Delfter Muster« ist ein Rückgriff auf die holländische Fliesenmalerei des 18. Jahrhunderts, die in Unterglasurblau auf weißem Grund kleine Landschaften darstellte, in denen auch Segelschiffe vorkamen. Die Neufassung jener kleinen Landschaften fügte als holländisches Charakteristikum die Windmühle hinzu. In dieser Form, variiert mit Häusern und Bäumen, erobert sich das Motiv die Küchen in der Zeit vor dem ersten Weltkrieg.
Es kommt nicht nur in Bordüren vor, die die Fliesentapeten oben abschließen, es findet sich auf Vorratsbüchsen, Brottrommeln, Flaschenuntersätzen, überhaupt häufig auf lackierten Blechwaren, und nicht zuletzt als Stickerei auf dem Überhandtuch.
Eine Küche im Werkbundstil aus der Weimarer Sammlung (Abb. 76) weist eine ganz typische »Delfter« Bordüre auf. Das Gehäuse zeigt dazu die strenge, flächige Dekoration in Schwarz, die für die Zeit charakteristisch ist und entsprechend modifiziert auf dem Porzellangeschirr wieder auftaucht.
Die schlichten, weißen Möbel sind nur durch eine geschwungen ausgesägte Form der Füße sparsam verziert und betonen die Zweckmäßigkeit. Mittelpunkt ist ein mit dazugehörigem Geschirr ausgerüsteter Märklin-Herd, der durch einen Satz von seltenen, dunkelblau emaillierten Töpfen ergänzt wird.
Ein klassisches Beispiel von »Delfter« Küchendekoration bietet ebenfalls eine Küche mit breitem Landschaftsfries am oberen Gehäuserand (Abb. 77). Sie besitzt einen Dieterich-Herd aus Ludwigsburg, einen verglasten Schrank und zwei vollbestückte Tellerregale. Bemerkenswert ist das zweiteilige Gehäuse, das, wie die Küche tapeziert, die Einrichtung einer Vorratskammer vorsieht.
Diese Küchengehäuse-Variante ist schon um 1800/10 nachweisbar (Rauchfangküche in Augsburg, Maximiliansmuseum) und bleibt, neben den einfachen Gehäusen, bis in die zwanziger Jahre des 20. Jahrhunderts im Produktionsprogramm für Spielküchen. Die Anordnung der Vorratskammer als Vorläufer der Speisekammer direkt neben der Küche und dieser in Tapete und Einrichtung angepaßt, läßt sich aus den historischen Puppenhäusern nicht ableiten, da dort die Vorräte in den Kellerräumen untergebracht waren.
Das »Delfter Muster« taucht 1913 noch einmal in einem Küchengehäuse auf, das ein Weimarer Klempnermeister für seine Tochter baute (Abb. 75). Die Windmühlen-Segelschiff-Landschaft bildet als reizvolle Silhouette den Abschluß der bis an den oberen Gehäuserand geklebten Fliesentapete.
Natürlich hat sich der Klempnermeister für die Wasserversorgung der Küche etwas einfallen lassen: Der Abwassertank befindet sich, wie üblich, an der Gehäuse-Außenwand; den Frischwasserbehälter setzte er in die linke, innere Gehäuseecke und verkleidete ihn als Schornstein. Die zum Ausguß führende Wasserleitung wurde zünftig »unter Putz« verlegt.
Die Ausstattung mit naturfarbenen Weichholzmöbeln zeigt, daß es sich hier um eine robuste Spielküche handelt, bei der es hauptsächlich auf das Wirtschaften mit dem Wasser ankam. Die praktischen Möbel sind dauerhaft und solide, sachlich und dem Spielzweck angepaßt.
Der Vielzahl von Küchen steht für diese Stilperiode nur ein Beispiel einer Stube gegenüber, zwei Zimmer, die als Wohn- und Schlafzimmer eine Einrichtung im Werkbundstil zeigen (Abb. 52).
Die Werkbundbewegung war im Anschluß an die Dresdener Kunstgewerbeausstellung 1905 entstanden, als erstmalig auch industriell produzierte Massenartikel in guter Form gezeigt wurden. Die Tendenz, die Serienherstellung der handwerklichen und künstlerischen gleichzustellen, manifestierte sich in sachlicher und zweckbetonter Ausführung bei bester Materialqualität. Ihren Höhepunkt fand die Bewegung, der alle namhaften Formgestalter der Zeit angehörten, auf der Werkbundausstellung 1914 in Köln.
Die strenge Umrißlinie eines Möbelstückes hatte schon die abstrakte Spielart des Jugendstiles bevorzugt, die nun in der Werkbundbewegung ihre Fortsetzung fand. Geschlossene, fast wuchtige Möbelformen mit glatten, schlichten Flächen sind die Reaktion auf einen Jugendstil, der in seiner Endphase besonders in der floralen Dekoration ins Wuchern geraten und zum »Ornament an sich« ohne konstruktive Grundlage verkommen war.

Gerade für die industrielle Produktion, der durch perfektionierte Technik alle Art von Imitation möglich war, waren die neuen, strengen Formen gedacht. In dem Weimarer Exemplar der Werkbundzeit sind diese Bestrebungen am praktischen Ausziehtisch, den geräumigen Schrankmöbeln, dem wohlüberlegten Bettumbau ablesbar. Das dazugehörige Inventar zeigt die gleichen schlichten Formen, sowohl in dem würfelförmigen Blumenkübel wie in den Zinngegenständen, die, sparsam verteilt, auf der hohen Anrichte stehen.

Der folgerichtige nächste Schritt zur »Neuen Sachlichkeit« war für die Puppenstubenindustrie nicht ohne Probleme, wie die überlieferten Belegstücke zeigen.

Daß es neben der industriellen Fertigung besonders während des ersten Weltkrieges Puppenstuben im Eigenbau gab, ist nur natürlich. Eine Anleitung zum Selbstherstellen wurde in einer Zeitschrift veröffentlicht:

»Dein kleines Mädchen jauchzet, und Du, liebe Leserin, lächelst. Denkst gewiß der Zeit, da Du selbst noch mit solch' nettem Kleinkram spieltest, da Du verlangenden Blickes vor dem bunten Schaufenster standest, bis dann an einem Weihnachtsabend Deine lieben, kleinen Puppen ihr Heim gefunden hatten. Du hast es eingeräumt und neu geordnet und kamst Dir so ungeheuer wichtig vor. Und so unendlich reich und glücklich! – Weißt Du das noch? – Ich meine, diese große, tiefe Freude, die das kleine Mädchen empfindet beim Anblick und bei der Benutzung der Puppenstube, der Puppenküche, diese besondere Freude findet ihre beste, reinste Wiederholung, wenn dieses kleine Mädchen als junge Frau ihr eigenes Heim betritt...

Und wenn es gewiß auch nur ein allzu schnelles Urteil ist, daß man von einer schlecht gehaltenen Puppenstube auf eine später genauso liederliche Wirtschaft schließt – Zeit und Verhältnisse schaffen ja auch hier neue Werte – so heißt es doch, einen wichtigen Erziehungsfaktor übersehen, will man die Puppenstube als solchen ausschließen und nur lediglich als zeitvertreibendes Spielzeug angesehen wissen. Wie beim Spiel mit der Puppe die mütterlichen Instinkte erweckt und gepflegt werden sollen, so kann das Spiel mit der Puppenstube und =küche Ordnungsliebe und Reinlichkeit fördern. Sieht man aber noch darauf, daß nicht Klimbim=Möbel darin stehen, die beim Zufassen der festen Kinderhändchen zerbrechen, daß nicht Similizierat, sondern solide, gut gearbeitete Gegenstände, die das Auge erfreuen und auch etwas Kinderungeschicklichkeit aushalten, vorhanden sind, dann wird der gute Geschmack erzogen, und das Auge lernt beizeiten, wenn auch noch unbewußt, das Gute vom Minderwertigen zu unterscheiden.

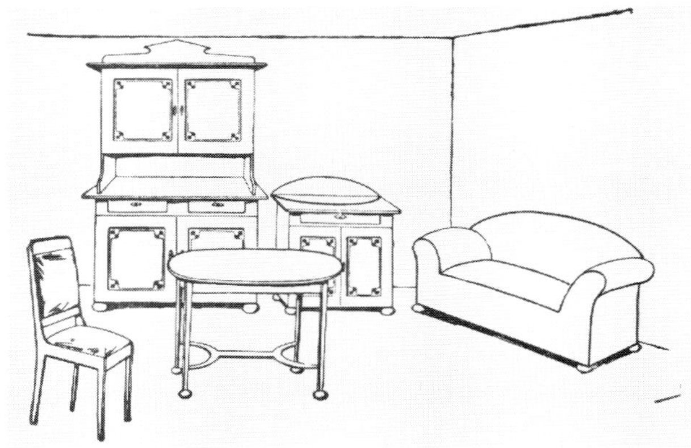

Anleitung zum Bau und zur Einrichtung einer Puppenstube im ersten Weltkrieg. Aus »Welt und Haus«, 1918

Gerade die Zerbrechlichkeit der Möbel und anderen Stücke ist es, die den Kindern das Spiel damit verleidet. Verdenken kann man es ihnen nicht. Wer läßt sich gern strafen für eine Sünde, die eigentlich ein ganz anderer beging? Denn letzten Endes ist nicht nur der Schuld, der den winzigen Möbeln die unsinnigen Konsolchen, Türme usw. schlecht aufleimte, sondern der sie kaufte und vom Kinde verlangt, daß unversehrt dieser geleimte Zauber bestehen bleibt. – Wir machen es anders. Dieses Mal bauen wir die Puppenstube und richten sie auch selbst ein. – Schüttle nicht den Kopf. Ist der Vater nicht daheim, so probiere es selbst. Du deutsche Frau, die Du so Schweres vollbracht hast, willst hiervor zurückweichen? Hast doch früher so gut mit Schnitzmesser und Brandstift gearbeitet, und willst Dich vor der Laubsäge fürchten? Die Sache sieht viel schwerer aus, als sie ist, und eigentlich ist das gerade das Feinste daran. –«[65]

Bauhausstil und Wohnen um 1920 – ein Gegensatz?

Der Wunsch, nach den Verheerungen des Weltkrieges zu einer neuen, eigenen Form zu kommen, brachte auf dem Gebiet der bildenden Künste eine radikale Abkehr von allem, was an das wilhelminische Deutschland erinnerte, mit sich. Anknüpfend an die progressiven Ideen der Werkbundkünstler verwarfen die neuen Gestalter des Kunstgewerbes und der Architektur jede Art von zweckloser Verzierung und sinnentleerter Form, um das Ideal der Sachlichkeit, der Kunst im technischen Zeitalter, durchzusetzen.
Führend war in diesen Bestrebungen das »Staatliche Bauhaus« in Weimar unter der Leitung von Walter Gropius, flankiert von den Entwürfen von Mies van der Rohe, Le Corbusier und Theo van Doesburg.
Das Bauhaus in Weimar verfügte über Werkstätten, wie Tischlerei, Weberei, Metallwerkstatt, die es ermöglichten, eine gesamte Wohnungseinrichtung im neuen Stil nicht nur zu entwerfen, sondern auch auszuführen, und zeigte das Ergebnis in der epochemachenden Ausstellung von 1923 im Musterhaus Am Horn in Weimar.
Die überzeugende Qualität der dort gezeigten Möbel, ihre praktische Benutzbarkeit, die Pflegeleichtigkeit, das gediegene Material und die reine, klare Linie ihrer Umrisse sollten annehmen lassen, daß ihr Erfolg bei den Zeitgenossen überwältigend gewesen sei. Dem war aber ganz und gar nicht so. Mit dem unglücklichen Schlagwort der »Wohnmaschine«, das Le Corbusier in anderem Zusammenhang gebraucht hatte, wurde die sachliche Wohnungseinrichtung in Verruf gebracht. Sie galt als ungemütlich, hypermodern und familienfeindlich, so daß es eigentlich nicht verwunderlich ist, daß fast keine Puppenstubeneinrichtungen im Stil der Neuen Sachlichkeit zu finden sind.
Das einzige zur Zeit bekannte vollständige Zimmer im Puppenstubenformat im Stil der Neuen Sachlichkeit befindet sich in der Sammlung des Rheinischen Freilichtmuseums Mechernich-Kommern, eine Schlafzimmereinrichtung mit Stahlrohrmöbeln (Abb. 78).
Auch dieses Mobiliar ist, wie schon oft die besonders typischen Beispiele, eine Einzelanfertigung, handwerklich ausgeführt, ohne die perfekte Routine der industriellen Serienmöbel.
Der Hersteller, der sicherlich auch der Entwerfer war, versuchte, das Grundelement der gebogenen Stahlrohrmöbel konsequent durchzuhalten, und ist dabei zu logischen Formen – Schrank, kleines Seitenbord – und zu schwungvollen Lösungen – Waschbecken, Bett – gekommen. Die Durchgestaltung des flachen Schaukelstuhles hat ihn offenbar überfordert, da ungewollt die vorgeprägten Elemente des berühmten Thonet-Schaukelstuhles mit eingeflossen sind.
Im ganzen ist aber der Stil der schlichten Moderne konsequent durchgehalten worden, mit einer rührenden Ausnahme – auf die Schranktüren wurden Initialen aufgelötet, wahrscheinlich die des zu beschenkenden Kindes, und dabei ist das »A« doch ein bißchen weich und nicht so sachlich geraten.
In Weimar selbst, dem ehemaligen Zentrum des Stils, gibt es nur zwei kleine Möbelgruppen (Abb. 79 und 80), die die Einflüsse der Bauhauszeit verarbeitet haben.
Die eine Gruppe, Tisch und Stühle, schließt an die Stahlrohrmöbel des Bauhauses an, von denen besonders der »MR-Stuhl« von Mies van der Rohe, 1926, berühmt wurde.
Wenn auch die Stühle in Material und Linienführung nur mangelhaft den neuen Stil übernehmen, ist doch der Wunsch nach Umsetzung ins Puppenstubenformat mit den verfügbaren Materialien unverkennbar. Kläglich ist dagegen die Erfindung des dazugehörigen Tisches ausgefallen, vermutlich, weil kein Vorbild bekannt war. Der Hersteller ist darauf verfallen, die Drahtbeine durch Verdrillen und einen leichten Schwung zu gestalten, beides von der Funktion her sinnlose Maßnahmen und damit das Gegenteil dessen, was gewollt war.
Die andere Gruppe, vier Armlehnsessel und ein quadratischer Tisch, aus Sperrholz gesägt, folgt dem Prinzip der schlichten, zweckdienlichen Herstellung, auch in der Ableitung der Sesselseitenwangen aus dem flächigen Brett, maschineller Fertigung gemäß. Die dazugehörigen Handarbeiten lassen in der Zusammensetzung von starkfarbigen Quadraten vereinfacht die konstruktivistischen Vorbilder in der Malerei erkennen.

Die Wohnungseinrichtungen aber, die die Mehrzahl derer bevorzugte, die in den zwanziger Jahren einen Haushalt gründeten, orientierten sich an anderen Vorbildern, und ihre Nachahmungen im Kleinformat sind es auch, die das Gros der Puppenstuben dieser Zeit ausmachen.
Im Grunde sind es die schlichten Werkbundformen unter Verwendung von soliden Materialien; wertvolle Furnierhölzer finden Anklang, die durch Anreicherung mit Schmuckelementen den eigentlichen Wohnstil der zwanziger Jahre bestimmen.
Der auflockernde Schmuck wird dabei von historischen Stilen übernommen, aber sehr vereinfacht und dem sachlichen Grundmöbel untergeordnet; es gibt die geschwungenen Türlinien aus dem englischen Chippendale, die gedrechselten Perlstäbe des Barock, die Sprossengliederungen aus dem Biedermeier.
In Form eines Neobiedermeier kommt verbreitet wieder das zierliche, mit Beschlägen geschmückte Möbel in Mode, es wird als Puppenstubeneinrichtung 1926 von der Firma »Ulmer Holz- und Spielwaren-Werkstätten« als Garnitur angeboten.[66]
Wiedereingeführt wurde dieser Stil durch den Architekten und Formgestalter Paul Schultze-Naumburg, der sowohl durch seine Bauten als auch durch zahlreiche kunstpädagogische Schriften die Elemente seiner Stilvorstellungen bekanntmachte.
In einem einzelnen Wohnzimmer (Abb. 82) sind es die festinstallierten Gehäuseteile, die auf das Neobiedermeier zurückgehen, der Spiegel zwischen den Fenstern und die dekorierten Gardinenbretter. Von den Möbeln sind es der runde Mittelfußtisch und das Sofa mit den Löwentatzen, auch die kastenförmige Standuhr paßt in die Richtung.
Sehr beliebt war in den zwanziger Jahren das Buffet, das im Vergleich zu den vorhergehenden Stilen niedriger geworden ist und zum Mittelpunkt eines Eß- oder Wohnzimmers wird. Es dient zur Aufbewahrung, aber auch zur Präsentation des »guten Geschirrs«.
Ganz ähnlich sind die Möbel im Wohnzimmer eines Zweizimmergehäuses gestaltet (Abb. 81), das mit interessanten Rundbogenfenstern versehen ist. Auch hier bestimmt bürgerliche Schlichtheit und Solidität das Bild, einfache Barockformen an Tisch und Stühlen bewirken eine gewisse Aufwendigkeit.

Auf dem Tisch wurden ein Weihnachtsbaum mit geblasenen Kugeln und eine Kinderbescherung aufgebaut, wobei das Spielzeug der Puppenstubenkinder durch seine reizende Winzigkeit erfreut. Es ist überwiegend bemaltes Holzspielzeug aus dem Erzgebirge. Die neben der Weihnachtsstube liegende Küche hat eine klassische Gründerzeiteinrichtung aus Eichenmöbeln und zahlreiches Zubehör aus Porzellan, Blech und Emaille.
Das, was man später »gut bürgerlich« nannte, eine solide, gediegen ausgeführte Wohnungseinrichtung ohne auffallenden Luxus, verkörpert die Doppelstube mit dem interessanten Erker (Abb. 83). Es wurde üblich, außer einem Wohn- oder Speisezimmer ein Herrenzimmer zu haben, das in diesem Fall mit einem Flügel kombiniert ist. Unverzichtbar für die Zeit war auch die Standuhr, die in vielen Varianten zu finden ist.
Das größere Zimmer mit dem Erker vereint Eßecke und hohes Buffet mit einer gemütlichen Ecke, wo ein Klubsessel mit Fußbank das Bild bestimmt. Eine speziell erzgebirgische Zutat ist der Klöppelstock.
Herren- und Musikzimmer bot 1924 die Firma Paul Leonhardt in Eppendorf in Sachsen an, wenn auch in dieser Fabrik noch immer das Gründerzeit- und Jugendstilsortiment überwog.[67]
Die Ulmer Spielwarenfabrik war in ihrem Angebot moderner, sie hatte außer einem komplizierten Vierseitengehäuse auch die Dreizimmerpuppenstuben im Sortiment[68], die in Thüringen und im Erzgebirge ebenfalls üblich wurden.
Die beiden Beispiele dieses erweiterten Gehäusetypus (Abb. 84 und 85) umfassen jeweils, durch die Tapeten vorgegeben, Wohnzimmer, Schlafzimmer und Küche, also erstmals insgesamt eine ganze Wohnung in Form einer Puppenstube. Wenn dann noch ein Klosett dazukommt, wie im Angebot der Ulmer Spielwarenfabrik oder im Gehäuse von 1922 (Abb. 84), ist allen Bedürfnissen der Puppenstubenbewohner Genüge getan.

Puppenstuben-Möbelangebot der Firma Paul Leonhardt, Eppendorf in Sachsen, S. III. Aus dem Universal-Spielwaren-Katalog, Nr. 50, 1924

119/1028

Puppenhäuser in erstklassiger Ausführung, vollständig eingerichtet, außen feinst bemalt, innen modern tapeziert, Türen und Fenster zum Öffnen. Größe II: 113×85×47 cm, mit Treppen und abnehmbarem Dachgarten, samt Einrichtung.

Dolls' houses, in first class finish, completely fitted up, outward finely painted, inward fashionably wall-papered, doors and windows to be opened. Size II: 113×85×47 cm, with staircases and dismountable roof-garden, with outfit.

Casas de muñecas, muy bien acabadas, completamente amueblada, de fuera finamente pintadas, de dentro modernamente entapizadas, puertas y ventanillas para abrirse. Tamaño II: 113×85×47 cm, con escalas, y jardín de techo desmontable, con mueblaje completo.

119/280

Puppenwohnungen in feinster Ausführung, leer oder eingerichtet, größtenteils zerlegbar, Türen und Fenster zum Öffnen. Größe II: 89×79×35 cm, 3seitig spielbar, mit 5 Räumen samt Einrichtung.

Dolls' dwellings in finest finish, empty or outfitted, the greater part dismountable, doors and windows to de opened. Size II: 89×79×35 cm, to be played from 3 sides, 5 rooms, outfitted.

Habilaciones de muñecas, finamente acabadas, vacíos o amuebladas, la mayor parte desmontables, puertas y ventanillas para abrirse. Tamaño II: 89×79×35 cm, á jugarse desde 3 lados, con 5 cuartos amueblados.

119/310

Puppenwohnungen in feinster Ausführung, leer oder eingerichtet, größtenteils zerlegbar, Türen und Fenster zum Öffnen. Größe III: 170×50×41 cm, zerlegbar, mit echtem, eingelegtem Parkettboden, samt Einrichtung.

Dolls' dwellings, in finest finish, empty or outfitted, the greater part dismountable, doors and windows to be opened. Size III: 170×50×41 cm, dismountable, with genuine inlaid floor, with outfit.

Habitaciones de muñecas, finamente acabados, vacíos o amuebladas, la mayor parte desmontables, puertas y ventanillas para abrirse. Tamaño III: 170×50×41 cm, desmontable, con verdadero suelo de parquete, con mueblaje.

119/600

Puppengarten, Größe II: 85×65 cm, mit Marmorbrunnen, Möbeln und Schaukel, hübsch angelegt.
Dolls' garden, Size II:85×65 cm, with marble-fountain, furniture and swing, well arranged.
Jardín de muñecas, Tamaño II: 85×65 cm, con fuente de mármol, mueblaje y columpio.

119/510

Puppenküchen, 1- und 2teilig, zerlegbar, in feinster Ausführung, Türen und Fenster zum Öffnen, mit Wasserleitung. Größe IV: 115×55×50 cm, zerlegbar, mit Erkerfenster zum Öffnen, samt Wasserleitung und kompletter weißlackierter Einrichtung.

Dolls' kitchens, 1 and 2 parts, dismountable, in finest finish, doors and windows to be opened, with aqueduct. Size IV: 115×55×50 cm, dismountable, with bow-window to be opened, with aqueduct and complete white varnished outfit.

Cocinas de muñecas, 1 y 2 partes, desmontables, finamente acabadas, puertas y ventanillas á abrirse, con aqueducto. Tamaño IV: 115×55×50 cm, desmontable, con ventanilla de balcón á abrirse, con aqueducto y mueblaje completo, barnizado blanco.

119 KH 150 D

Speisezimmer, Größe II: 10teilig, eiche dunkel gebeizt, samt Bildern und Zubehör.
Dining-room, Size II: 10 pieces, ebonized oak, with pictures and accessories.
Sala de comer, Tamaño II: 10 piezas, roble ebanizado, con estampas y accesorios.

119 KH 150 D

119 KH 501

Schlafzimmer, Größe III: 8teilig, naturlackiert, Hochglanz, samt Bildern und Zubehör.

Bed-room, Size III: 8 pieces, natural varnished, high lustre, with pictures and accessories.

Dormitorio, Tamaño III: 8 piezas, barnizado natural, con estampas y accesorios.

Die Einrichtung eines »Sekrets« oder einer Badestube war in den barocken Puppenhäusern selbstverständlich. Mit der Vereinzelung der Räumlichkeiten verloren diese hygienischen Einrichtungen ihre Unterbringungsmöglichkeit, sie wurden nicht nachgebildet und wenn, so war das fast etwas unschicklich, wie aus der Beschreibung von Heinrich Seidel von 1887 hervorgeht. Vereinzelt kamen am Anfang des 20. Jahrhunderts kleine Blechbadezimmer vor (Abb. 100), die als Ergänzung von Puppenstuben produziert wurden. Sie gehören dem Typus nach zu den Sonderformen der Puppenstube, wie Gärten oder Schulen. Die beiden Dreizimmerstuben aus der Weimarer Sammlung haben in ihrer Einrichtung den gemäßigten Wohnstil der zwanziger Jahre, der das Notwendigste umfaßt, bereichert durch praktische Hinzufügungen im Zubehör: Die Kleinmöbel Kochkiste und Wäschepuff sind zeitgeschichtliche Belege, wobei die Kochkiste wahrscheinlich auf den ersten Weltkrieg zurückgeht, und die Schreibmaschine, die im bürgerlichen Haushalt dieser Zeit so etwas wie ein Statussymbol ist (Abb. 85). Die Dreizimmerstube mit Flur und Toilette, die auf 1922 datiert ist (Abb. 84), zeichnet sich durch liebevolle Betonung des Details aus, sowohl in der Ausführung des Gehäuses als auch in der Einrichtung und im Inventar.
Auf die erzgebirgische Herkunft verweisen unter anderem die gedrechselten Halbsäulen an den Anschnitten. Die Fenster der Eckzimmer, jeweils in die Ecken angeordnet, sind genauso beweglich wie die Türen mit Beschlägen, alles handwerklich exakt ausgeführt. Ebenso detailliert sind die Fensterdekorationen, hier wurden Messingstangen mit funktionstüchtigen Knipsern verwendet.
Die Standardausstattung des Schlafzimmers – sie umfaßt zwei Betten, zwei Nachttische, einen Schrank und einen Waschtisch – wurde durch die erzgebirgische Klöppeldecke auf den Betten ergänzt, ein Koffer liegt auf dem Schrank. Typisch für die zwanziger Jahre ist der Handspiegel mit Zelluloidfassung.

Verschiedene Puppenwohnungen.
Katalogangebot der Ulmer Holz- und Spielwaren-Werkstätten.
Aus dem Universal-Spielwaren-Katalog,
Nr. 119, 1926

In der reich ausgestatteten Küche hängt über dem Aufwaschtisch, auch eine Errungenschaft dieser Jahre, ein Wandregal mit Gewürzschubladen als praktische Neuerung; Eieruhr und Wandkaffeemühle gab es als Einzelstücke im Spielwarenhandel zu kaufen.
Merkwürdig ist der kleine Eigenbauherd mit Ofenrohr, der durch die weiße Lackierung und das kleine Format den aufkommenden Elektro- und Gasherden angepaßt wurde. Benutzbar ist er nicht, wohl aber die vielen Messingschalter für die Beleuchtung der Räume.
Mit der Einführung der elektrischen Beleuchtung in die Puppenstube, die schon in den neunziger Jahren des 19. Jahrhunderts nachweisbar ist (Abb. 46), im Jugendstil häufiger wurde, ist ein neues Spielelement hinzugekommen, das ebenso wichtig wurde wie »Feuer« und »Wasser«. Es bot sich hier die Gelegenheit, daß bei der Installierung der mit Batterie betriebenen Puppenstubenbeleuchtung auch die Jungen ein Betätigungsfeld an diesem Spielzeug fanden; durch das Spiel mit der elektrischen Eisenbahn waren sie versierter im Umgang mit Elektrizität, die die Mädchen meistens mit Mißtrauen betrachteten. Ihnen machten vor allem die hübschen Lampen Spaß, die – mit Perl- und Seidenschirmen, aber auch als Milchglaskugel durchaus zeitgemäß – Eingang in die Puppenstuben erhielten.
Die Puppen dieser Jahre sind die vielseitig beweglichen Biegepuppen, die auch wieder die als Vater und Mutter charakterisierenden Ausführungen aufweisen, selbstverständlich mit den der Zeitmode entsprechenden, anmodellierten Frisuren. Die Biegepuppen erlauben ein fast natürliches Hinsetzen und damit die echte Nutzung der Möbel.
Der Maler Otto Herbig malte in den dreißiger Jahren seine kleine Tochter Sofie beim Spiel mit einer ähnlichen Dreizimmer-Stube. Die Einteilung in Stube, Schlafzimmer und Küche ist erkennbar, die Wohnzimmermöbel scheinen dem Neobiedermeier der zwanziger Jahre anzugehören, während der lackierte »Sportwagen« – der kleine Kinderwagen – eine Erfindung der dreißiger Jahre ist. Auch diese Puppenstube ist mit Lampen bestückt, die an einer durchgehenden Deckplatte hängen.
Herbig malte noch ein zweites, zur Zeit nicht auffind-

Sofie vor der Puppenstube.
Gemälde von Otto Herbig, 1935/38.
Privatbesitz

bares Puppenstubenbild,[69] das offensichtlich die gleiche Stube abbildet. Auf beiden Gemälden ist es, wie bei dem genannten Bild von Kalckreuth, ein Mädchen allein, das mit der Stube beschäftigt ist.

Von 1930 bis 1950 – Vorkriegs-, Kriegs- und Nachkriegszeit

Vergleicht man den Zeitraum von zwanzig Jahren zwischen 1930 und 1950 mit dem zwischen 1890 und 1910, des Jugendstiles, so hat sich hinsichtlich einer stilistischen Entwicklung im Kunstgewerbe, die ihren Niederschlag in den Puppenstuben hätte finden können, in der Mitte des zwanzigsten Jahrhunderts fast nichts getan, während in der Weltgeschichte die tiefstgreifenden Umwandlungen vor sich gingen.
Das Spielzeug Puppenstube wird nur ganz am Rande davon erfaßt; ein Puppenhaus mit dem eine Zeitlang lebenswichtigen Luftschutzkeller hat es wohl nicht gegeben, die Bewohner der Spielzeugwelt blieben, sofern sie nicht auch in Trümmern untergingen, von Kriegs- und Nachkriegselend verschont.
Bevor es zu den schrecklichen Ereignissen der Nazizeit kam, zeichnen sich im Wohnstil, im Normalformat und im Puppenstubenbereich, ein gewisser Wohlstand und das Streben nach Behaglichkeit ab. Es werden wieder mehr Puppenhäuser (Abb. 87 und 88) angefertigt und gekauft, ein Musterbeispiel besitzt die Weimarer Sammlung.
Die zweigeschossige Villa mit Mansarde hat zwei Spielseiten, die geschlossene Straßenseite (Abb. 88) und die offene Spielseite. Die »Straßenseite« ist die eigentliche Ansicht und durch verschiedene Anbauten abwechslungsreich und interessant gestaltet. Ein vorspringender Gebäudeteil trägt einen großen Balkon, auf dem Blumenkästen und Liegestühle Aufstellung gefunden haben, der zweite, kleinere auf der Garage wird zum Wäschetrocknen benutzt. Die Garage, in der eines der beliebten Blechautos Platz finden würde, wäre wieder der Zuständigkeitsbereich von mitspielenden Jungen, die eventuell auch in dem angedeuteten Garten vor der Eingangstreppe tätig geworden sein könnten. Die Blumenbeete, die blühenden Fensterkästen und die farbigen Fensterläden verleihen dem Ganzen einen heitere Sicherheit ausstrahlenden Stimmungswert.
Die Spielseite (Abb. 87) zeigt die Einteilung in Schlafzimmer, Küche, Wohnzimmer, der Möbelstil ist sachlich, in Einzelteilen etwas klobig. Ein Kinderzimmer fehlt, dafür war aber eine Kinderzimmerlampe mit Laubsägefiguren vorhanden, die im Treppenhaus aufgehängt wurde – wahrscheinlich sollte die Bodenkammer, in der jetzt nur die Trittleiter steht, noch eingerichtet werden.
Die zeittypischen Lampen sind fast überall vorhanden, auch die Tischlampe mit Holzfuß, die in der Zeit sehr modern war, daneben ein Telefon. Ein kleines Spielzeugregal im Schlafzimmer ist farbig lackiert, es ist ein Vertreter einer Kleinmöbelgeneration mit roter oder hellgrüner Oberfläche, die Anfang der dreißiger Jahre in die Wohnungen kam – Teewagen und Nähtisch, Blumengestell und Balkonmöbel (Abb. 89). Alle Fenster haben Papierspitzen als Gardinen.
In der Küche des Hauses stehen gleich zwei Herde, ein klassischer Kohleherd mit Aluminiumtöpfen, weiß

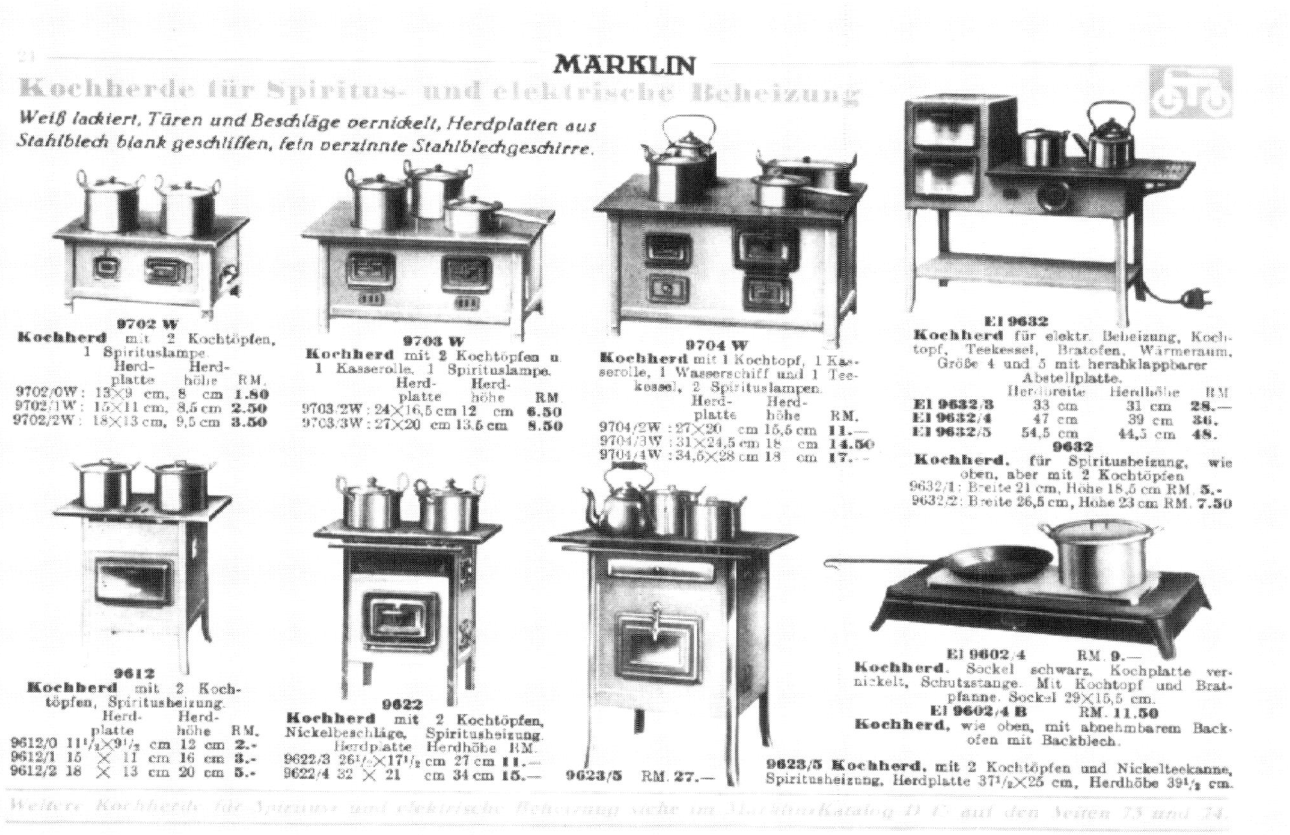

Kochherde für Spiritus- und Elektrobeheizung.
Katalogseite der Firma Märklin, Göppingen, 1936/37

emailliert, und ein Gasherd. Beide wurden von der Firma Märklin in mehreren Ausführungen angeboten.[70] Die Elektroherde hatten Kabelanschluß, die Kohle- und Gasherde wurden, wie schon im 19. Jahrhundert, mit Spiritus beheizt.

Eine ganz einfache Variante einer Spielstube aus den dreißiger Jahren ist die in einem Kinderbuch abgebildete Kutscherstube,[71] die über einem Pferdestall angeordnet ist. Der Typus der »Puppenstube für Jungen« ist nicht häufig, kommt aber in dieser Form oder als Küche mit Werkstatt (Historisches Museum, Frankfurt am Main) vor. Literarisch belegt ist das Spiel mit Pferdestall und Zubehör durch Ernst Penzoldt.

». . . den Pferdestall, ein Geschenk Onkel Peters, der selbst damit als Kind gespielt und sogar dessen Vater. Die Pferde darin konnte man wirklich anschirren und vor die alte Kalesche spannen, und ein Kutscher gehörte dazu, zum An- und Ausziehen. Er hatte sogar einen Zylinder mit Kokarde. Am Dach des Stalles war ein kleiner Giebel mit einem Türchen darin, das auf den Boden führte, darüber eine Rolle mit Seil, kleine Strohbündel hinaufzuziehen (die gleichfalls vorhan-

Stallhaus mit Wohnstube.
Illustration aus dem Kinderbuch »Hans Wundersam«
von Ernst Kutzer und Adolf Holt, um 1940

den waren). Und Adrian griff durch die Tür in den dunklen Dachboden und fand darin leicht festgeklemmt ein Stühlchen im Biedermeierstil, zur Kutscherstube gehörig, von dem selbst Onkel Peter nichts wußte, wie oft er auch damit gespielt.«[72]
Auch das schlichte Zweizimmergehäuse wird noch produziert (Abb.91). Es ist die klassische Kombination von Wohn- und Schlafzimmer, in diesem Fall wurde das Gehäuse durch einen von beiden Zimmern zugänglich überdachten Quer-Erker erweitert.
Mit welchem Aufwand an Phantasie Kinder der Vorkriegszeit mit ihrem Puppenhaus spielen, belegt eine Textpassage aus Christa Wolfs »Kindheitsmuster«. Nelly und ihr kleinerer Bruder Lutz haben bestimmte Spielschemata entwickelt, zu denen die Puppenstubenpuppen die Akteure abgeben:
»Das Häuserspiel ist belegt – auch Lutz, der höchstens vier Jahre alt war, als es in Blüte stand, hat eine dunkle Erinnerung daran bewahrt. Daß es unter dem Kennwort »Die Verstellten« lief, ist dir eben erst wieder eingefallen. Ein veritables Puppenhaus mit vier Räumen, Wohn- und Schlafzimmer, Küche und Bad, mit Gardinen an den Fenstern und sehr kleinen Blumentöpfchen davor, mit Lämpchen an der Decke und mit Tellerchen und Täßchen in einem Schränklein und mit einem hübschen kleinen Schornstein auf dem roten Dach. Das Haus wird von sieben Zelluloidpüppchen bewohnt, die in bunte Fetzchen hübsch gekleidet sind und allerliebste Namen haben: Leierkasten, Fallada, Eierkuchen, Holderbusch, Liebesperle, Rosenduft und Wundertüte – angemaßte Namen, wie sich gleich herausstellen wird. Denn alle sieben sitzen sie im Häuschen und singen mit ihren zirpenden Stimmchen frech: »Hannefatzke Domino . . .«
Eine Provokation. Nelly und Lutz stürzen zum Puppenhaus. Die Verstellten sind schon verstummt und

gehen ihrem eigentlichen Gewerbe nach, sich zu verstellen. Nelly und Lutz, die sie natürlich bis auf den Grund durchschaut haben, schütteln sie und nennen sie bei ihren wirklichen Namen: Rippenspeer und Eulenzeh, Flederbiest, Ekelkotz, Fratzenhans, Blödian und Schinderbold. Da gibt es ein Heulen und Zähneklappern. Für die Bestrafung gibt es einen Grundsatz: Verstellte werden verstellt. Arme und Beine umwickelt man mit Wollfäden, man schleudert sie in irgendeine Ecke, und Ekelkotz muß seinen Kopf ins Klosett stecken. Alles Eßbare wird aus dem Haus geschafft. Lutz, der die Batterieanlage bedient, ist für strengste Stromsperre verantwortlich. Die offene Rückwand der ‚Villa Hundsfott‘ wird mit Korkplatten aus ‚Meister Hämmerlein‘ zugenagelt. Schwarze Lappen verhängen die Fenster. Drinnen aber, die dreisten Unbelehrbaren, singen im Kanon: O wie wohl wird mir am Ahabend . . .«[73]

Ein »Puppenhaus« dem Umfang nach, nämlich zwei übereinander gesetzte Doppelstuben, beherbergen Einrichtung und Puppenstubenpuppen, die eine Widerspiegelung der Nazizeit in den Kriegsjahren verkörpern (Abb. 86). Es ist eigentlich das Zubehör, das diese Jahre charakterisiert, auf dem Ständer die Stehlampe, der Elektrokocher, am deutlichsten aber der »Volksempfänger«, das Radio, das die unumgänglichen Goebbels- und Hitlerreden ins Haus brachte, und der kleine Junge in der Uniform der »Pimpfe«, auch dies in einer Normalfamilie dieser Zeit unvermeidbar.

»Das Familienleben also ist nicht mehr »gemütlich« (Zeitmangel aller Beteiligten, – Mangel an Vertrauen!). Das Familienleben ist der Zärtlichkeit beraubt, und der schützenden Fürsorge des einen für den anderen, der Eltern vor allem für das Kind. »Die deutsche Jugend gehört dem Führer«, erklärt immer wieder der »Reichsjugendführer« Baldur von Schirach«, schreibt Erika Mann in ihrem leidenschaftlichen Buch über die »Erziehung der Jugend im Dritten Reich«, das zum ersten Male 1938 im Querido-Verlag in Amsterdam erschien.[74]

Sie weist darin nach, daß durch die Ideologie des Dritten Reiches die Familie in ihrem Zusammenhalt zerstört wird, um die Kinder zu brauchbaren Soldaten zu erziehen. Unter diesen Eingriffen in den persönlichen Bereich litten Eltern und Kinder, wenn sie sich nicht mit den erklärten Zielen identifizieren konnten. Die Gegenreaktion war der Rückzug der Familie trotz aller Organisierungen und die Folge dieses Rückzuges eine betonte Häuslichkeit, eine »Mein-Haus-ist-meine-Burg«-Mentalität.

Einen ähnlichen Eindruck vermittelt auch die Etagen-Puppenstube aus den vierziger Jahren (Abb. 86). Das Mobiliar ist umfangreich, Schreibtisch und Schreibmaschinentisch mußten im Wohnzimmer Platz finden, das Wohnzimmer ist mit Stehlampe, Adventskranz und rot lackiertem Holzleuchter ausgestattet.

Über der Küche, in der der Elektrokocher auf dem Blechtisch an die Stelle des Herdes getreten ist, liegt das besonders reich möblierte Kinderzimmer mit einer figürlichen Deckenlampe, farbig lackierten Möbeln, einem Laufställchen und vielem Holzspielzeug, für das es ein Extraregal gibt.

Das Gehäuse ist aus rohem Kistenholz und einfach angestrichen; die Inneneinrichtung so, wie man sie in jedem durchschnittlichen Haushalt der Kriegszeit antreffen konnte.

Die allereinfachste Form eines gemütlichen Wohnzimmers erhielt man Ende der dreißiger, Anfang der vierziger Jahre in Form einer Faltpuppenstube (Abb. 90), in die nach Belieben eine Sitzmöbelgruppe mit Tisch und Stehlampe gestellt werden konnte.

Bemerkenswert an der mit Mehrfarbendrucktapeten ausgeklebten Faltstube sind die Ausblicke. Noch weitergehend als die amerikanischen Erzeugnisse dieser Art am Ende des 19. Jahrhunderts (Abb. 94), die in der Reproduktion die wandfeste Ausstattung mitlieferten, ist hier der Blick in ein komplett eingerichtetes Eßzimmer mit Buffet und Blumenvase als Türdurchblick inbegriffen. Zwei Fenster, davon das Mittelfenster sehr groß, bilden die bevorzugte Lage dieser Puppenwohnung ab: hoch über einer Stadt mit gotischer und barocker Architektur und einem nahegelegenen Barockgarten.

Mit Hilfe des Farbdruckes wird hier eine Traumwohnung angeboten, die noch den Vorteil hat, nach dem Spiel leicht zusammengeklappt werden zu können.

Ähnlich in der Konstruktion, aber einfacher in der Ausstattung ist eine Faltküche (Abb. 92), die sich gleichfalls in der Weimarer Sammlung befindet. Hier ist im

Gehäuse nur die übliche Fliesentapete im Druck nachgebildet, keine Fenster, kein Ausstattungsstück, im Grunde also nur eine Begrenzung für beliebige Küchenmöbel mit oder ohne Herd. Daß in diesem Beispiel Jugendstilmöbel und ein interessanter Waschtisch Platz gefunden haben, beweist die Variabilität dieses Gehäuses.
Eine Spielküche der vierziger Jahre, die auch schon nach 1945 produziert worden sein kann, zeigt die Möbel, die in dieser Zeit zum Verkauf standen (Abb. 95). Die Kücheneinrichtung mit weißem Schleiflack ist abwaschbar und hat nutzungsfreundliche abgerundete Kanten. Besenschrank und Anrichte gehören zum gleichen Sortiment wie Küchenschrank, Tisch und Stühle, komplettiert durch einen weiß emaillierten »Kohle«herd. Die Zelluloidpuppen beschäftigen sich mit einem Doppelbügelbrett, der Malzkaffee wird unter der Kaffeemütze und in der Thermosflasche warm gehalten. Zeittypisch sind auch die Küchenuhr und die weißen Kugellampen.
Es ist eigentlich diese unaufwendige, säuberliche Spielküche, die eine jahrhundertealte Tradition vorerst abschließt; denn in der Nachkriegszeit wurden keine neuen Puppenstuben entwickelt, die dem Zeitgeschmack entsprochen hätten. Es sieht so aus, trotz Nierentisch-Moderne oder Nostalgie, daß sich das Spielzeug »Puppenstube« aus dem Spielbereich allmählich zurückzieht.
Einen nachdenkenswerten Abschied vom Spielzeug schildert Siegfried Lenz in seinem Buch »Heimatmuseum« in einer Szene, die einen Besuch bei der Witwe des Spielzeugmachers Wilhelm Rattay in Sokolken in den Masuren, kurz vor der schrecklichen Massenflucht der Bevölkerung, zum Thema hat: »In mehreren Puppenstuben wurde erstarrte Zärtlichkeit ausgestellt, angehaltenes Leben;. . . die berühmte, unverkäufliche »Sokolker Büchse«, deren ganzer Inhalt aus Buchsbaumholz und Knöchelchen gedrechselt war: Stühlchen, Mörserchen, Kehlgefäße und Garnröllchen, Körbe, Teller, ein Butterfäßchen – alles, was man haben möchte zum Leben, oder was man glaubt haben zu müssen. . . Während die Frau mir die Rechnung aufstellte, begann Edith plötzlich zu weinen. Sie saß vor dem Klapptisch, sie hatte eine der »Sokolker Büchsen« geöffnet, das zierliche Inventar auf der Tischplatte verteilt, das heißt, es so angeordnet, als würde es gleich von zierlichen Lebewesen in Gebrauch genommen, und davorsitzend und verloren an die einladenden, bedrohten Winzigkeiten, weinte Edith. Sie konnte keinen Grund nennen – auch später fand sie keine Erklärung dafür, warum sie beim Anblick von Gefäßen und Röllchen in Tränen ausgebrochen war.«[75]
Eine gewisse Belebung fand die Puppenstube durch die »Nostalgie-Welle«, die durch den Antiquitätenboom ausgelöste Mode historischer oder historisierender Wohnungseinrichtungen. Es gibt sowohl nostalgische Spielküchen – bestimmt das reizvollste Gebiet für Nachahmungen – als auch Doppelstuben mit Landhaus-Charakter.
Ein Modell aus Olbernhau (Erzgebirge) nennt sich »Doll's sitting room with beam ceiling«, besteht aus Hartfaserplatten und besitzt einen Eckkamin und eine Balkendecke in einem der Zimmer (Abb. 96). Möbel aus dem Erzgebirge, blaugrundig mit Tupfendekor, vermitteln den Eindruck einer bäuerlichen Küche, die Möbel für das Kaminzimmer sind weiß lackiert, ihre Rundteile bestehen aus Plaste. Im beigeordneten Zubehör zeigt sich die von jeher handwerklich perfekte Ausführung von erzgebirgischen Drechselspielzeugen; ganze Geschirrsätze aus Holz und die typische Weihnachtspyramide werden sowohl für die Andenkenindustrie wie für die Puppenstube angefertigt.
Neben dieser industriellen Herstellung gibt es noch immer handwerklich geschickte Väter und Großväter, die sich mit »Puppenkram« beschäftigen, der Maler und Graphiker Manfred Butzmann in Berlin baute einen mehrstöckigen Gasthof für seine Tochter und richtete ihn von oben bis unten ein, ein in Gotha lebender ehemaliger Eisenbahner fertigt für Kinder und Enkel reichverzierte Puppenstubenmöbel an, die er, wie es ihm gefällt, Stilen der Vergangenheit anpaßt, Barock oder Biedermeier, auch mit bunter Malerei (Abb. 97) versieht. Daß diese Einzelanfertigungen eigentlich nicht zum Spielen gedacht sind, ergibt sich aus ihrer zierlichen Kompliziertheit. Die Zuwendung Erwachsener, die seit dem vermehrten Sammeln alter Puppenstuben auch den Einzelteilen der Stuben gilt, weist diesen Neuanfertigungen von vornherein einen musealen Platz zu.

Puppenstuben-Sonderformen, Einzelnes und Ergänzendes

Eine besonders liebenswürdige Erscheinung sind innerhalb der Entwicklung der Puppenstube zum Spielen die »Sonderformen«, Randerscheinungen ergänzender Art, die nicht nur den Geschäftssinn der Entwerfer dokumentieren, sondern auch ihr Einfühlungsvermögen, was die Bereicherung eines Spielraumes bedeuten kann. Neben der fest eingeführten Puppenstube und dem ebenso hochgeschätzten Kaufladen nehmen die Sonderformen quantitativ einen geringen Raum ein. Sie sind aber deshalb nicht weniger aussagekräftig, sowohl als Einzelstück wie als ergänzendes Zubehör zu den Puppenwohnungen.

Die Miniaturpuppenstube (Abb. 98) ist ihrer Erfindung nach ein Einzelstück, es sei denn, sie findet als »Puppenstube in der Puppenstube« Verwendung. Ebenso nahe steht sie der Andenkenindustrie, die sich gern der miniaturisierten Form bediente.

Das vorliegende Beispiel, aus massiven Brettchen zusammengeleimt, wirkt merkwürdig altertümlich. Die unbewegliche Einrichtung, einschließlich des »Männels«, ist gedrechselt und deutet ein Zimmer mit Säulenofen an, Garderoben- und Schirmständer weisen darauf hin, daß vielleicht eine Gaststube, eine Schänke, gemeint ist. Zwei unverhältnismäßig große Bodenleuchter, die nicht zur Einrichtung passen, zeigen, daß das Stübchen eventuell mit Puppenkerzen erleuchtet werden konnte.

Die »Puppenstube in der Streichholzschachtel« (Abb. 99) gehört eindeutig zur Großserienfertigung der Andenkenindustrie; die Zündholzschachtel trägt hier das Etikett der Firma Edeka, die Miniaturstube war ein Werbegeschenk, die Schachteln lieferte die Zündholzfabrik Carl Meyer in Olbernhau.

Die Spielzeugforschung[76] hat festgestellt, daß der Verleger Heinrich Emil Langer um 1905 diese Miniaturstuben einführte, deren Prototyp mit der vorliegenden Schachtel nahezu identisch ist, er nennt sich »Erzgebirgische Bauernstube mit der Ofenbank«. Die Miniaturdrechselei, die als typisch erzgebirgisch in der vorher besprochenen Stube vorherrschte, ist hier fast völlig verschwunden, Einrichtung und Figuren bestehen aus flachen Brettchen. Im Hintergrund wurden ein Topfbrett und ein Rundbogenfenster mit weiter Landschaft aufgemalt.

Das Zentrum dieser in Hunderttausenden hergestellten »Szenen« war in den zwanziger und dreißiger Jahren das Spielzeugdorf Seiffen mit seiner reichen Spielzeugtradition.

Wie solche Schachteln in die Hand des dänischen Mädchens Bibi gelangten, das mit seinem Großvater die Sonneberger Puppenproduktion besichtigt hatte, schildert ein Mädchenbuch von 1932:

»Als sie im Zug saßen, zog Großvater drei Streichholzschachteln aus der Tasche und sagte: »Die hab' ich für dich aufgehoben, damit du sehen kannst, daß es auch Menschen gibt, die Spielzeug und Weihnachtsgeschenke für die Kinder in Sonneberg machen. Diese Schächtelchen kommen von weither und kosten doch nicht mehr als zwanzig Pfennige das Stück. Und dabei sind sie mit der Hand gemacht und stammen aus der Nähe von Katzenstieg [im ehemaligen Schlesien]. Du kriegst sie unter der Bedingung, daß du sie niemals hergibst und sie immer behältst. Sie sollen dich daran erinnern, wie schwer es für viele Menschen ist, sich das tägliche Brot zu verdienen, und dann sollst du daran auch sehen, wieviel Freude man bereiten kann für ganz wenig Geld.«

Bibi machte die eine Schachtel auf. Es waren keine Zündhölzer drin, sondern in der winzigen Schachtel war eine ganze Werkstatt, wo der Meister am Tisch saß und Tiere aus Holz machte, nicht größer als ein Ohrwurm. Er schnitt die Tiere mit einer Sägemaschine aus, die einen Treibriemen hatte wie in einer richtigen Fabrik. Die Frau saß auf einem Hocker am Tisch und malte die Tiere an. Auf dem Tisch standen Farbentöpfe und auf dem Boden lagen Tiere, die ihr heruntergefallen waren. An den Wänden waren Bilder, und ein Ofen war da und Fenster mit Gardinen dran. Bibi sah ihren Großvater an und Großvater nickte, so daß es wie ein Seufzer klang: »Und alles das haben Kinder gemacht, die vielleicht noch nicht so alt sind wie du!««[77]

Als echte Ergänzung zu den Puppenstuben, die ein Schlaf- und ein Wohnzimmer hatten, gab es seit der Zeit vor dem ersten Weltkrieg kleine Einzelbäder, die der Puppenwohnung angefügt werden konnten. Man

kennt sie als Blechmodell und im Holzgehäuse; bei den Blechbadezimmern (Abb. 100) ist die Badewanne mit Wasserhahn fest installiert, der Wassertank befindet sich auf der Rückseite des Gehäuses. Eine schmale Wand trennt einen engen Raum für Dusche und WC ab.
Die spätere Anfertigung ist etwas umfangreicher (Abb. 102), das Holzgehäuse wurde mit imitierten Fliesenwänden aus gestanzten Blechen verkleidet, außer der Badewanne sind Badeofen und Waschtisch feste Einrichtungsteile. Das kleine Klosett im Nebenraum ist aus Holz.
Auch bei den Bädern ist das Spielen mit Wasser das Entscheidende, und die Puppenstubenpuppen, zuerst ganz aus Porzellan, dann aus Zelluloid, ließen sich ganz realistisch in der Wanne baden.
Mehr schmückend als nutzbar ist der Pavillon (Abb. 104), der die Puppenwohnung nach außen hin ergänzt, er suggeriert durch seine Aufstellung im Wohngelände einen großen Garten, der mit Einzelbäumen und Blumenkübeln frei gestaltet werden konnte.
Ein Gartenhaus findet sich schon in Bestelmeiers grundlegenden Angeboten vom Anfang des 19. Jahrhunderts. Bei ihm heißt es noch »Ein Haus mit Garten zum aufstellen für Kinder. Der ganze Garten kann zerlegt in das Haus gepackt werden. Im Haus befindet sich ein runder Tisch, 4 Sessel, 2 Consolen mit langen Spiegeln, alles auf Mahagoniart lackirt, das Zimmer selbst sehr niedlich ausgemahlt.«[78]
Eigentlich ist es die Empire-Einrichtung eines Teehauses, die bei Bestelmeier beschrieben wird, entscheidend ist aber der Garten, der den Standort für das Gartenhaus bildet.
Ein noch der Mode »à la turque« des 18. Jahrhunderts verpflichteter Gartenpavillon für Puppen befindet sich im Historischen Museum in Frankfurt am Main, er stammt aus dem Anfang des 19. Jahrhunderts und ist ein graziöses Luxusmodell, mit verglasten Fenstern und Türen, ein perfektes Teehaus (Abb. 106). Durch die hohen Sprossen-Glastüren und Ochsenaugen wird, ähnlich wie bei dem Palazzo in Bologna (Abb. 18), Einblick in die Inneneinrichtung gewährt. Eine eigentliche Spielseite gibt es nur bedingt durch die Einbeziehung eines vorgelagerten Barockgartens mit Rasenparterres, Wegen, »Stein«-Putten und Pflanzkübeln.

Die in den zwanziger Jahren wieder in Mode kommenden Pavillons (Abb. 104) sind nur ein schwacher Abglanz dessen, was hundert Jahre früher in Anlehnung an feudale Parkarchitektur in die Spielzeugwelt transponiert wurde. Immerhin bleibt man beim mehreckigen Grundriß und der schmückenden Dachform, die als Schweifkuppel, wie beim vorliegenden Beispiel, oder als Pyramidendach mit Laterne gebildet werden kann.[79]
Formbestimmend ist die Wandgestaltung aus weiß lackiertem Gitterwerk, und in der Regel wurden auch weiße Gartenmöbel hineingestellt. Die Pavillons hatten ja die Aufgabe, sowohl durch ihre auffallende Dachform als auch durch das sich vom Gartengrün abhebende Weiß einen weithin sichtbaren Blickpunkt im Landschaftsgarten zu bieten.
Dem Pavillon einen Garten anzuschließen war ein naheliegender Schritt, ein Beispiel der Firma Hunger im Erzgebirge zeigt auch diese Kombination.

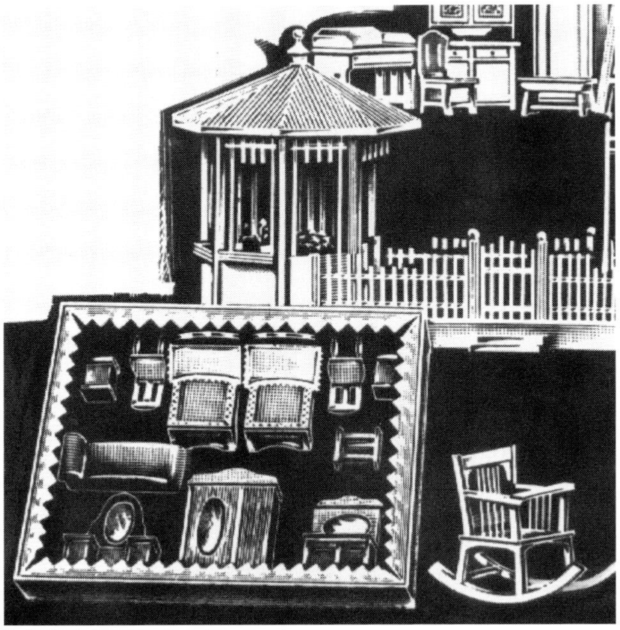

Pavillon.
Katalogangebot der Firma Paul Hunger in Eppendorf in Sachsen.
Aus der Jubiläumsausgabe des
»Wegweisers für die Spielwaren-Industrie«, 1925

110
Marktstand mit Hafnerkeramik,
letztes Viertel 19. Jahrhundert, Tonwaren
teilweise später

111
Frühe Holzpuppen, um 1850; 8 bzw. 13 cm groß, Scharniergelenke; Originalkleidung aus Taft

112
Biedermeierdame im Seidenkleid, um 1850

113
Kleine Wachskopfpuppe, 1865/70

114
Trachtenpaar, um 1900;
originale Kleidung aus Wollstoff;
Hersteller: Franz Schmidt, Georgenthal

115
Miniaturpuppen, beweglich,
zwischen 1890 und 1920;
die »Puppen« für die Puppenstubenpuppen

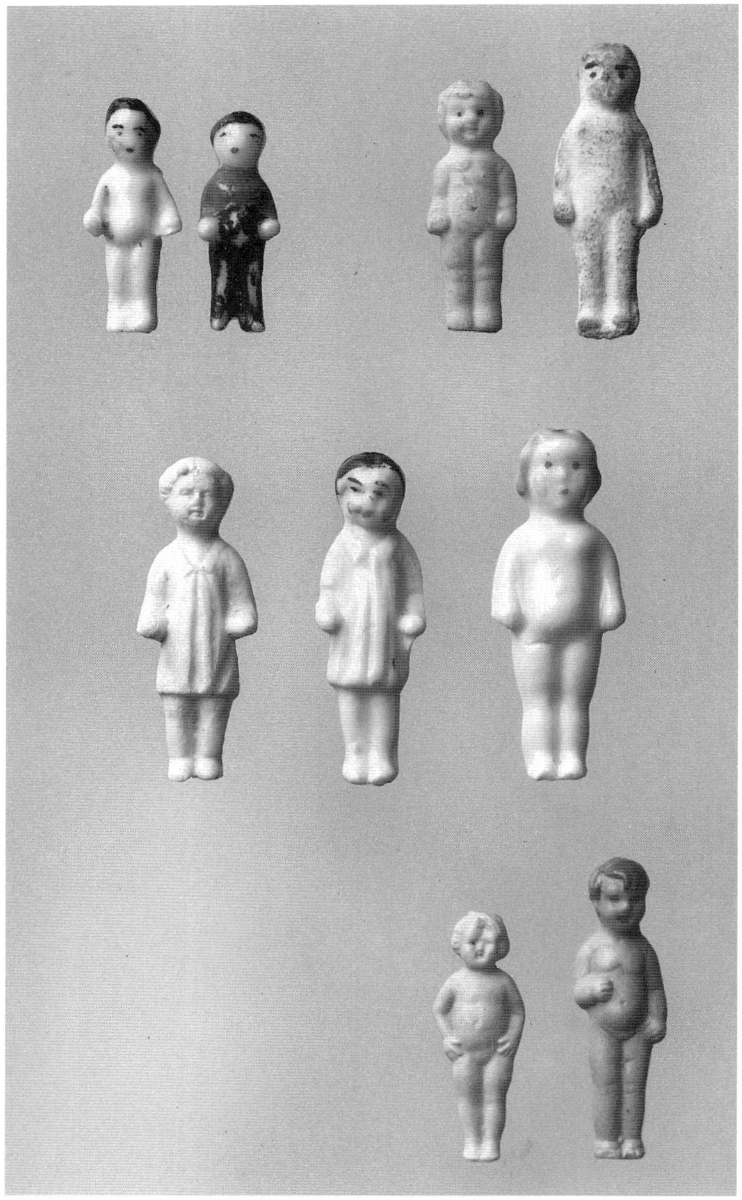

116
Badekinder verschiedener Größen, 1880/1920

117
Soldat in Originalkleidung, um 1880

118
Drei Nankingpuppen, um 1900; Stoffbalg und Teile aus glasiertem, weißem Porzellan

119
Puppendame und Puppenkind, um 1900. Die große Puppe ist mit TR, die kleine mit K&R gemarkt.

120
Zwei Gründerzeitpuppen in Originalkleidung,
um 1900

121
Gruppe von Puppendamen, um 1900;
Kleidung aus Originalstoffen nachgearbeitet;
verschiedene Herstellerbetriebe

122
Ganzbiskuitporzellanpuppen in Originalkleidung mit festeingesetzten Glasaugen; um 1900

123
Katzhütter Puppen, 1910/25; 8 bis 20 cm groß.
Phantasievolle Puppen der Firma Hertwig & Co.,
zum Teil mit anmodellierter Kleidung

124
Zwei Weingart-Puppen,
1910/30

125
Weingart-Puppen aus Biskuitporzellan, nach 1914;
5 bis 10 cm groß. Häufig als Maskottchen
oder Souvenirpuppen verwendet

126
Die »vielen Gesichter« der Weingart-Puppenfamilie,
1910 bis ca. 1930;
zwischen 7 und 17 cm groß

127
Kewpie-Puppen aus Biskuitporzellan, nach 1914

128
Zelluloidpuppen; 5 bis 14 cm groß.
In den dreißiger und vierziger Jahren fehlten diese Püppchen in keiner Puppenstube.

129
Kostümpuppen aus den zwanziger Jahren. Links: Nadelkissenpuppe mit Biskuitporzellanoberteil

130
Biegepuppen aus den zwanziger bis vierziger Jahren

131
Kewpie-Puppen aus Biskuitporzellan in verschiedener Herstellung

132
Kleines Paar unbekannter Herkunft aus den dreißiger Jahren; biegsam mit Stoffbalg und Mischmasseteilen

133
Mischmassepuppen, I, typische Puppenstubenpuppen der vierziger und fünfziger Jahre. Als Massenware anspruchslose Gestaltung

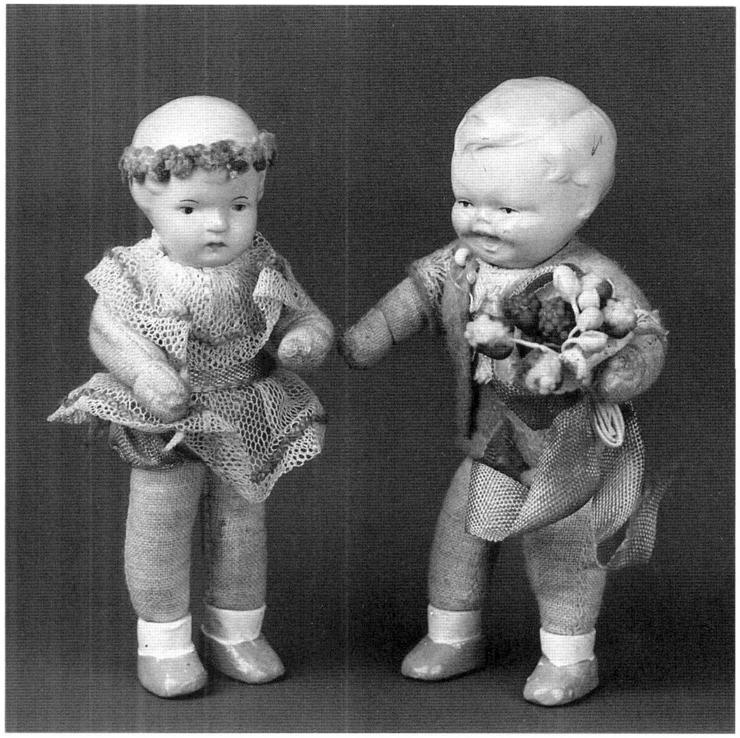

134
Mischmassepuppen, II,
aus den vierziger Jahren

Daneben gab es den Puppengarten (Abb. 109), der mehr für die kleinbürgerliche Puppenstube als Ergänzung in Frage kam.
Auch hier geht die Überlieferung bis auf Bestelmeier zurück,[80] der gleich auf der ersten Seite seines Magazins von 1812 acht Gärten anbietet, die als »englische Gärten« bezeichnet werden, einer davon als »Hausgarten«.
Für die Zeit kurz nach der Jahrhundertwende gibt Alice Herdan-Zuckmayer die Schilderung eines Gartens, in Zusammenhang mit dem Spiel mit ihrem Puppenhaus, wo »das Schönste aber aller Feste . . . Kaisers Geburtstag« war, und sie schreibt:
»An dem Tag des Kaiserfestes holte ich meinen Alpengarten vom Fenstertisch und stellte ihn neben das Puppenhaus. Der Alpengarten bestand aus einer Felslandschaft mit Kieswegen, grüngemalten Wiesen und einem blauen Bergsee, Papierbäumen und Büschen, und dazwischen waren kleine Blumentöpfe mit echten Blumen, die nach den Jahreszeiten ausgewechselt wurden.«[81]
Die grüngemalten Wiesen und den kleinen See findet man auch im Puppengarten der Weimarer Sammlung. Seine Umzäunung ist grün lackiert und sorgfältig mit weißen Oberkanten bemalt worden, die Wiesen sind voller gemalter Blumen, kleine, bewegliche Beete und eine zierliche Treillage (Gitterlaube) gestatten es dem spielenden Kind, seinen Garten selbst einzurichten. Wichtig ist für das Spiel die Hinzufügung einer Lampe mit Schalter.
Praktisch verwendbar war das ebenfalls im Historischen Museum, Frankfurt am Main, aufbewahrte, seltene Treibhaus (Abb. 105), das in die Zeit um 1900 datiert wird. Die große Sprossenscheibe, die den ungegliederten Kasten pultdachähnlich abschließt, kann nach oben weggeklappt werden und macht das Gewächshaus und eine kleine Gärtnerstube zugänglich. Reihenweise stehen zierliche Blumentöpfe auf den Regalen, Kübelpflanzen auf dem Fußboden, in der Ecke befindet sich ein Wasserbassin.
Im Zusammenhang mit der vermutlich französischen Herkunft wird eine Darstellung von Marcel Proust zitiert:
»Der Wintergarten . . . erinnerte – in vergrößertem Format – in den eleganten Stadtvillen von damals an jene winzigen transportablen Treibhäuser, die am Morgen des 1. Januar unter die leuchtende Lampe gestellt wurden – die Kinder hatten ja doch nicht die Geduld, bis Tagesanbruch zu warten – und dort unter anderen Neujahrsgeschenken das schönste von allen waren, da sie ja mit Pflanzen, die man weiterhin pflegen konnte, über die Kahlheit des Winters freundlich hinwegtrösteten.«[82]
Auch in der Gärtnerwohnung neben dem Treibhaus stehen auf Tisch und Stellage Blumentöpfe. Eine Gruppe reizender Biedermeiermöbel und ein großer Kanonenofen machen die Idylle à la Spitzweg perfekt. Dementsprechend tritt auch die junge Dame, die den Gärtner besucht, in Biedermeierkleid und Schutenhut auf.
Pavillons und Treibhäuser sind, wie alle Luxusspielzeuge, von besonderem Reiz. Da schon ihre Vorbilder nicht zum eigentlich Notwendigen, wie Räume zum Kochen und Wohnen, gehören, sondern darüber hin-

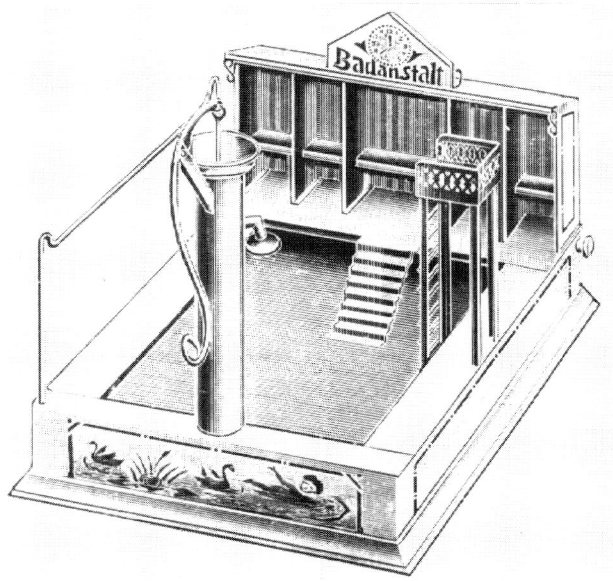

Badeanstalt.
Katalogangebot der Firma F. C. Dieterich, Ludwigsburg.
Aus der Jubiläumsausgabe des
»Wegweisers für die Spielwaren-Industrie«, 1925

aus »Spielraum« für Neigung und Liebhaberei boten, war die spielzeugkleine Wiederholung ein gern wahrgenommener Anlaß, der Gestaltungsfreude freien Lauf zu lassen. Natürlich waren diese Puppenstuben-Sonderformen in erster Hand immer der Besitz von Kindern vermögender Eltern.
Eine sehr vergnügliche Angelegenheit für Kinder war sicherlich das Freibad aus Blech (Abb. 103). Das Wasserbecken war nicht allein für die Schwimmversuche der Zelluloidpuppen geeignet, es konnte auch mittels einer aus dem Becken gespeisten Pumpe eine Brause bedient werden. Gehäuseähnlich ist der Abschluß an einer Schmalseite, dort sind auf dem Beckenrand Blechbänke fest installiert, daneben Messinghaken für die Bademäntel.
Freibäder gehörten zum Fertigungsprogramm der Metallspielwaren-Firmen; 1925 bietet die Firma F. C. Dieterich in Ludwigsburg, die unter anderem auch Küchenherde für die Spielküchen herstellte, eine »Badeanstalt« an.
Im schlichten Dreiseitengehäuse mit abgerundeten Vorderkanten präsentiert sich eine Schulklasse (Abb. 108) aus der Zeit zwischen 1935/40. Auch dieser Puppenstubentypus kam schon in der Gründerzeit auf,[83] zur unverzichtbaren Dekoration neben den Schulbänken und der Tafel gehörte ein Globus. Blechgloben dieser Art, ohne Fußgestell, gab es Ende des 19. Jahrhunderts auch in Automaten, aus denen man sie, gefüllt mit Bonbons, entnehmen konnte. In der Schulklasse aus der Weimarer Sammlung wird die Schar der Schulkinder aus Zelluloid durch einen »Vater«, der hier als Lehrer fungiert, unterrichtet. Puppen im Erwachsenentypus haben sich bis in das Zelluloidzeitalter gehalten.
Das große Gebiet der Kaufläden und Marktstände ist ebenso reich und vielseitig wie das der Puppenstube und bedarf daher einer eigenen Darstellung. Nur am Rande soll ein Marktstand mit Keramik (Abb. 110) an diesen Bereich erinnern, der zum Alltagsleben gehörend, Puppenhaus und Puppenstube eigentlich erst funktionstüchtig macht. In einem der frühesten deutschen Puppenhäuser, dem »Stromerhaus« in Nürnberg von 1639, ist deshalb ein kleiner Laden mit in das Haus einbezogen.

»Redouten-Saal«.
Kupferstich aus dem »Magazin...«
von Bestelmeier, 1812

Schlußbemerkung

Rückblickend über eine unübersehbare Materialfülle und immer zahlreicher werdende Veröffentlichungen kann man zuversichtlich annehmen, daß die Kulturgeschichte der Puppenstube noch viele Themen der Bearbeitung bietet, denen nachzugehen es sich lohnt. Durch Parallelforschungen zu Blechspielzeug kann man aufschlußreiche Ergänzungen erwarten, ebenso aus der Kinderbuchforschung. Wir wissen fast nichts über die Entwerfer der Einrichtungen oder des Zubehörs, die Zuweisungen an die Produktionsstätten lassen noch viele Fragen offen.
Sehr spät innerhalb des in den sechziger Jahren einsetzenden Antiquitätenbooms erinnerten sich die Sammler an das historische Spielzeug, das lange Zeit die Domäne einiger weniger Spielzeugmuseen und Spezialkenner war. Das sehr breit werdende Interesse ließ nicht nur die Preise explosionsartig steigen, es rief auch eine vielgestaltige Spielzeugliteratur hervor, die von der Abbildungssammlung über Selbstfertigungsanleitungen und Hobbyzeitschriften bis zu fundierten Teilgebietsforschungen reicht.
Sowie auf dem Gebiet der Sammlerliteratur Veröffentlichungen erscheinen, die Katalogcharakter haben oder Einzelbereiche im Bild wiedergeben, erwachen in den Sammlern der Wunsch nach Vervollständigung und ein neues Kaufbedürfnis. Da es sich beim Kinderspielzeug zumindest seit der Mitte des 19. Jahrhunderts um industrielle Produktion handelt, kommt gegen Jahrhundertende die Serien- und Modellnummer in Gebrauch, die Veranlassung gibt, vollständige Reihen zu rekonstruieren. Wichtigste Quelle hierfür sind die originalen Firmenkataloge, die die Identifizierung ermöglichen. Liegen sie vor, sind auch Häufigkeit oder Seltenheit eines Spielzeuges zu bestimmen, was wiederum gravierende Rückwirkungen auf die Preisgestaltung nach sich zieht.
Bei aller Kommerzialisierung des Spielzeugsammelns darf aber eines nicht vergessen werden – durch die Wertschätzung des Einzelstückes, auch die materielle, wird vieles gerettet, was vorher auf den Müll geworfen wurde. Für den Sammler, der ein desolates Spielzeug mit Hilfe des Restaurators wiedererstehen sieht, ist der Wertzuwachs nur der kleinere Teil der Freude, das Wichtigste für ihn ist die Wiederherstellung des ursprünglichen Zustandes. Das Sammeln von Puppenstuben schließt diese Komponente in allen Varianten mit ein.
Eine Entwicklungsgeschichte dieses Spielzeuges ist bisher noch nicht vorgelegt worden. Ausschlaggebend war zunächst die Vorstellung eines Überblicks, der nicht allein das reale Spielzeugmaterial darstellen sollte, sondern auch dessen Wiedergabe in den Bereichen der bildenden Kunst, wo es viel seltener vorkommt als beispielsweise die Puppe, und das Spielerlebnis »Puppenstube«. Schilderungen zum Umgang damit konnten aus der Memoirenliteratur schreibender Frauen gewonnen werden, die immer wieder aufschlußreich sind.
Gerade diesen Erinnerungen kann entnommen werden, daß das Spielzeug »Puppenstube« einen bevorzugten Platz innerhalb von Kindheitserinnerungen einnimmt. Ebenso finden heute museale und private Spielzeugsammlungen mit diesem Thema gleichbleibendes Interesse. Die Puppenstube kann sich auf breitester Linie der Zuneigung und Liebe ihrer Betrachter erfreuen, ungeteilt positiver Beurteilung und andächtiger Betrachtungsfreude. Sollte es daran liegen, daß diese Betrachter vorwiegend Frauen und Kinder sind?
Das Phänomen der in Erinnerung versunkenen Betrachtung kann aber auch beim männlichen Bewunderer von Blechautos oder Eisenbahnen beobachtet werden. Oft genügt der Handkontakt mit einem einzelnen Gegenstand, ob Porzellankännchen oder Baustein aus dem Anker-Steinbaukasten, um weite Kindheitsphasen in Erinnerung zu bringen und eine Fülle von Empfindungen wachzurufen.
Dieses Wiederbewußtwerden von frühen und oft glücklichen Daseinsmomenten ist eines der liebenswürdigsten Ergebnisse aus der Beschäftigung mit der Geschichte der Puppenstube.

Exkurs: Die Puppe für die Puppenstube

Die ältesten uns bekannten Puppenstuben stammen aus dem 16. Jahrhundert. Es ist nicht nachweisbar, daß in diesen Miniaturanlagen auch Puppen vorhanden waren. Vielleicht bevölkerten Figurinen die Räume solcher Miniaturhäuser.
Puppenstubenpuppen entsprechen in Charakter, Gestaltung und Material immer den »großen« Spielpuppen der jeweiligen Zeitepoche. Nur der Maßstab bildete den grundlegenden Unterschied. Es gab auch so große Puppenstuben, daß ohne weiteres normale Spielpuppen – natürlich nicht allzu große – hineinpaßten. Aber die unseren heutigen Vorstellungen entsprechenden Puppenstuben forderten Puppen zwischen fünf und fünfzehn Zentimeter Höhe. Diese relativ geringe Größe bedingte dann Unterschiede in der Konstruktion, verglichen mit den normalen Spielpuppen. Bestimmte Gelenkverbindungen waren in der Kleinheit nicht mehr möglich. An der Stelle eines gut durchgebildeten Gelenkes stand dann oftmals nur ein Häkchen, oder wenn eine Naht nicht mehr ausgeführt werden konnte, mußte geklebt werden.
Auch in Frisur und Kleidung unterschieden sich die Puppenstubenpuppen von den großen Spielpuppen. Wenn die Haare nicht aufgemalt oder anmodelliert waren, dann besaßen die Püppchen meist eine Perücke aus Echthaar, Mohair, Flachs oder ähnlichem, genau wie die »Großen«. Die Variabilität der Frisur, die durch Kämmen, Flechten oder Stecken möglich war, ließ sich bei den Perücken der Puppenstubenpuppen natürlich nicht erreichen. Die Frisur war meist unveränderlich angeordnet.
Auf ähnliche Verhältnisse treffen wir auch bei der Kleidung. Vor allem bei sehr kleinen oder billigen Puppenstubenpuppen bedeutete das Entkleiden der Puppen gleichzeitig die Zerstörung der oft nur geklebten Gazekleidchen und der Unterwäsche, die – soweit sie überhaupt vorhanden war – oft nur aus Kreppapier bestand. Deshalb ist es nicht verwunderlich, daß nur eine geringe Anzahl dieser kleinen Puppen in Originalkleidung erhalten ist. Meist tragen die Puppen Kleidchen aus flexiblen Materialien (Gehäkeltes, Gestricktes), die sich leicht an- und ausziehen ließen. Nicht selten entstanden diese Kleidungsstücke unter den Händen der Puppenmütter oder nahestehender Personen. Schuhe und Strümpfe gab es bei Puppenstubenpuppen äußerst selten, sie waren anmodelliert oder aufgemalt.
Die normale Spielpuppe bildete letztlich ein in sich geschlossenes, eigenständiges Wesen. Das war bei der Puppenstubenpuppe bedeutend seltener der Fall. Die Puppenstuben stellten ja mit der Umwelt der Puppen gleichzeitig auch soziale Verhältnisse dar. In einer Puppenstube, die meist aus mehreren Räumen bestand, befand sich nicht nur eine Puppe. Ganze Familien wohnten in diesen Räumen. Somit war die Grundlage geschaffen, unterschiedliche Puppentypen einzuführen, nämlich Eltern und Großeltern, Kinder, Babys, auch Berufsgruppen erschienen in den Puppenstuben – Soldaten (Abb. 117), Polizisten, Küchenmädchen, Handwerker. Das regte gewiß die Kinder zu phantasievollem Spiel an. Menschen des täglichen Lebens tauchten in der Miniatur wieder auf. Das Spiel mit der Puppenstubenpuppe wurde aber dadurch zugunsten des Spieles mit der Puppenumwelt zurückgedrängt. Die Puppe bildete in den Puppenstuben durchaus nicht das an Wertigkeit höchste Einzelwesen – sie stand gleichberechtigt neben Mobiliar und anderem Interieur. Das ist ein entscheidender Unterschied im Vergleich mit den großen Spielpuppen.
Die Herstellung von Puppenstubenpuppen übernahmen vielfach bedeutende Firmen, die auch die »großen Geschwister« produzierten. So wurden zum Beispiel die Zelluloidpuppen hauptsächlich von der Rheinischen Gummi- und Zelluloidfabrik (Schildkröt), von der Zelluloidwarenfabrik Schöberl & Becker (Cellba) und von Buschow & Beck (Minerva) hergestellt.

Die wohl liebenswertesten und interessantesten Puppenstubenpuppen aus Biskuitporzellan schuf die Firma Alt, Beck & Gottschalck (Weingart). Es sei mir deshalb gestattet, mich diesen Puppen in einer etwas ausführlicheren Form zuzuwenden.
An einem Sommertag besuchten mich zwei junge Leute. Sie hatten in einem Korb eine ganze Menge von Puppeneinzelteilen aus Biskuitporzellan: Köpfe, Bälge, Arme, Beine. . . Die Größe der Teile deutete auf Puppenstubenpuppen hin. Ich erwarb diese Teile, säuberte sie in mühevoller Kleinarbeit von Schmutz und Verkrustungen und sortierte sie. Es war kein Pro-

blem zu erkennen, daß alle vom gleichen Herstellungsbetrieb stammten – Signaturen, Gestaltung, Tönung und Körnung des Porzellans ließen keine Zweifel aufkommen.
Zuerst versuchte ich, anhand von Literatur den Herstellerbetrieb dieser ausdrucksstarken Püppchen zu ermitteln. Das war erfolglos. Aber die Spur führte schließlich über die Firma Alt, Beck & Gottschalck zum Zweigunternehmen Weingart. Fortan bezeichnete ich diese Puppen, die ein charakteristisches Aussehen – für mich inzwischen unverwechselbar – haben, als Weingartpuppen (Abb. 124 bis 126).
Ein Erkundungsgang im Herstellungsort Nauendorf bei Georgenthal in Thüringen brachte mir noch einige Erkenntnisse. Ältere Einwohner sprachen auch nur von den »Weingartpuppen«. Die Hauptherstellungsperiode lag in den Jahren zwischen 1910 und 1928. Zwar bestand die Fabrik bis nach dem zweiten Weltkrieg, aber die Produktion beschränkte sich gegen Ende fast nur noch auf religiöse Gegenstände, wie Weihwasserbecken, Engel und Krippenfiguren.
In Abstellräumen neben der ehemaligen Fabrik befanden sich seinerzeit noch Gipsformen von Biskuitporzellanpuppenköpfen, allerdings für große Puppen. Einwohner erzählten mir, daß die Puppenstubenpuppen (bis zu 20 Zentimeter Größe) in rechteckigen Gipsformen hergestellt worden waren. Nach Einstellung der Produktion holten sich Bürger diese Formen als Bausteine für leichte Gipstrennwände in Wohnungen und Gartenhäusern. Dort sind sie zum Teil sicherlich noch heute vorhanden.
Manche Bewohner verhalfen mir in verschiedenen Fällen noch zur Erweiterung meines »Weingartsammelsuriums«. Dieser und jener brachte etwas, auch Hinweise, in welchem Garten noch »etwas vergraben ist«, hatten teilweise Erfolg. Es war eine reizvolle Arbeit, die passenden Teile wieder zuzuordnen und eine kleine Puppe nach der anderen entstehen zu sehen. Welche Vielfalt in den Physiognomien! Und trotzdem waren sie alle irgendwie verwandt.
Die Größe der Weingart-Puppenstubenpuppen bewegt sich zwischen 7 und 17 Zentimetern. Bei den meisten Puppen sind Kopf und Körper eine Einheit. Folgende vier Gruppen unterscheide ich in meiner Sammlung:

– Weingart-Kewpies (Abb. 127) mit einer Größe bis 10 Zentimeter. Ihr Kopf mit den eingesetzten Glasaugen und dem offen-geschlossenen Mund, dazu eine Mohair- oder Kunsthaarperücke, ist meistens nach links gewendet. Die glattgestreckten Arme enden in tellerartigen Händen mit abgespreizten Fingern. Manche haben die Beine mit aufgemalten Schuhen und Strümpfen am Balg anmodelliert.
– Puppen mit anmodellierter Frisur (Abb. 126). Die vier verschiedenen Typen mit angewinkelten Armen haben eine Größe von 7, 8 und 9 Zentimetern. In einem Fall weist die Kurzhaarfrisur sogar eine Haarschleife auf. Die Augen sind als sogenannte Flirtaugen – Augäpfel im Winkel – aufgemalt. Ihre leicht geöffneten Münder deuten ein Lächeln an. Auf den »stämmigen« Beinen sind Schuhe und Kniestrümpfe beziehungsweise Söckchen aufgemalt.
– Charakterpuppen. Diese bemerkenswerteste, aussagekräftigste Gruppe, hergestellt nach Entwürfen der Amerikanerin Jeanne Orsini (patentiert 1916), von 9, 12 und 17 Zentimeter Größe weist verschiedene Physiognomien auf: lächelnd, schmunzelnd, breitlachend, singend. Der Kopf sitzt direkt am Körper, selten sind die Augen aufgemalt, meistens besitzen sie fest eingesetzte Glasaugen, dazu Mohair- oder Kunsthaarperücken. Auf die schlanken Beinen sind relativ lange Strümpfe und Spangenschuhe gemalt. Im Gegensatz zu den Kewpies sind die Arme angewinkelt – oft mit rechtem erhobenem Zeigefinger.
– Sonstige Puppen. Der Herstellung dieser zwischen 9 und 11 Zentimetern großen Puppen galt die geringste Sorgfalt. Ihre Köpfe sitzen entweder direkt am Körper oder sind extra eingesetzte Kurbelköpfe. Augen und Mund sind aufgemalt, die Arme angewinkelt und Schuhe und Strümpfe auf die Beine gemalt.
Auch Babypuppen hat Weingart hergestellt. Leider sind bisher nur Bälge, Arme und Beine – noch keine Köpfe – aufgefunden worden.
Bei der Herstellung der Puppenstubenpuppen begegneten sich die Spielzeug- und die Andenkenindustrie. Viele Puppenstubenpuppen tauchten mit entsprechender Kleidung, Trachten oder sonstigen Accesoires als Reise- oder Landschaftssouvenirs auf. Nicht selten landeten solche Püppchen auch wieder in den Puppenstuben und wurden dort in das Spiel einbezogen.

Katalog
DER PUPPENSTUBEN UND PUPPENKÜCHEN

VORBEMERKUNG:

Erfaßt wurden deutsche Puppenstuben und Puppenküchen seit ihrer eigentlichen Ausprägung um 1820 sowie charakteristische Einrichtungsgruppen ohne Gehäuse und zeittypische Puppenhäuser oder hausähnliche Stuben, ebenso die Sonderformen.
Durch Auflistung von Einzelheiten von Gehäusen, Fenstern, Tapeten, Mobiliar und Zubehör soll dem speziell Interessierten die Möglichkeit gegeben werden, die jeweilige Puppenstube detailliert und über die Abbildung hinaus überblicken zu können.
Eine Typologie der wichtigsten Puppenstubenpuppen wurde angeschlossen.
Puppenstuben und Einzelteile ohne Standortangabe stammen aus der Sammlung Hannelore Henze, Weimar.

Der Katalogteil ist fortlaufend numeriert. Die in Klammern stehenden Ziffern beziehen sich auf die Abbildungen im Bildteil bzw. auf Textseiten.

1 (25)

BLECHKÜCHE MIT VORGEBAUTEM KRÄUTERGARTEN

um 1820
Münchner Stadtmuseum

Gehäuse:
Blech; dreiseitig, mit Gartenvorbau, auf Linsenfüßen, mehrfarbig lackiert

Herd:
Blech; fest eingebaut, mit halbrunder Feueröffnung, Rauchhaube und abgedecktem Schornstein

Mobiliar:
befestigt; Borde, Bank, Schrank, Tisch. Gartenpavillon, Wasserbecken, Umzäunungen; kein Zubehör (Reinelt, S. 70)

2 (26)

KLEINE EINFACHE RAUCHFANGKÜCHE

1. Hälfte 19. Jahrhundert
Museum für Thüringer Volkskunde, Erfurt

Gehäuse:
vordere Ecken abgerundet, keine Anschnitte; außen Leimfarbe, innen Ölfarbenanstrich; Fenster: keine

Herd:
flach mit großer, halbrunder Feuernische, links kleiner Aufsatz mit Wärmefach; beklebt mit Ziegeltapete; flache Rauchhaube mit Schornstein

Mobiliar und Zubehör:
Wandregale, Tisch; Blasebalg, flache Eisenpfanne, Puddingform

3 (27)

KÜCHENHAUS MIT ECK-RAUCHFANG

1. Hälfte 19. Jahrhundert

Gehäuse:
außen tapeziert (ergänzt), innen Klinkertapete mit andersfarbigem Sockel (eigentlich Außentapete); geschweiftes Giebelbrett, kein Schornstein

Herd:
Pflasterstein, ergänzt; Rauchabzugshaube mit Gesims in der Ecke

Mobiliar und Zubehör:
Möbel Eiche natur; Tisch, Brettschemel, Bank, hohes Tellerregal und kleines Wandregal; nur Hafnerkeramik verschiedener Herkunft, Blechwanne und -eimer, Messingkellen (alles Ende 19. Jahrhundert)

Puppe:
Porzellanpuppe in Originalkleidung

4 (28)

BLECHKÜCHE MIT RAUCHFANGHERD

um 1850/60
Spielzeugmuseum, Sonneberg

Gehäuse:
Blech; innen gelb, außen dunkelrot lackiert

Herd:
Blech; in der Mitte der Rückwand fest eingebaut, mit zwei Türen übereinander; die Rauchhaube mit kurzem Schornstein

Mobiliar und Zubehör:
Möbelstücke durchweg lackiertes Blech, fest eingebaut; links an der Wand Geflügelstall mit Tränkrinne, darauf ein Fliegenschrank. An der rechten Wand Ausguß, dessen einfaches Laufrohr von einer außen angebrachten Pumpe gespeist wird. An den oberen Kanten der Seitenwände Geschirrborde, die Rückwand farbig betont, mit Haken (»Schauwand«), darüber schmale Blechstreifen mit Schlitzen zum Einstecken von Kerzenhaltern (vgl. Reinelt, S. 41).
Lackierte Blechgerätschaften, zum Teil später entstanden.
Laut Inventar wurde die Küche in Offenbach am Main gespielt. Parallelexemplar im Stadtmuseum München (Reinelt, S. 92).

5 (29)

RAUCHFANGKÜCHE MIT HOLZGEHÄUSE

um 1830
Deutschordenmuseum,
Sammlung Johanna Kunz, Bad Mergentheim

Gehäuse:
ohne Anschnittblenden; gestrichen

Herd:
»Stein«, gestrichen, mit halbrunder Feueröffnung, Rauchhaube und Schornstein

Mobiliar und Zubehör:
umlaufendes Bord am oberen Gehäuserand, Halbschrank, Regal, Tisch, Stuhl, Tellerbord, Geflügelstall
Back- und Puddingformen, Durchschläge, Kelle, Mörser, Kessel aus Kupfer und Messing. Kaffeeröster, Puddingkochform, Tortenspritze, Durchschlag, Kannen, Backförmchen aus Blech. Zinn- und Holzgerät, Keramik und Steingut, ein Steinzeugtopf blaugrau

6 (30)

PUPPENSTÜBCHEN MIT EINRICHTUNG AUS KOLORIERTEN KUPFERSTICHEN

Um 1800
Spielzeugmuseum, Sonneberg

Gehäuse:
Holz mit Papier beklebt

Fenster:
durch Kupferstiche imitierte, vierteilige Bleiglasfenster mit Gardinenimitation

Tapeten:
Paneeltapete und glatte Wandtapete mit Bordürenabschluß

Mobiliar und Zubehör:
Sofa, Tisch, zwei Stühle, Urnenofen. Alles zweidimensional in perspektivischer Darstellung; Papier auf Pappe aufgezogen, koloriert, mit kleinen Standleisten

Puppe:
Junge Dame im Empire-Kleid, zweidimensionale Pappfigur, koloriert

7 (31)

KLEINE BIEDERMEIERSTUBE

um 1825/30
(Dingelstädt im Eichsfeld)

Gehäuse:
vermutlich Eigenbau aus Brettern; außen Marmorpapier, Fußboden Ölfarbenanstrich; Anschnitte: zwei Halbsäulen mit Drechselteilen; Abdeckung durch einfache Sperrholzplatte

Fenster:
zwei feststehende Fenster, dreiflügelig

Tapeten:
innen mit alter Streifentapete neu tapeziert

Mobiliar und Zubehör:
Anrichte mit Aufsatz, Sekretär, Kommode; runder Mittelfußtisch; Stühle, Sofa; lila Samtbezüge mit Börtchen; runder Ofen, weiß lackiertes Blech mit Messingteilen (vgl. Henning, S. 71, Nr. 13)
Spiegel, Daguerreotypie, weiße Porzellanvase, Porzellangeschirr (später); Zinn: Schreibzeug, Leuchter, Zuckerschalen; Stickteppich

Puppe:
Porzellankopfpuppe in Originalkleidung

8 (32)

ZWEI ZIMMER MIT SPÄTBIEDERMEIEREINRICHTUNG

Mitte 19. Jahrhundert

Gehäuse:
mit Sockel, außen gestrichen; Anschnitte: Pilaster mit Kanneluren, oberer Abschluß Lünette, dazwischen Gesims, in beiden Räumen umlaufend; Holzteile dunkelrot lackiert

Fenster:
dreiflügelig mit Oberlicht, zwei bewegliche Flügel

Tapeten:
Wohnzimmertapete original, blau mit großen Spiegeln, Modeldruckbordüren und -borten; Fußbodentapete original; Verbindungstür mit aufgemalten Füllungen und Zinngriff

Mobiliar und Zubehör:
Wohnzimmer: runder Mittelfußtisch, gepolsterte Stühle mit Drechselbeinen, zweifach geschweiftes Löwenkopfsofa, Glasschrank mit Aufsatz, Spiegel, Blumenständer und »Kachel«-ofen aus Blech
Schlafzimmer: Metallbett mit Messingknöpfen und Holzmaserbemalung, Kommode und Schrank mit Säulchen, poliert; Wäschekorb, Petroleumlampe, Handspiegel

Puppe:
Wachskopfpuppe in Originalkleidung

9 (33)

BIEDERMEIERZIMMER IM HAUSARTIGEN KASTEN

um 1825/30
Münchner Stadtmuseum

Gehäuse:
Puppenstube mit Pyramidendach und zwei Flügeltüren zum Verschließen der Vorderseite; im papierbeklebten Dach zwei Schrägfenster; kein Sockel

Fenster:
je zwei in den Schmalseiten, je zwei in jeder Flügeltür

Tapeten:
original mit Bordüren, ebenso an den Flügeltüren innen; Fußbodentapete parkettähnlich

Mobiliar und Zubehör:
Wohnzimmereinrichtung frühes Biedermeier, runder Mittelfußtisch, Sofa, Stühle, Schrank, Spiegel, hoher, bestickter Ofenschirm und kleiner Metallofen auf hohen Beinen; einfaches Weichholzbett; Deckenlampe mit sechs Petroleumbrennern und breitem Blechschirm; ein großes, mehrere kleine Gemälde im Goldrahmen, Steckkalender, Porzellanuhr, Messinggardinenstangen

10 (34)

DREIZIMMER-GEHÄUSE MIT BRONZIERTEN KNÄUFEN

um 1885/90
Erzgebirge

Gehäuse:
außen lackierte Ziegeltapete im Läuferverband; Anschnitte: gedrechselte Halbsäulen mit Basis und Kapitell, beides mit Prisma; oberer Abschluß bronzierte Kugel; oberer Anschnitt reich profiliertes Gesims; hochstehender Sockel mit Kehlprofil

Fenster:
zweiflügelig mit Sprossenteilung zum Öffnen; zwei Türen mit vier Feldern, davon zwei verglast, stark profiliertes Futter

Tapeten:
original, zwei mit Modeldruck und Bordüre, Mittelraum maschinell gedruckte Fliesentapete; Fußbodentapete einheitlich, original

Mobiliar und Zubehör:
linker Raum: hoher Kachelofen, Tisch, Sitzbank, Schaukelstuhl, Damensekretär, alles mit viel Drechselteilen, Eiche hell, lackiert; Petroleumlampe mit Metallfuß, Schreibzeug aus Zinn, Preßglasschüssel, Deckenlampe aus farbigen Perlen; großblumiger Teppich
Mittelraum: Entree mit Wandlampen, Zinnguß bronziert, Tisch und Trumeau mit Marmorplatte, Sofa mit Balustrade, zwei Stühle, Klavierhocker; Handleuchter (bronziertes Blech), Milchglasvase
rechter Raum: Plüschsofa mit Bekrönung, Tisch, Stühle, Fußbank (alle Bezüge roter Plüsch, Drechselteile und gesägte Ornamente); dreiarmiger Tischleuchter (bronzierter Zinnguß), Bodenvase Keramik, Deckenleuchter passend zu den Wandleuchten des Mittelraumes

Puppen:
fünf Porzellankopfpuppen in Originalkleidung, davon zwei Herren in preußischen Uniformen

11 (35)

EINZELSTUBE MIT BIEDERMEIEREINRICHTUNG

um 1825/Ende 19. Jahrhundert

Gehäuse:
außen ziegelähnliche Fußbodentapete; alle Anschnitte durchgehend mit profilierter Zierleiste eingefaßt, gewellt

Fenster:
ein kleines, feststehendes Fenster, eine sehr kleine Seitentür (Schlupftür)

Tapeten:
mit Bordüre, Neobiedermeier, Modeldruck; Fußboden: Parkett-Tapete (1910/15)

Mobiliar und Zubehör:
Aufsatzschrank, Kommode, Glasschrank, Sofa, vier Stühle, Mittelfußtisch, Fußbank; gemalte Maserung; violette Seidenbezüge; streng geformtes Biedermeier, die Stühle »Seitenrahmen«-Modelle; Ofen: Blech, weiß lackiert (Märklin?); Messinggardinenstange mit Knipsern
Biskuitporzellanbüste, Zinn- und Glasgeschirr, Petroleumlampe aus Farbglas geblasen (Gründerzeit), Stutzuhr, Bilder in gedrechselten, runden Rahmen

Puppe:
Porzellanpuppe aus der Zeit

Das Gehäuse entstand vermutlich um 1870/75, die Einrichtung geht auf Modelle der Zeit um 1825 zurück.

12 (38)

SALON MIT ROTER DAMASTBESPANNUNG

Mitte 19. Jahrhundert

Gehäuse:
einfach, ohne Fenster (um 1900/10), getreppte Simsabschnitte als Anschnittabschlüsse; neu tapeziert mit rotem Damast (Gründerzeit)

Mobiliar und Zubehör:
Tisch, Stühle, Sofa, Damensekretär dunkelbraun lackiert, alle mit bronzierten Neurokoko-Beschlägen, sehr reich; Bezüge Seide, bedruckt mit bunten Blumen und Paradiesvögeln, Fußkissen ebenso; Perserteppich gedruckt (später)
Bilder und Spiegel mit »Barockrahmen«, Etagere mit Vogelbauer, runder Blumenständer, zwei ovale Blumenkörbe, alles bronzierter Zinnguß; Porzellanuhr auf Gueridon; kleine Wandpendeluhr und Konsölchen mit Leuchter. Porzellanschalen: reich verziertes Neurokokoporzellan

Puppen:
»Alice« im Originalkleid, Parian; Zwillinge in Originalkleidung, Porzellan

13 (39)

ZWEI ZIMMER MIT DURCHGANG NEUROKOKO

nach Mitte 19. Jahrhundert

Gehäuse:
zweifach getreppter Sockel mit umlaufendem Gesims; außen Ölfarbe, hellgrün; Anschnitte mit gedrechselten Halbsäulen, Kapitellabschlüsse als Muscheln, bronziert und hellgrün, nachträglich elektrifiziert, Messingschalter erhalten

Fenster:
unterteilt, feststehend

Tapeten:
erneuert

Mobiliar und Zubehör:

Wohnzimmer: geschwungenes Sofa, Tisch, Stühle und Buffet mit Lack und schabloniertem Neurokoko-Dekor im »Kaiserzeit«-Geschmack (Nachahmung der französischen Boulle-Technik), Goldbronze; Buffet als Schaubuffet mit mehreren Etagen, die von Elfenbeinsäulchen getragen werden; Zinnkollektion auf dem Schaubuffet
Schlafzimmer: Bett und Schrank Eiche natur, Tisch und Stühle dunkelbraun lackiert, Spiegelrahmen ebenso mit schabloniertem Goldbronzedekor; Kleiderständer gedrechselt, weiß lackiert, Koffertruhe mit grauem Papier bezogen (Werbung der Fa. Suchard?);
Landschaftsgemälde im Barockrahmen, Hüte und Hauben, Kaffeeservice

Puppen:

Porzellanpuppen aus der Zeit

14 (40)

KLEINE GRÜNDERZEITSTUBE UND KAMMER

um 1880/90

Gehäuse:

auf flachgetrepptem Sockel, außen bemalt mit hellen Spiegeln; Anschnitte: 3/4-Säulen mit Basen, Kapitellen und Abakus; schabloniertes, einfaches Ornament

Fenster:

mit Oberlicht, zwei Flügel zum Öffnen

Tapeten:

beide original mit Bordüren; Fußbodentapeten, beide original; im Wohnzimmer gestrichener Sockel

Mobiliar und Zubehör:

geschweifte Gardinenstangen, original
Wohnzimmer: Neorenaissance, helle Eiche mit Zinnbeschlägen; Vertiko, Trumeau, Sofa mit Überbau, Tisch, Stühle, Hocker; Zubehör: »Barock«-Bild, Porzellanvasen, Zinnschale auf Häkeldecke
Kammer: Schlafzimmermöbel Eiche hell mit goldfarbenen Zinnbeschlägen; Waschkommode Spätbiedermeier; Kanonenofen mit Rotbeize auf Zinnguß; Gemälde, Waschservice und Nachttopf

Puppen:

Porzellanpuppe »alte Dame«, Hausmädchen (Kleid später)

15 (42)

ZWEI ZIMMER MIT SCHWARZMÖBLIERTEM WOHNZIMMER

1890/1910, Erzgebirge

Gehäuse:

außen gestrichen, rote Linien auf elfenbeinfarbenem Grund (Spiegel); Anschnitte: Füllungssockel mit profilierten Blenden, rot-elfenbein

Fenster:

dreiflügelig, zwei bewegliche Flügel mit Oberlicht

Tapeten:

original mit Modeldruckbordüre (Silhouetten), im Schlafzimmer originale Fußbodentapete

Gardinenbretter und Verbindungstürrahmen farbig den Anschnitten entsprechend; Gardinenbretter mit Sprenggiebeln, Türrahmen mit Giebel

Mobiliar und Zubehör:

Wohnzimmer: Sofa mit Tisch und Stühlen, Buffet und Vertiko; schwarz lackiert mit Drechselteilen, die Stuhllehnen kompliziert durchbrochen mit Neogotikanklängen, gesägt und beschnitzt; Polsterung: rotes Leder, gepreßt
Fadenglaskelche und -vasen, Biskuitporzellanbüste (Kaiser Franz Joseph), Kachelofen und Kohlenkasten
Schlafzimmer: elfenbeinfarben lackiert mit sparsamer schwarzer Ornamentik, um 1910

16 (44)

GROSSE GRÜNDERZEITSTUBE, SALON

um 1890

Gehäuse:

ehemaliges Küchengehäuse (trapezförmiger Grundriß), außen und Blendleisten grau gestrichen

Fenster:

sechsteilig mit einem Öffnungsflügel

Tapeten:

Fußbodentapete (grüne Fliesen) original, Seidenverkleidung und Papierbordüre erneuert

Mobiliar und Zubehör:

aufwendige Kredenz, Klavier, Schreibtisch mit Aufsätzen, Tisch, Stühle, Sofa;
Zinnkaffeegeschirr, komplett, mit Zuckerschale; Papierkorb aus Zinn

Puppen:

Porzellanpuppen, Kleidung neu

17 (45)

PUPPENZIMMER MIT DACH UND OBERLICHT

Ende 19. Jahrhundert
Kreisheimatmuseum, Greiz

Gehäuse:

dreiseitig mit gestufter Abdeckung, Oberlicht im Querformat; Erker an der Rückseite; Vorderseite mit Giebel, darin ein lackierter Kupferstich; Eiche massiv

Fenster:

im Erker

Tapeten:

Holzvertäfelung, Anstrich, Fußboden Parkett, Zimmerdecke um das bemalte Oberlicht herum vertäfelt

Mobiliar und Zubehör:

Neorenaissance-Wohnzimmermöbel; Klavier, Wandleuchter, Zinn, Wandtelefon, große Gemälde, gedrechselte Balustrade als Begrenzung zum Erker

18 (46)

GROSSBÜRGERLICHES WOHN- UND SCHLAFZIMMER

um 1895/1900

Gehäuse:

Sperrholz auf zweifach getrepptem Sockel, außen Anstrich, Anschnitte als mehrfach gebänderte Pilaster mit Kannelierung

Fenster:

zwei, untergliedert

Tapeten:

Fußboden Parkett; Wohnzimmer: reiche Modeldrucktapete mit Rosenstöcken; Schlafzimmer: Linienkaro

Dekorationen:

breite Kerbschnittgardinenbretter mit Messingzierstück

Mobiliar und Zubehör:

Wohnzimmer: hoher Kachelofen, grün glasiert (eigentlich Sparbüchse, Werbung des Schornsteinfegermeisters Kurt Fiedler, Mühlhausen in Thüringen), Schrank, hohes und halbhohes Vertiko mit Drechselsäulchen und -knäufen, bronzierte Zinnbeschläge im Neurokokogeschmack, eingeleimte, farbige Biskuitporzellanrelieffigur einer Fortuna; schwerer Tisch mit gedrechselter Zarge, Stühle mit Seidenbezügen; Deckenkronleuchter aus Messingblech mit Milchglastulpen für Elektrobeleuchtung; große Petroleumlampe mit Metallfuß, vergoldetes Porzellantassenservice, Fotorähmchen aus Bronze, farbige Glasrömer, Plüschteppich
Schlafzimmer: Betten Eiche hell, natur, mit Schweifgiebeln und reicher Kissenausstattung (Lochstickerei, Spitzen); Nachttischlampe elektrisch, marmorierter Glasschirm. Waschtisch mit Marmorplatte, zwei ovale Bilder, Plüschteppich

19 (47)

»ALTDEUTSCHES ZIMMER« MIT ERKER

letztes Viertel 19. Jahrhundert

Gehäuse:

einfache, gehobelte Bretter, sehr stabil; außen: Ziegelmauerwerktapete

Fenster:

alle feststehend; drei schmale in den Seitenwänden, ein zweiflügeliges mit Oberlicht im Erker; Gliederung ornamental, im Erker Wabenmuster (anstelle von Butzen), Holzmaßwerk (Laubsägearbeit)

Tapeten:

alte Seidendamastimitation

Dekoration:

vor dem Erker Messingstange mit gestickter Samtportiere; an den schmalen Fenstern entsprechende Schabracken

Mobiliar und Zubehör:

Aufsatzschrank, Trumeau, Tisch und Stühle, Brettschemel mit Seitenstollen, ein Hocker
Erker: zwei Konsolbänke mit Seitenstollen, ein kleiner Tisch in Gueridonform; alle mit Laubsägedekor;

zinngefaßte braune Trichtergläser, zwei Tassenservice (Zinn), Besteckkorb mit Bestecken (Zinn), hohe Petroleumlampe (Zinnguß), Pallasch an der Wand (= Brieföffner)

Puppe:
»Alice«, Porzellan, im Originalkleid

20 (49, 50)

GRÜNDERZEITMOBILIAR MIT GITTERWERK

Böhmen, 2. Hälfte 19. Jahrhundert

Schlafzimmer:
Bett, Nachttisch, Schrank, Waschtisch; alle Möbel aus dunkelgebeizten Rahmenkonstruktionen, die Flächen mit filigran gesägtem Ornamentwerk gefüllt, Neurokoko- und Volkskunstelemente; Bettzeug mit Häkelbesätzen, Zinnleuchter und Waschgeschirr

Puppe:
Porzellankopfpuppe im Originalkleid

Wohnzimmer:
Buffet, Tisch, Lehnsessel und Stühle; Buffet und Tisch wie Schlafzimmermöbel, Sitzmöbel ausschließlich aus Ornamentteilen; Mischstil aus neobarocken und Neurokoko-Elementen

Puppe:
Porzellankopfpuppe im Originalkleid

21 (80)

GEHÄUSE FÜR EINEN FESTSAAL

Ende 19. Jahrhundert

Außen und innen mit illusionistisch bedruckten Tapeten

Außen:
Klinkermauerwerk mit Gesimsen, Fenster, Balustraden, stuckierten Lisenen; Anschnitte: Vortäuschung komplizierter Säulenschäfte; Nischenfigur

Innen:
Zweifensterfront mit Plüschgardinen, Anrichte mit Spiegel und Pfauenfeder-Arrangements darüber, paneeliert, Marmorsäulchen, Mustertapete weinrot, zwei Gemälde, zwei Bronzeplastiken, Zinn- und Fayencegeschirr. Schachbrett.
Für Automatenpuppen

22 (80)

KLEINER SAAL MIT BILDTAPETE

Ende 19. Jahrhundert

Gehäuse:
ursprünglich Faltpuppenstube für Automatenpuppen, durch Holzfußboden und Gesimsleisten stabilisiert; bez.: Fa. Gottlieb Zinner, Schalkau; Gehäuse: Privatbesitz

Tapeten:
Öldruck mit imitierter Wandgliederung: zwei hohe Fenster mit reicher Dekoration und Bleiglasscheiben, Mittelspiegel, Zweiflügeltür, ornamentierter Sockel; Porträts, Landschaften, Puttenfiguren imitiert

Mobiliar und Zubehör:
Tisch, Sitzbank, Armlehnsessel, Stuhl aus »Gußeisen«, schwarz lackiert; Filzteppich, Blumentöpfe, Geschirr sog. »Bauernsilber« (Glas, geblasen)

23 (52)

ZWEI ZIMMER IM WERKBUNDSTIL

1910/15

Gehäuse:
außen Ziegelsteintapete, Anschnitte mit Leiste verblendet, Ölfarbe

Fenster:
zwei, feststehend

Tapeten:
Fußboden original, Sterntapete; beide Wandtapeten um 1930 erneuert

Mobiliar und Zubehör:
Wohnzimmer: Eiche, dunkel gebeizt; strenger, tektonischer Aufbau, hoher Aufsatzschrank, Ausziehtisch, Vertiko, Sofa mit Überbau; quadratischer Blumenkübel, Steingut; Likörbecher-Service, Zinn; Serviettenständer, Zinn;
Schlafzimmer: Eiche natur; französisches Doppelbett mit Überbau, Sitzbank mit Überbau, Waschtisch, Thonet-Lehnstuhl, kleine Bank, Wassereimer, Steingut; Fransenteppiche

Puppen:
Porzellanpuppen in Originalkleidung

24 (53)

GROSSE DUNKELBRAUNE GUTSHOFKÜCHE

um 1890/1910

Gehäuse:
Grundriß trapezförmig mit vorspringender Sockelplatte, eine Stufe; alle Profile glatt, braun gebeizt; Tapeten ersetzt (ursprüngliche Tapete: »Delfter Fliesen«)

Herd:
schwarz lackiert mit gestanzter Blechtür (florale Ornamentik); Rohrbekrönung fehlt; Blechgeschirr

Mobiliar und Zubehör:
Möbel durchweg dunkelbraun gebeizte Eiche, zwölf Teile: Eckschrank halbhoch, hoher Fliegenschrank (Holz mit runden Drahteinsätzen), Gewürzschrank, Handtuchtrockner, Holzkasten, Tisch und Brettschemel; Wasser- und Petroleumkanne, Ausguß mit kleinem Tank (lackiertes Blech), Schemel mit Fußschüssel (lackiertes Blech), Brotbüchse, Kaffeemühle, Brotschneider; drei Maßkrüge mit Zinndeckel, Körbchen mit Früchten (Holz); Gruppe Hafnerkeramik, Töpfchen, vorwiegend aus Znaim/Südmähren

Puppe:
Biskuitporzellan mit anmodellierter Knotenfrisur, aus der Zeit

25 (54)

KÜCHE MIT EINGEBAUTEM HERD

Gehäuse um 1890, Möbel um 1860/70

Gehäuse:
heller Ölfarbenanstrich außen, Grundriß trapezförmig; Anschnitte pilasterähnliche Wandvorlagen, kanneliert mit gequadertem Rustikasockel;
innen: blau-gelbe Fliesentapete als halbhoher Sockel, Ölfarbenanstrich, Papierbordüre mit Farbdruck; Fußbodentapete zweifarbig, große Fliesen

Herd:
eingebaut, Holz, Fliesentapete wie an der Wand, Blechtüren

Mobiliar und Zubehör:
Möbel fast ausschließlich Blech, gelb lackiert mit Schablonendekor in Schwarz, um 1860/70 (Schrank, Fliegenschrank, Tisch); Hackstock mit Beil, Topfdeckelständer, Kellenbord (Fettlöffelträger), große Wasserkanne, Petroleumkanne, Holzgerätschaften

Puppe:
Porzellankopfpuppe mit Stoffbalg

26 (55)

GROSSE SPIELKÜCHE MIT EICHENMÖBELN

Ende 19. Jahrhundert

Gehäuse:
auf profiliertem Sockel; außen gemasert gestrichen; Anschnitte mit Flachleisten, Kapitelle, gewellte Bandintarsie

Fenster:
keine

Tapeten:
Sockeltapete Fliesen in Blau mit Mäanderkante, blauer Wandanstrich; Fußboden gestrichen in großflächigem Fliesenmuster

Herd:
Blech, schwarz lackiert mit drei Türen, gezackte Rauchrohrbekrönung, Originalgeschirr in Blech

Mobiliar und Zubehör:
Küchen- und Besenschrank, Wasserbank, Eiche natur, Aufwaschtisch mit Zinkblech ausgeschlagen; Blechausguß mit Wassertank spätere Hinzufügung; eisernes Waffeleisen zum Wenden, Puddingkochform, Wandkonsole mit Sieben, Messingfischheber, Petroleumkanne, Auflaufform, Tee-Ei, Wandkonsole mit Trichter und Schöpfmaß, Kuchenformen, umfangreiches Preßglassortiment

27 (56)

KLEINE GERÄTEKÜCHE MIT BLECHMÖBELN

um 1890/1900

Gehäuse:
Grundriß trapezförmig, Sperrholz mit einfachen Deckleisten, keine Anschnitt-Verblendung, zwei Wandborde seitlich, an der Rückwand durchgehende Hängeleiste

Fenster:
keine

Tapete:
Fußbodentapete: Fliesen

Herd:
mit Messingtüren und Tatzenfüßen, umlaufender Messingstange, Messingkessel und -töpfen (Bing, 1901)

Mobiliar und Zubehör:
hellbraun lackiertes Blech, Schrank mit durchbrochenem Neurokokogiebel, Stuhl als Nachahmung eines Holzbrettschemels, Tisch ebenfalls nachgeahmte Holzform (wahrscheinlich Bing, nach 1900); Hackstock, Wasserbank, Tellerwaage, Körbe, Blechgerätschaften, Vorratsbüchsen und -flasche aus weißglasiertem Porzellan mit schwarzen Aufschriften, rundes Frühstücksbrett aus Porzellan

Ursprünglich kleine Geräteküche, wo der Herd separat stehend benutzt wurde (s. Pletsch, Kinderbuchillustration, Abb. 62)

28 (57)

»BLECHKÜCHE« MIT VORRATSKAMMER

um 1900
Museum Göltzsch, Rodewisch

Gehäuse:
Grundriß rechteckig, alle Anschnitte mit Halbsäulen verblendet. Innen knapp halbhoher Fliesensockel (Tapete) mit Ornamenten, darüber ganze Wandfläche mit einfarbiger Fliesentapete und schmaler Bordüre. Fußboden Ölfarbenanstrich

Fenster:
keine

Herd:
Stufenherd mit geprägter Wandung und reliefierten Türen; Ofenrohr fehlt. Blechgeschirr (Bing?), Wasserkessel

Mobiliar und Zubehör:
Achtteiliger, zusammengehöriger Blechmöbelsatz mit geprägten Neurokokogiebeln und schablonierten Ornamenten im gleichen Stil. Besonders reiche Ausstattung mit Metallgeräten: Handkorb, Deckelständer, Löffelhalter aus Blech, Blechgeschirr auf dem Herd; Brotkapsel, Wanne, Eimer und Kanne aus lackiertem Blech in der Vorratskammer; Serviceteile und Vorratsgefäße aus Porzellan, zum Teil mit Zwiebelmuster blau unter Glasur bemalt

Puppe:
Porzellankopfpuppe aus der Zeit, teilweise neu bekleidet

29 (58)

PRUNK-KÜCHENEINRICHTUNG MIT BRANDMALEREI

Ende 19. Jahrhundert, Erzgebirge

Mobiliar:
Schrank mit ornamentalem Giebel, Milchglastüren mit geätztem Sterndekor, Aufwaschtisch, Wasserbank, Tisch und Stühle; alle Teile Naturholz mit flächiger Brandmalerei, stilisierte Blüten, farbig ankoloriert

Zubehör:
Eimer, Bottiche, Schöpfe, Krüge, Becher, Teller, Quirl, Kuchenrolle. Material und Technik wie oben

Puppe:
Weingartpuppe in Originalkleidung, Ende 19. Jahrhundert

Schau- und Vitrinenstück (vgl. Bachmann, Holzspielzeug, S. 101, S. 121)

30 (59)

ZWEI ZIMMER MIT VERBINDUNGSTÜR

Jugendstil, um 1900

Gehäuse:
außen hellgrün gestrichen; Anschnitte: lisenenartige Blenden (Rahmen mit schwarz ornamentierter Füllung), Stufenleisten-Kapitell

Fenster:
einflügelig, feststehend

Tapeten:
Bordüren original (Modeldruck), Flächentapeten später;
Durchgangstür mit Zinnklinke

Mobiliar und Zubehör:
Schlafzimmer: Möbel grau gebeizt mit blauer, großflächiger Linienornamentik, Sitzmöbel korallenrot gepolstert; Waschschüsselständer aus Blech mit Porzellankanne, gehäkelter Bettbezug, gestickter Vorleger, Blumentopf
Wohnzimmer: lackierte Möbel mit dreifarbig schablonierten Ornamenten; Schreibtischlampe mit apfelgrünem Milchglasschirm, Deckenlampe Zinngitterwerk mit Perlschnüren, winzige Bücher mit vergoldeter Rückverzierung im Schrank, Tischvase »Bauernsilber« (Glas, innen versilbert), Filzteppich mit Jugendstil-Stickerei

Puppe:
Porzellankopfpuppe mit anmodellierter Frisur in Originalkleidung

31 (61)

»ROSA SALON« PUPPENSTUBE MIT ZWEI ZIMMERN

um 1890/1900

Gehäuse:
einfacher profilierter Sockel, Deckleiste ebenso, Anschnitte mit stark vereinfachten Pilastern. Neuer Anstrich, grau; Zwischentür mit aufgemalter Füllung (überstrichen), halbrunde Giebelbekrönung

Fenster:
einflügelig mit Oberlicht, nicht mehr erhalten

Tapeten:
Kinderzimmertapete mit Spielzeugbordüre original, Salon mit alter Tapete neu ausgeklebt, Fußbodentapete ebenfalls

Mobiliar und Zubehör:
Salon: strenger Jugendstil, helles Holz, hellrosa Seidenbezüge, kleine Messingfestons als Beschläge; Vertiko mit Spiegel und Sprossentür, Trumeau; Ofen lackiertes Blech; Spiegelblaker, gedrechselte Obstschale, Parianporzellanbüste
Kleines Wohnzimmer: Gründerzeiteinrichtung, hellgraue Seidenbezüge; Causeuse mit Geländerlehne, halbrunder Kopflehne, gedrechselte Füße; Stuhl und Tisch ebenso; Stollenschrank mit Rückwand, Seitenetageren, gedrechselten Stützen, Blumenfeston in Braun (imitierte Brandmalerei, durch Schablone gespritzt) auf der Schranktür; Zinnguß-Vogelbauer; Geschirr, Zinnguß, bronziert; Gläser im altdeutschen Geschmack

Puppen:
Salon: Dame im originalen Zeitkostüm; Kleines Wohnzimmer: Stubenmädchen im originalen Zeitkostüm

32 (63)

WOHN- UND SCHLAFZIMMER

Jugendstil, um 1900/05

Gehäuse:
außen einfarbig beige tapeziert; kein Sockel; Anschnitte mit aufgeleimten Teilen, pilasterähnlich

Fenster:
zwei, feststehend

Tapeten:
ergänzt

Mobiliar und Zubehör:
Wohnzimmer: Jugendstilmöbel mit Biedermeierelementen (Kirschholzimitation mit schwarzen Leisten und Kanten); Polstersofa, Blechofen mit Zackenkranz; Zubehör: Kaffeeservice, Porzellan, Stickteppich, Petroleumhängelampe, Messinggardinenstange;
Schlafzimmer: Jugendstilmöbel mit Neobiedermeierbeschlägen (Festons, Rosetten), ähnliche Ornamentik auf der Bettdecke; Zubehör: Hängepetroleumlampe, Metallvase, Messinggardinenstange

Puppen:
ein Herr in Uniform, ein alter Herr mit Bart und Schlafrock

33 (64)

HAUS MIT PULTDACH, ZWEI RÄUME

Jugendstil, um 1900

Gehäuse:
mit zwei verglasten Fronttüren; Dach einfache Biberschwanzdeckung (Holzziegel); außen: gehauene Werksteine, gemalt. Um 1825/30

Fenster:
an den Seitenwänden, jeweils mit drei Sprossen

Tapeten:
mit Sockel und Bordüre (Modeldruck), Fußbodentapete, Parkett, original, um 1900

Mobiliar und Zubehör:
Schlafzimmer: grau lasierte Möbel mit Beschlägen;

befestigte Bettdecken mit bedrucktem Satin; Garderobenständer, Spiegelkommode; Wollteppich, Teeglas im Zinnständer, Deckenlampe mit Glasperlen; Wohnzimmer: Weichholzmöbel mit eingepreßter Jugendstilornamentik, besonders ausgepräg: im Spiegelrahmen; Zinngeschirr; Vogelkäfig, Zinn, schlanke Vase aus irisierendem Glas

Puppe:
Herr im Schlafrock, original; Schornsteinfeger auf dem Dach: eingehäkelte Porzellan-Badepuppe (»Frozen Charlotte«), deren Standfläche aus Filzscheiben als Tintenwischer diente. Schreibtischfigur

34 (65)

JUGENDSTILSALON MIT DUNKELROTEN MÖBELN

um 1895/1900

Gehäuse:
Einzelstube; Anschnitte mit Borte beklebt (ergänzt); außen: Ziegelsteintapete; zweites Zimmer abgesägt, Durchgangstür funktionslos

Fenster:
zwei, feststehend

Tapete:
Rosentapete mit Sockel und Bordüre; Fußbodentapete ähnlich Lincrusta

Mobiliar und Zubehör:
nicht zur Stube gehörend; Möbel in dunkelrotem Hochglanzlack mit Goldlinien; Bezug: hellgrüner Satin, bedruckt mit Kränzchen mit Festons; ausgefallene Modelle nach französischem Vorbild: Eckbank mit Spiegelaufsatz; sehr hoher Trumeau mit Konsole; Sofabank mit getreppter Bekrönung; hoher Vasen- oder Lampentisch; hohe Stehlampe mit gedrechseltem Schaft; Fadenglasschale; Porzellanbüste und ein Paar liegende Porzellanhündchen; Glasvasen und Weingläser; weißer Hund aus Fell

Puppen:
Porzellanpuppen aus der Zeit

Die Einrichtung gehört zu einem verschollenen Puppenhaus, das der Weimarer Kunstmaler Hans W. Schmidt am Beginn des 20. Jahrhunderts seinen Kindern schenkte.

35 (66)

EINEINHALB ZIMMER MIT JUGENDSTIL-KORBMÖBELN

um 1905/10

Gehäuse:
außen Leimfarbe, Anschnitte mit einfachen Leisten

Fenster:
zwei, feststehend mit Sprossen ohne Verglasung

Tapeten:
beide Räume mit ornamentaler Tapete (Art Deco), hoher Sockelfries mit Muscheln, oben glatter Farbstreifen; Fußbodentapete großes Fliesenmuster

Mobiliar und Zubehör:
Leisten-Gardinenbretter mit Durchbruchgiebeln; Wohnzimmer: Pappmöbel mit eingepreßtem Korbgeflecht, braun, mit Schaukelstuhl und Blumenkrippe; Teeservice, Glas, orange; angeklebter Papierzeppelin;
Schlafzimmer: Blechdrahtbett, Blechwaschständer; Waschgeschirr und Nachttopf

Puppe:
Porzellanpuppe in Originalkleidung

36 (68)

VESTIBÜL MIT NAIVER AUSMALUNG

um 1900/10

Gehäuse:
Holzkiste; Wände innen bemalt mit Streifen- und Rhombenmustern; zwei gemalte Fenster mit Gardinen mit Landschaftsausblicken, dazwischen hohe Tür mit Portieren und Durchblick in ein salonartiges Zimmer, dort auch große Tür; lose eingelegter Linoleumfußboden mit Bemalung (Fliesen und Teppich)

Mobiliar und Zubehör:
Korbmöbelsitzgruppe mit Tisch (Peddigrohr); Blumenständer aus Strohgeflecht; Porzellanteile Spätbiedermeier, weiß mit Goldstreifen, Handkerzenleuchter, Porzellan, Deckenleuchter mit Kerzen, »flämischer« Stil, aus Holz und Draht

Puppen:
Blechkopfpuppe mit anmodellierter Frisur, Originalkleidung

37 (69)

SOMMERSÄLCHEN MIT GOLDDRAHT-MOBILIAR

um 1900

Gehäuse:
Neuanfertigung im Mischstil, Sperrholz, außen gestrichen; Sockelgesims, Anschnitte mit Blattkapitellen und linearen Ornamenten; Zwischenwand aufgelöst in gesägte Ornamentleiste oben, zwei Balustraden mit Durchgang unten, weiß lackiert

Fenster:
zwei ungegliedert mit durchbrochener Bekrönung (Laubsägearbeit)

Tapeten:
originale Blümchentapeten und Fußbodentapete (Parkett)

Mobiliar und Zubehör:
Wohnzimmer: Tisch und Stühle im Thonet-Stil. Servierwagen, Blumen- und Handarbeitsständer (mit Fingerhut und Schere!) mit Gründerzeitelementen, Metallguß;
Schlafzimmer: Metallbett mit Drahtgitterseiten, einfacher Metallstuhl, Staubtuchkorb und Arzneischränkchen; alle Einrichtungsgegenstände goldbronziert; große Petroleumlampe, Bilder, Spiegel

Puppen:
Dame (Porzellan) mit ergänzter Kleidung; Kind (Porzellan) im Originalkleid

38 (70)

»RUDOLSTÄDTER KÜCHE«

Jugendstil, 1913

Gehäuse:
Grundriß trapezförmig; stabiles, massives Brettergehäuse, außen dunkler Ölfarbenanstrich, innen, halbhoch, Fliesenimitation, gemalt; geflammte Holzleiste (reliefiert) unter der oberen Abschlußleiste, darunter spätere, gemalte Bänderkante mit Blumen (Art Deco). Fußboden: Fliesenimitation, geritzt und gemalt; Anschnitte: Kropfleisten, einfach

Herd:
schwarz emailliertes Blech, fliesenartig geprägt, Porzellanknauf; Blechgeschirr (vgl. Reinelt, S. 79)

Mobiliar und Zubehör:
Möbel: Ahorn, natur, lasiert; Schrank, Regal, Hängeregal mit Schubfach, Aufwaschtisch, zwei Tische, Stühle, Handtuchhalter; alle Möbel mit konstruktiv verwendeten Jugendstilelementen; Mehlmeste, Holz; Petroleumkanne, Kohlenschütter mit Schaufel (Blech); Brottrommel, Holz; Keramikkörbchen, bemalt; Porzellan-Napfkuchenform, außen kupferfarben; fein geflochtener Korb und Reisstrohbesen

Die Küche wurde von einem Rudolstädter Tischlermeister für seine Tochter angefertigt.

39 (71)

JUGENDSTIL-GERÄTEKÜCHE MIT NATURHOLZMÖBELN

um 1900

Gehäuse:
Grundriß trapezförmig; Sperrholz, gestrichen, auf einmal getrepptem Sockel. Anschnitte als basenlose Pilaster mit einfach getreppten Kapitellen, darunter schabloniertes Pendelornament in Schwarz

Fenster:
Dreiflügelfenster, Oberlicht zwölffach geteilt (Sprossen)

Tapeten:
Fußboden dunkle Fliesentapete, Wände glatt gestrichen

Herd:
nicht vorgesehen

Mobiliar und Zubehör:
Naturholzmöbel mit geschliffener Oberfläche, stilistisch Mischformen von Biedermeierelementen (Schrank) über Gründerzeit (Seitenborde, Hängeregal) bis Jugendstil (Anrichte, Wasserbank); Gewürzschränkchen, Wandgestell mit Kuchenrolle und Kellen (Porzellan mit Holzgriffen) (vgl. Reinelt, S. 151); Krüge, Salz- und Mehlmesten, Vorratstöpfe, Filter, Backformen und Reibeisen aus mit blauer Unterglasur bemaltem Porzellan thüringischer Herkunft

Puppe:
Porzellankopfpuppe mit ergänzter Frisur, Kleidung neu im Zeitgeschmack

40 (72)

BLAU-WEISSE KÜCHE OHNE FENSTER

um 1900/05

Gehäuse:
Grundriß trapezförmig; außen Leimfarbenanstrich. Anschnitte: oben abgerundete Leisten, einfache, vertiefte Linien. Oberer Abschluß innen: Mäanderband, Papier

Tapeten:
Fliesentapete in halber Höhe, darüber Leimfarbenanstrich. Fußboden: ursprünglich Fliesentapete, schadhaft; Linoleum lose eingelegt

Herd:
vier glatte Messingtüren mit Wirbeln; Blechgeschirr mit Messingdeckeln und hohen Kugelknäufen (Bing?)

Mobiliar und Zubehör:
Schrank und halbhohe Anrichte, drei Hakenbretter verschiedener Größe und Form, Stuhl, Bank; alle Möbel mit Ölfarbenanstrich; Elfenbein, hellblaue Kanten und Punktkränze.
Durchweg weißes Geschirr, einschließlich zwei Siebe aus Porzellan; Deckelbüchse »Warme Würstchen«, Quirl, Fleischklopfer u. a. mit Holzstielen. Weiß emaillierte Blechgerätschaften: Kaffeemühle, Dosen, Eimer, Schöpftopf an Konsole, Hakenbrettchen für Spülbürste, Petroleumlampe. Diverse Backformen aus Aluminium und Blech, Tellerwaage, Handkorb aus Weidengeflecht

41 (73)

KÜCHE IM BÄUERLICHEN GESCHMACK

um 1915

Gehäuse:
Sperrholz, unbemalt, untapeziert; Anschnitte: einfache Leisten, Fußboden großflächige Dielung; eine seitliche Tür, einseitig als Füllungstür imitiert

Fenster:
ein zweiflügeliges Fenster mit Oberlicht, Plexiglas

Herd:
nicht vorgesehen

Mobiliar und Zubehör:
Küchenschrank mit Schweifgiebel, Wandschränkchen (Teekaddy?), Anrichte mit Tellergestell, Schüben und Klappe, Tisch mit Zwischenboden, Hocker mit Brettfüßen, Halbschrank, Stuhl. Alle Möbel weiß lackiert mit Blümchenmalerei; Kaffeemühle, Messingkessel, verschiedene Keramiktöpfchen, Häkelteppich

Puppe:
Porzellanpuppe in originaler Dirndlkleidung

42 (74)

KÜCHE MIT EINGEBAUTEM SCHRANK

um 1905/10

Gehäuse:
Grundriß trapezförmig; außen gebeizt, innen Tempera mit einfachen, gemalten Käntchen; Linoleumfußboden; Anschnitte: Leisten mit sehr einfachem Bronze-Dekor

Fenster:
ein Fenster rechts mit bankartigem Fensterbrett

Herd:
Schwarzblech mit glatten Messingtüren, einfachen Laschenfüßen, Blechgeschirr (um 1875). Rauchrohr

Mobiliar und Zubehör:
über dem eingebauten Schrank vorgezogene Blende, Tisch und Stuhl weiß lackiert mit Linoleumbelag. Blechküchengerät, Kienspanschneider, Holzlöffel-Konsole mit Kuchenrolle, gußeisernes Bügeleisen mit Untersatz

Puppe:
Biskuitporzellan, Armand Marseille; Kleidung kopiert

43 (75)

»KLEMPNERKÜCHE«

1913

Gehäuse:
Grundriß trapezförmig, Anschnitte einfache Leisten, außen mit einfarbigem Papier beklebt, ein Außentank aus Zinkblech (Ablauf); innen: Fußboden Linoleum. Innentank als Schornsteinimitation, Leitung zum Metallausguß »unter Putz« verlegt

Fenster:
ein Mittelfenster ohne Flügel, feststehend

Tapeten:
Fliesentapete blau-weiß mit Bordüre in voller Wandhöhe

Herd:
schwarz lackiertes Blech mit geprägter Jugendstil-Ornamentik am oberen Rand und den Herdtüren, Blechgeschirr

Mobiliar und Zubehör:
Möbel Fichte natur, lackiert: Tisch, Stühle, Bank, Aufwaschtisch, drei Borde, Küchenschrank mit Nische und verglastem Oberteil; Mandelmühle, Kohlenkasten, Aluminium- und Blechgerätschaften, Porzellanmenage, Tellerwaage, Porzellangeschirr

Anfertigung eines Klempners in Weimar für seine Tochter

44 (76)

GROSSE KÜCHE MIT DELFTER BORDÜRE

um 1905/10

Gehäuse:
Grundriß trapezförmig; gestufter Sockel, außen glatter Anstrich; Anschnitte: Leistenblenden weiß mit schwarz schabloniertem Ornament im Werkbund-Stil

Fenster:
ein seitliches Fenster, zweiflügelig mit feststehendem Oberlicht

Tapeten:
hoher Sockel mit zwei verschiedenen Mustern, am Gehäuserand breite Bordüre mit holländischen Landschaften in Blau; Fußboden: Fliesentapete

Herd:
schwarz lackiert mit Messingtüren und Kupfergeschirr, Rauchrohr ergänzt (Märklin 603, 1909, Reinelt, S. 153)

Mobiliar und Zubehör:
Möbel in weißem Schleiflack, vergilbt, hoher und halbhoher Schrank, Tisch, Stuhl, Wasserbank, Wandbrett mit zwei Schubkästen; Porzellanvoratstöpfe, im Werkbundstil ornamentiert, Wassertopfkonsole und Putzmittelkonsole aus lackiertem Blech, Kaffeemühle, Zwiebelnetz, Wiegemesser, Tellerwaage, ein Satz blau-emaillierte Kochgerätschaften

Puppe:
Porzellankopfpuppe in Originalkleidung

45 (77)

ZWEITEILIGE KÜCHE MIT DELFTER TAPETE

1910/20
Deutschordenmuseum,
Sammlung Johanna Kunz, Bad Mergentheim

Gehäuse:
mit Zwischenwand und senkrecht profilierten Anschnittb enden, weiß, schwarz abgesetzt

Tapeten:
wandhoher Fliesensockel mit breiter Delfter Bordüre am oberen Rand

Herd:
Firma Dieterich, Ludwigsburg, mit Kupfertöpfen

Mobiliar und Zubehör:
Tellerborde, verglaster Geschirrschrank, Halbschrank, Tisch, Stuhl (natur, rot gerändert); weiß emaillierte Töpfe, Pfannen und Gerätschaften; Porzellangeschirr, Gläser, Mandelmühle, Znaimer Keramiktöpfe, Steinguttortenplatte, Besen, Ausklopfer

(Reinelt, S. 91 unten)

46 (78)

SCHLAFZIMMER

Neue Sachlichkeit um 1925/30
Rheinisches Freilichtmuseum,
Landesmuseum für Volkskunde,
Mechernich-Kommern

Gehäuse:
Sperrholz, keine Anschnittblenden, kein Gesims

Fenster:
ein Querformatfenster ohne Gliederung

Tapeten:
aus der Zeit, ohne Absatz

Mobiliar und Zubehör:
Bett, Nachttisch, Schrank, Waschbecken-Umbau, Frisiertoilette, Hocker, Regal, Schaukelstuhl; alle

Teile aus Rahmenkonstruktionen in starkem Draht (Nachahmung von Stahlrohr), funktionsbetont; Holzteile farbig lackiert

47 (79)

MÖBELGRUPPE MIT FILZHANDARBEITEN IM BAUHAUSSTIL

um 1920

Quadratischer Tisch mit Beinen in Eckstellung, vier Armlehnsessel, konstruiert nach dem Seitenrahmenprinzip mit gewölbten Sitzen und Lehnen aus massivem Holz.
Filzteppich und -kissen in Mosaiktechnik geometrisch zusammengesetzt

48 (80)

MÖBELGRUPPE AUS DRAHT UND BLECHSTREIFEN

Neue Sachlichkeit, nach 1926

Drahtstühle in Anklang an »MR«-Modell von Mies van der Rohe aus einem Stück gebogen und mit Blechstreifen, Sitz und Lehne, zusammengehalten. Tisch frei angepaßt mit runder Blechplatte und verdrillten Drahtbeinen. Massepuppe in Originalkleidung

49 (81)

WOHNZIMMER MIT RUNDBOGENFENSTERN

um 1925

Gehäuse:
außen: Ölfarbenanstrich. Anschnitte: nicht beachtet; Zwischentür gebeizt

Fenster:
mit halbrundem Oberlicht (ohne Rahmenkonstruktion), Sprossen auf das Glas gemalt

Tapeten:
nur Bordüre erhalten, original; Fußboden original

Mobiliar und Zubehör:
Wohnzimmer: Buffet und Halbschrank: »Stilmöbel« mit Barockelementen, lackiert; Stühle gepolstert, Deckenlampe, Glockenschirm mit dunkelgrüner Seide, Porzellanbüste, Glasvasen; Weihnachtstisch mit geschmücktem Tannenbäumchen, Puppenbett, gedrechselten Figuren (Erzgebirge), Ball, Holzeisenbahn;
Küche (nicht abgebildet): Herd: flach, ohne Beine, Zinkblechtür, ornamentiert. Gründerzeitmobiliar (Neorenaissance), Eiche natur, lackiert: Schrank, Hängeregal, Tisch und Bank;
Zubehör: Emaillegeschirr hellblau-weiß gesprenkelt; ein Satz Krüge Strohmuster auf schräger Riffelung; das gleiche Relief auf einem zweiten Satz Krüge mit Goldrand; Mehlporzellanmeste; zwei Blechdosen mit Deckel, Zwiebelmuster, Steck-Kalender

Puppen:
Wohnzimmer: Puppe im Originalkleid (Weingart)
Küche: Porzellankopfpuppe im Originalkleid (Simon & Halbig)

50 (82)

EINZELNES WOHNZIMMER MIT EINGEBAUTEM SPIEGEL

1922/25

Gehäuse:
trapezförmiger Grundriß, der ursprünglich dazugehörigen Küche angepaßt; Leimfarbenanstrich, einfache Leiste an den Anschnitten

Fenster:
Öffnungen ohne Rahmen

Tapeten:
original; Gardinenleisten weiß-gold, Zickzack-Ornament

Mobiliar und Zubehör:
Eiche, dunkel gebeizt; Stuhlsessel, Mittelfußtisch, Buffet, Standuhr (zugefügt), Chaiselongue mit Metallfüßchen und Löwenköpfen (Messing), Rosendruckstoffbezug; versilberte Vase, Glasschale, Blumentöpfe, Landschaftsbild; feste Ausstattung (Spiegel, Gardinenleisten) im Neobiedermeiergeschmack

Puppen:
Junge Frau: Porzellankopfpuppe im Originalkleid.
Kleinkind: Porzellan im Originalkleid

51 (83)

ZWEI ZIMMER MIT GROSSEM ERKER

Mitte zwanziger Jahre

Gehäuse:
außen Ölfarbe hell; Anschnitte: Pilaster mit abgesetzten Kanten, Abdeckleiste

Fenster:
vier, feststehend

Tapeten:
teilergänzt mit originaler Bordüre (ergänzte graue Tapete, um 1890, Bordüre zwanziger Jahre). Fußbodentapete später

Mobiliar und Zubehör:
Musikzimmer: dunkelgebeizte Eiche; Flügel, Schreibtisch mit Stuhl, Standuhr; Glasleuchter.
Wohnzimmer: dunkel gebeiztes hohes Buffet, großer Sessel mit Fußbank, Klöppelstock mit Klöppelkissen, weiß lackierte Blumenkrippe; Teeservice aus Porzellan

Puppen:
Porzellanpuppen in Originalkleidung

52 (84)

GROSSE PUPPENSTUBE MIT DREI RÄUMEN UND FLUR

Erzgebirge, 1922

Gehäuse:
außen: Sockel als Schichtenmauerwerk, Wände mit Tapete als Ziehputz.
Eckerker: Polygon mit vier Fenstern und roter Abdeckung; Anschnitte: mit halbierten Eierstäben, Kapitelle und Basen flächig; obere Anschnitte abgedeckt durch abgerundete Leisten; hölzerner Unterbau, an der Spielseite als zweifache Abstufung, an den Außenwänden als schräger Sockel, Klosettraum oben abgedeckt; drei Durchgangstüren, Futtertüren mit je drei Füllungen

Fenster:
mit Drehflügeln und Oberlichtern, alle zu öffnen (bemerkenswerte handwerkliche Durchführung), Miniaturbeschläge, zum Teil aus Messing. Blumenkästen außen am Erker und an einem Fenster, Gitterwerk

Tapeten:
alle original mit Bordüren, originale Fußbodentapeten, alle verschieden; Gardinenstangen aus Messing mit Knipsern

Mobiliar und Zubehör:
Schlafzimmer: Standardeinrichtung, grünweißlich lackiert. Handspiegel, Koffer, Klöppelüberdecke, Pantoffel;
Küche: weiß lackiert mit Linoleumbelag; hölzerner Küchenherd mit Fliesenrückwand (Eigenbau). Kuchenattrappen, Wandkaffeemühle (zu groß), Tassenservice Milchglas;
Flur mit kleiner Treppe zum Klosett: hölzernes Klosett mit Messingknauf am Deckel;
Wohnzimmer: Möbel mit gemalter Maserung, Buffet, Anrichte, Schränkchen; Kachelofen; Polstermöbel mit Kordbezug; Obstschalen als Attrappen; Rauchservice, grünglasiertes Porzellan;
in allen Räumen originale Beleuchtung mit Messingschaltern

Puppen:
Biegepuppen, Herr, Dame, Hausmädchen, Kinder, aus der Zeit

53 (85)

GROSSE PUPPENSTUBE, DREI RÄUME MIT DURCHGANGSTÜREN; KÜCHE, SCHLAFZIMMER, WOHNZIMMER

1925/27

Gehäuse:
außen Ölfarbe, Anschnitte: glatte Deckleisten, oben abgerundet; Durchgangstür, im Maßstab

Fenster:
drei, ungegliedert

Tapeten:
Küche und Schlafzimmer original, Wohnzimmer mit alter Tapete ergänzt; Küche wandhoch mit Fliesentapete und Bordüren; Tapezierung laienhaft, vielleicht von Kindern ausgeführt

Mobiliar und Zubehör:
Küche: Tisch, Stuhl, Schrank, Wasserbank weißlackiert mit schwarzen Füßen; Herd: schwarzes Blech, Messingtür, Blechtopf (unvollständig, um 1910); Kochkiste, Porzellangeschirr, Kanne mit blauer Kupferdrucklandschaft.
Schlafzimmer: zwei Betten, zwei Nachttische, Schrank, Waschkommode mit Spiegel (Standardeinrichtung), Wäschepuff aus Holz, elfenbeinfarben lackiert mit schwarzen Linien; Nachttischlampe, Waschgeschirr.

Wohnzimmer: Standuhr, Buffet und Schreibtisch, Eiche dunkel mit gedrechselten Perlstäben; »altdeutsche« Maßkrüge aus Zinn und Steinzeug, Schreibmaschine, handgewebter Teppich

54 (86)

ETAGENPUPPENSTUBE, VIER RÄUME

um 1939/42

Gehäuse:
Kistenholz mit Ölfarbenanstrich (Eigenbau), Anschnitte Leisten, gestrichen. Im Erdgeschoß Außentür, darüber Balkon

Fenster:
ohne Gliederung; zwei Türen

Tapeten:
original erhalten; Kinderzimmer und Küche mit Bordüren, Wohnzimmer teilergänzt

Mobiliar und Zubehör:
unten Küche und Wohnzimmer. Küche: Fliesentapete, blaugestrichene »Bauernmöbel«, Gasherd grün lackiertes Blech; Elektrokocher, Bütte, Wandkaffeemühle, Handtuchhalter. Kinderzimmer: Gitterbett und rotes Laufgitter, Spielzeugregal blau gestrichen, Lampe mit kleinen Vögeln, Kachelofen Holz; Miniaturspielzeug, u. a. Sonneberger Reiterlein. Schlafzimmer: Standardeinrichtung, lasiert, Nähkasten, Stickteppich. Wohnzimmer: Tisch, Stühle, Buffet, Schreibtisch, Schreibmaschinentisch, Stehlampe mit Doppeltisch, eingebauter Eckofen, Schreibmaschine, Löscher, Volksempfänger, gedrechselter Tischleuchter, Adventskranz mit Ständer

Puppen:
Massepuppen aus der Zeit, darunter ein »Hitlerjunge«

55 (87, 88)

PUPPENHAUS, VILLA DER DREISSIGER JAHRE

Gehäuse:
zweigeschossiges Haus mit Dachgiebel, zwei Balkons, Garage, Terrasse; hoher Brettersockel, außen Putztapete; Schauseite: Ziegeldach (Tapete) mit Schornstein, alle Fenster mit Läden und Blumenkästen; Garage mit Auffahrtsrampe, darüber Wäschebalkon; Außentreppe, Terrasse mit Außenlaterne, vorspringender Seitentrakt mit Balkon und Balkontür; Außengelände mit Blumenbeeten.
Spielseite: alle Räume mit Fußbodenparkett-Tapeten außer Bodenkammer; einfache Wandtapeten der Zeit. Lichtschalter

Mobiliar und Zubehör:
Küche:
Herd weiß emailliert mit Backröhre und Aluminiumtöpfen, daneben kleiner Gasherd. Tisch, Stühle, Schrankregal mit Vorhang; Besen, Kehrschaufel, Eimer, bestickter Einkaufsbeutel

Schlafzimmer:
Doppelbetten, lackiert, breite Tagesdecke und Kissen. Spiegel, zwei Nachttische mit Nachttischlampen, kleines lackiertes Spielregal. Gardinen aus Papierspitzen. Treppe ins Obergeschoß

Obergeschoß:
Treppenabsatz mit Kinderstuhl und Deckenlampe, die mit Spielzeugfiguren besetzt ist. Seitlich Wäschebalkon mit Wäschestangen

Großes Wohnzimmer:
Buffet, Tisch, Stühle, klobiges Sofa, kleiner Kachelofen, Wandbehang, Tischlampe mit Papierschirm, Gardine aus Papierspitzen

Balkon:
Plankengeländer, Liegestuhl, Gartenmöbel rot lackiert, Blumenkasten mit Pflanzengitter, Korb-Babywagen

Giebelstube:
Abstellkammer mit Stehleiter, Tisch, Sofa

Reiche Anlage mit unlogischer Ausstattung: die Haustür führt ins Schlafzimmer, von dem aus auch die Treppe nach oben führt, also eigentlich eine Diele; kein Kinderzimmer;
Puppen aus der Zeit, ein »Vater« (um 1925) im Liegestuhl

56 (90)

FALTPUPPENSTUBE

um 1940

Gehäuse:
sechsteilig mit trapezförmigem Grundriß, Pappen mit Kalikostreifen verbunden
Außen: Wolkenmarmortapete, innen zwei Fenster mit Stadtlandschaften, Tür mit Zimmerdurchblick (Repros), Fußboden Parkett mit aufgedrucktem Teppich. Firmenbezeichnung »Goedsche«

Mobiliar und Zubehör:
Sitzbank und Sessel mit roten Linonbezügen, kleiner Tisch, Stehlampe

Puppen:
Porzellanpuppen in Originalkleidung

57 (91)

DOPPELSTUBE MIT QUERERKER

um 1935

Gehäuse:
außen Ölfarbenanstrich, ringsum mit lackierten Leisten eingefaßt. Durchgangstür

Fenster:
drei, feststehend mit schmalen Sprossen

Tapeten:
in beiden Räumen gleich, original; Erker gestrichen

Mobiliar und Zubehör:
Wohnzimmer: Standuhr, Tisch, Stühle Eiche lackiert; Polstersessel und Stuhlbezüge Cordsamt, bedruckt. Im Erker Korbmöbel, Stickteppich, geblümtes Kaffeeservice aus Porzellan.
Schlafzimmer: einfache Standardeinrichtung, weiß lackiert, ovales Bild, ältere Wärmflasche.
In allen Räumen Gardinen mit Blümchenstickerei an bronzierten Leisten

Puppen:
Mischmasse, Glieder verdrahtet, Kunsthaarperücken mit seltener Kranzfrisur

58 (92)

FALTKÜCHE

um 1935/40

Gehäuse:
zwei Seitenwände, breitere Rückwand, Pappe, mit Kaliko zusammengehalten; Außenseiten mit Papier kaschiert. Kein Fußboden

Tapeten:
innen in ganzer Höhe Fliesentapete und Bordüre

Mobiliar und Zubehör:
kein Herd; Naturholzmöbel Jugendstil, mit geschweiften Umrissen: Schrank, Tisch, Regale, Wasserbank (um 1900/05);
Zubehör variabel

59 (95)

KLEINE KÜCHE MIT SCHLEIFLACKMÖBELN

1942/48

Gehäuse:
Grundriß fast rechteckig; Sperrholz mit glatten Abschlußleisten, auch die Anschnitte glatt. Zwei durchgehende Fußleisten

Fenster:
großes seitliches Fenster mit drei Flügeln

Tapeten:
Fußboden: Fliesentapete, Wand mit hohem Sockel, Fliesentapete/Anstrich

Herd:
weiß-emailliert mit Stahlplatte, emaillierter Wasserkessel

Mobiliar und Zubehör:
Küchenschrank mit Ober- und Unterschrankteil, abgerundete Ecken und Schubladen, weißer Schleiflack; Tisch, Stühle, Besenschrank, Anrichte ebenso. Milchglaskugellampen, auch als Wandlampe. Kohlenkasten, Eieruhr, Blumentöpfe, Kaffeemühle, Küchenuhr, Doppel-Bügelbrett, Handtuchtrockner, Thermosflasche, Besen

Puppen:
Zelluloidpuppen aus der Zeit

60 (96)

PUPPENSTUBE

Erzgebirge, 1978

Gehäuse:
Ein Raum mit großem Fenster, ein Raum mit Balkendecke und Eckkamin. Hartfaserplatten, außen und innen gestrichen. Fußboden Sperrholz mit Folientapete, Holzmaserung
Modell 13600/129/030 des Betriebs Holzspielwaren VERO, Olbernhau: »Doll's sitting room with beam ceiling«

Mobiliar und Zubehör:

»Bauernstube«: Tisch, Stühle, Wiege, Tellerbord, Schränke blau lackiert mit Punkten; Kindermöbel weiß. Wohnzimmer: breiter weiß lackierter Schrank, Polstermöbel und Tisch mit weißen Gestellen (Rundteile Plaste), gedruckter »Perser«-Teppich. Erzgebirgische Miniaturpyramide, verschiedene holzgedrechselte Service auf Tabletts (Erzgebirge)

Puppen:

Plaste, in Originalkleidung

61 (98)

MINIATURPUPPENSTUBE

Erzgebirge, Ende 19./Anfang 20. Jahrhundert

Kleines Gehäuse auf trapezförmigem Grundriß mit abgerundeten Vorderecken aus massiven Brettchen. Festgeklebte Einrichtung: Garderoben- und Schirmständer, Leuchterpaar, Säulenofen und runder Tisch mit Bechern (Holz), Rundbilder (Holz), Stehende Frau (»Spielzeug-Männel«). Als Gardine Klöppelspitze

62 (99)

PUPPENSTUBE IN DER ZÜNDHOLZSCHACHTEL

Erzgebirge, Anfang 20. Jahrhundert

Zündholzschachtel mit Werbe-Etikett der Fa. »Edeka« mit Reibfläche, Fa. Carl Meyer, Olbernhau.
Bemalter Schachtelboden als Zimmerwand mit Rundbogenfenster und Landschaftsausblick, gemaltes Wandgestell mit Töpfen, Kaffeemühle und Gerätschaften

Mobiliar:

Tisch, Stuhl, Uhr, Ofen mit Ofenbank und Katze; Mann am Tisch, Frau am Butterfaß (Holz)

Variante zu »Erzgebirgische Bauernstube mit der Ofenbank«, erstes Muster der um 1905 durch den erzgebirgischen Spielzeug-Verleger Heinrich Emil Langer eingeführten Miniatur-Stuben (vgl. Bachmann, Holzspielzeug, S. 201 und 203).

63 (100)

KLEINES BLECHBADEZIMMER

um 1914

Dreiseitengehäuse mit Boden, weiß lackiert mit hellblauen Rändern. Trennwand für Klosett oder Dusche. Eingebaute Einrichtung: Badewanne, Wasserhahn, rückseitig mit Tank, Spiegel, Handtuchhalter

64 (102)

KLEINES BADEZIMMER

Holz, um 1920/30

Gehäuse:

Holz, innen mit weißem Blech, fliesenförmig gestanzt, verkleidet. Gehäusekanten hellblau gestrichen. Abteilung für kleines rundes Klosett aus Holz mit Deckel

Tapeten:

Fußboden: weiß-blaue Fliesen

Einrichtung:

Badewanne Keramik, gemarkt (nicht identifiziert), Badeofen weißgestrichenes Blech, oben Öffnung; Waschbecken mit Innentank, Blech; Spiegel. Handtuchhalter, Küchenstuhl, Nachttopf

65 (103)

FREIBAD AUS BLECH

um 1920/25

Rechteckiges Becken mit umlaufendem Rand; eine Schmalseite mit imitiertem Plankenzaun umgeben, darin »Holz«-Bänke. Messinghaken, Engeldekoration (Abziehbilder). Gegenüber Sprungturm mit Leiter; Brause mit Pumpe (vom Becken her). Trennkette an Pfosten für »Schwimmer« und »Nichtschwimmer«
Außen: grüne Ölfarbe

Zubehör:

Strandkörbe aus Spaltweide und Bast; Liegestuhl

Puppen:

Porzellanpuppen in Originalkleidung

66 (104)

PAVILLON

um 1915/20

Gehäuse:

sechseckig mit einfachen Stützen, Gitterwerk und Brüstung mit vereinfachten, flachen Balustern, Schweifkuppeldach, sechsgeteilt, mit Knauf. Weiß gestrichen, Dachbespannung gestreiftes Leinen. Türloser Eingang

Mobiliar und Zubehör:

vier Stühle und Tisch, weiß. Feststehende Blumentöpfe auf der Brüstung. Porzellangeschirr in Blau (glasiert)

Puppe:

Porzellanpuppe mit blauem, getupftem Kleid mit Zopfperücke (Kleidung neu)

67 (105)

TREIBHAUS MIT BIEDERMEIERZIMMER

Ende 19./Anfang 20. Jahrhundert
Historisches Museum, Frankfurt am Main

Pultförmiger Kasten, die Schräge zu zwei Dritteln verglast und nach oben zu öffnen
Im Kasten ein breiter Treibhausraum und ein kleines Biedermeierzimmer

Treibhaus:

Regalstellage mit vielen Blumentöpfen, Kübeln und Wassertrog

Zimmer:

kleiner Mittelfußtisch, Sofa, Stuhl, Spiegel, Kanonenofen, Rundstellage und Tisch mit Blumentöpfen

Puppen:

Porzellankopfpuppen, eine Dame, ein Gärtner, die Dame im Biedermeierkostüm

Aus dem Besitz der Familie de Bary-Gontard, Frankfurt am Main, vermutlich französischer Herkunft

68 (106)

GARTENHAUS ALS PAVILLON

Ende 18./Anfang 19. Jahrhundert
Historisches Museum, Frankfurt am Main

Großer, ringsum geschlossener Pavillon mit Dachgitter und Zeltdach »à la turque«, hohen Terrassentüren und Ochsenaugen, davor schmales Rasenparterre mit angeschnittenen Wegen, zwei »Stein«-Putten und Blumentöpfen.
Inneneinrichtung Louis-seize

Puppen:

Porzellankopfpuppen

Aus dem Besitz der Frankfurter Familie Kellner-de Bary, vielleicht französischer Herkunft.

69 (107)

SCHULKLASSE

um 1900

Gehäuse:

Sperrholz mit Anschnitt-Blenden, einfache Art-Deco-Bemalung, kapitellartiger Abschluß, Deckleiste

Fenster:

vier, sprossenlos (nicht original)

Tapeten:

ergänzt

Einrichtung:

weißlackiert in gemäßigten Jugendstilformen. Lehrerpult mit Stuhl auf Podest; vier Schulbänke mit Pulten reihenförmig zusammenhängend. Schultafel, Rechenmaschine, Blumenständer.

Puppen:

Porzellanpuppen in Originalkleidung

70 (108)

SCHULKLASSE

1935/40

Gehäuse:

Sperrholz mit vorn abgerundeten Wänden, außen gestrichen. Innentapete erneuert, Fußboden lackiert

Fenster:

zwei, durchgehende Scheiben, feststehend

Einrichtung:

Bänke, Schultafel, Katheder, vierziger Jahre; Zählstäbchen dazugehörig; Rechenmaschine und Globus früher (Blecherdkugel als Behälter aus Bonbonautomat)

Puppen:
Zelluloidpuppen der dreißiger Jahre und früher (Schildkröt, Minerva, Cellba)

71 (109)

PUPPENGARTEN

um 1920/25

Auf quadratischem Grundriß, eingefaßt von Lattenzaun, grün gestrichen mit weißen Spitzen. Gartentürchen, Starenkasten auf hoher Stange, Ecklampe (Schalter im Sockel). Grüne Grundfläche mit Streublumen, eingezeichnete Wege, Gartenteich. Kleine Gitterlaube (Treillage) in Weiß, Luffa-Schwamm-Bäumchen, bewegliche Blumenbeete, Gartentisch und -stühle (im Maßstab zu groß); Porzellanpuppen aus der Zeit, Porzellanhund und -schwan

72 (110)

MARKTSTAND MIT HAFNERKERAMIK

letztes Viertel 19. Jahrhundert

Gehäuse:
überdeckter Verkaufsstand, Rückwand als Regal, blaue Plane als Überdachung

Zubehör:
Topfwaren, meist glasierte Hafnerkeramik, Spankörbe mit Deckel

Puppen:
zwei Weingartpuppen mit alter oder nachgefertigter Kleidung als Verkäuferinnen
eine Weingartpuppe mit Dirndl und Kopftuch als Käuferin mit Korb

73 (111)

FRÜHE HOLZPUPPEN

um 1850

Größen:
8 bzw. 13 cm (je 2 x)

Konstruktion:
Körper und Kopf aus Holz, ein Stück (Röntgenbefund); Nut und Zapfen verbinden die beweglichen Holzgliedmaßen mit dem Körper; Nut und Zapfen auch in Knien und Ellenbogen; nur sichtbare Körperteile (Kopf, Dekolleté, Unterarme, Unterschenkel) farblich behandelt, bei den beiden großen Puppen betont rote Wangen; Frisuren in Holz anmodelliert – schwarze Haare, Mittelscheitel, geordneter Lockentuff am Hinterkopf (Empire-Stil)

Kleidung:
im Original erhalten; Unterwäsche (Beinkleider) aus feinem Leinen, einfach genäht; Oberbekleidung aus farbigen Taftseiden (kariert und uni); alles einfach genäht (mit Heftstichen, unbesäumt); Schuhe und Strümpfe aufgemalt

Hersteller:
vermutlich in Sonneberg

74 (112)

BIEDERMEIERDAME

um 1850

Größe: 14 cm

Konstruktion:
Brustblattkopf, Unterarme und Unterschenkel aus glasiertem Porzellan, Körper aus Holz, Oberarme und Oberschenkel ebenfalls; letztere mit Nut in den Gelenken zur Aufnahme der Porzellanzapfen der Unterarme bzw. Unterschenkel; anmodellierte Biedermeierfrisur, Teint zart getönt

Kleidung:
Original-Seidenkleid, keine Unterwäsche, Schuhe und Strümpfe aufgemalt

Hersteller:
unbekannt

75 (113)

KLEINE WACHSKOPFPUPPE

1865/70

Größe: 14 cm

Konstruktion:
Massekörper aus fünf Teilen, Wachskopf mit Perücke (Körper und Kopf gehörten ursprünglich nicht zusammen, stammen aber aus gleicher Zeit); blaue Augen aufgemalt; Gliedmaßen rosa getönt; Arme relativ lang

Kleidung:
Original erhalten. Roter Wollstoff mit weißer Spitze und kleinen Goldglasperlen, Stiefeletten aufgemalt, ebenso Strümpfe

Hersteller:
unbekannt

76 (114)

TRACHTENPAAR

um 1900

Größe: 17 cm

Konstruktion:
Aus fünf Teilen bestehender Mischmassekörper (zwei Arme / 2 Beine / ein Leib). Kurbelkopf aus Biskuitporzellan. Feststehende blaue Glasaugen. Echthaar-Perücken. Offener Mund mit vier Zähnen. Schuhe anmodelliert

Kleidung:
Im Original erhalten. Trachtenstil. Wollstoffe mit Borten bzw. Stickerei. Nicht zum An- und Ausziehen geeignet. Schuhe und Strümpfe aufgemalt. Männliche Puppe trägt noch schwarze Überstrümpfe

Hersteller:
gemarkt SC = Franz Schmidt, Georgenthal

77 (115)

MINIATURPUPPEN

1890 bis 1920

Größen: ca. 3 cm

Konstruktion:
aus einem Material – Biskuit- oder Parianporzellan. Arme und Beine mit Draht am Körper befestigt. Haare anmodelliert. Auf Grund der geringen Größe meist sehr unscharfe Ausbildung des Gesichtes. Bemalung des Gesichtes (Augen, Mund) oft auch sehr ungenau

Kleidung:
Schuhe und Strümpfe manchmal anmodelliert. Meist nackt gehandelt. Zeitgenössische Kleidung selbst angefertigt

Hersteller:
Verschiedene Firmen, genaue Herkunft nicht ersichtlich

Verwendung:
»Puppen« für Puppenstubenpuppen, eventuell auch Souvenirs oder Scherzartikel

78 (116)

BADEKINDER

1880 bis 1920

Größen: 4 bis 16 cm

Konstruktion:
alle Puppen sind fest und unbeweglich; Herstellung vermutlich in Preßformen;
Material: weißes, glasiertes Porzellan, außer bei der kleinsten Puppe sind Gesicht und Haare farbig bzw. getönt; Badepuppen wurden als Schornsteinfeger schwarz eingehäkelt und als Souvenir bzw. »Glücksbringer« in den Handel gebracht. Mit Filzstandfläche auch als Tintenwischer erwähnt.
Die kleinsten Sonderformen, Größen 2,5 bis 4 cm, wurden nicht als Spielpuppen hergestellt, sondern als Art Scherzartikel (z. B. zum Einbacken in einen Kuchen, als Silvesterpuppe, als Anhänger). Die kleinen Badepuppen fanden oft Verwendung als »Puppen von Puppenstubenpuppen«.
Im englischsprachigen Bereich waren für diese Badepuppen die Bezeichnungen »Frozen Charlie« (»Gefrorener Carl«) oder »Frozen Charlotte« (»Gefrorene Charlotte«) üblich. Sie basieren auf einer Legende von einem erfrorenen Mädchen.

Hersteller:
Verschiedene Firmen, zum Beispiel Conta & Böhme (Pößneck), Kling (Ohrdruf), Simon & Halbig (Gräfenhain)

79 (117)

SOLDAT

um 1880

Größe: 17 cm

Konstruktion:
Brustblattkopf; Unterarme und Unterschenkel aus

Biskuitporzellan; Haar und Bart anmodelliert; Balg aus gestopftem Leinen

Kleidung:
Original erhalten; preußische Uniform aus Filz, Samt mit Goldbortenverzierung; Stiefel aus Porzellan anmodelliert

Hersteller:
von vielen Firmen (bis nach 1920), zum Beispiel Kley & Hahn, Wiesenthal, Schindel & Kallenberg, Max Handwerck

Verwendung:
eigentlich Souvenirpuppen bzw. Sonderformen von Trachtenpuppen; gehörten aber letztendlich – entsprechend dem Zeitgeschmack – in jeden Puppenstubensalon

80 (118)

NANKINGPUPPEN

um 1900

Größen:
rechts: 17 cm; Mitte: 9 cm; links: 16 cm

Konstruktion:
Balg aus Baumwollstoff, gestopft; Brustblattkopf, Unterarme bzw. Unterschenkel aus glasiertem Porzellan; anmodellierte Lockenfrisur, Mund und Augen aufgemalt, Schuhe oder Stiefel ebenso

Kleidung:
rechts: zeitgenössisch; Mitte: Häkelkleid aus der Zeit; links: nachgenäht

Hersteller:
verschiedene Porzellanfabriken, zum Beispiel Kling, Ohrdruf

81 (119)

PUPPENDAME UND PUPPENKIND

Puppendame, um 1900

Größe: 23 cm

Konstruktion:
Brustblattkopf aus Biskuitporzellan, festeingesetzte, marineblaue Vollglasaugen, Teint zart getönt, schmale Lippen. Ohrlöcher vorhanden. Unterarme und Unterschenkel aus glasiertem Porzellan. Weißer, gestopfter Leinenbalg, Perücke aus Kunsthaar, graumeliert (seltene Haarfarbe!)

Kleidung:
Schuhe und Strümpfe anmodelliert. Kleid zeitgenössisch, aber vermutlich nicht original, ebenso Hut

Herstellung:
unbekannt, Markung TR

Puppenkind, um 1900

Größe: 12 cm

Konstruktion:
Ganzbiskuitporzellanpuppe, Arme und Beine mit Gummi befestigt. Kurbelkopf mit feststehenden Glasaugen und Echthaarperücke. Offener Mund mit angedeuteten Zähnen. Sehr feingliedrige und exakte Gestaltung des Gesichtes (in dieser Puppenkopfgröße bemerkenswert!)

Kleidung:
Zeitgenössisches Taftseidenkleid, vermutlich nicht original. Schuhe und Strümpfe anmodelliert

Hersteller:
Kämmer & Reinhardt, Waltershausen (gemarkt)

82 (120, 121)

PUPPENDAMEN

um 1900

Größen: 13 bis 18 cm

Konstruktion:
Verschieden. Alle Köpfe aus Biskuitporzellan, teils Brustblatt, teils Kurbelköpfe. Perücken aus Kunsthaar oder Mohair. Augen aufgemalt, fest eingesetzt und beweglich. Körper aus Leinen mit Biskuitunterarmen und Unterschenkeln bzw. Mischmassekörper mit Armen und Beinen aus gleichem Material

Kleidung:
Originale, Zeitgenössisches, aus altem Material Genähtes

Hersteller:
Verschiedene Firmen, zum Beispiel Armand Marseille, Weingart, Heubach

83 (122)

GANZBISKUITPORZELLANPUPPEN MIT GLASAUGEN

(Gruppe), um 1900

Größen: 9 bis 10 cm

Konstruktion:
Bewegliche Ganzbiskuitporzellanpuppen (fünf Teile), Arme und Beine mit Draht befestigt. Festeingesetzte Vollglasaugen. Lippen bemalt. Meist Mohairperücken. Wangen zart getönt. Arme leicht angewinkelt

Kleidung:
Original erhalten. Gaze-Unterwäsche. Schuhe und Strümpfe anmodelliert, aufgemalt

Hersteller:
Verschiedene Firmen, zum Beispiel Armand Marseille, Simon & Halbig, Heubach

84 (123)

KATZHÜTTER PUPPEN

(Gruppe), 1910/25

Größen: 8 bis 20 cm

Konstruktion:
Ganzbiskuitporzellanpuppen mit unbeweglichem Kopf (außer der Puppe außen rechts). Beine meistens unbeweglich. Arme zur Bewegung mit Draht am Körper befestigt, anmodellierte Kleidung. Sehr feinkörniges Porzellan (hell).

Die Puppe ganz rechts besteht aus einem Leinenkörper, nur Brustblattkopf und Unterarme bzw. Unterschenkel sind aus Porzellan

Hersteller:
Hertwig & Co., Katzhütte

85 (124, 125, 126)

WEINGARTPUPPEN

1910 bis ca. 1930

Größen: zwischen 7 und 17 cm

Konstruktion:
Ganzbiskuitporzellanpuppen. Verschiedene Varianten mit Perücken oder anmodelliertem Haar, gemalten oder gläsernen Augen, Gliedmaßen mit Gummi (nur bei ganz kleinen Puppen mit Draht) befestigt; Arme beweglich, Beine nur bei Kewpies fest mit dem Körper verbunden. Interessante Handformen – Faust, abgespreizte Hände, an rechter Hand erhobener Zeigefinger, offene Hände. Beine fast ausschließlich (außer Babys) mit aufgemalten und anmodellierten Schuhen und Strümpfen in verschiedenen Arten und Farben. Typisch sind individuell charakterisierte Physiognomien: lächelnd, lachend, singend, hämisch, freundlich u. a. Perücken: Fell- oder Flachshaar, Mohair

Kleidung:
nicht im Original erhalten; meist zeitgenössisch oder aus entsprechenden, alten Materialien nachgearbeitet

Hersteller:
Alt, Beck & Gottschalck, Zweigfabrik in Nauendorf, unter Leitung von Weingart. Signum zum Beispiel J. I. O. ⑥ 1920

Einige der Puppen entwarf die Amerikanerin Jeanne Orsini, sie ließ sie 1916 patentieren.

86 (127)

KEWPIES

(eigentlich Maskottchenpuppen)
1912 von Rose O'Neill geschaffen,
nach 1914

Größen: 5 bis 10 cm

Konstruktion:
Alle abgebildeten Puppen sind aus Biskuitporzellan. Beine steif und fest, Arme beweglich (Gummibandbefestigung durch den Rumpf). Alle farblich behandelt – Teinttönung, Gesicht, Haare, Haarschleifen, Kleidung. Typische Kennzeichen: »Flirtaugen«, abgespreizte Hände (nicht immer, aber häufig).
Kewpie mit gestreiftem Kleid hat als einziger beweglichen Kopf (atypisch)

Kleidung:
alle original bekleidet mit Baumwollstoffen, Seide, Filz. Meist barfuß, selten Schuhe und Strümpfe aufgemalt, Puppen oft nackt

Hersteller:
Zuerst nur von Fa. Borgfeld & Co. (Patent), dann auch von anderen (Voigt, Weingart). Auch Herstellung aus Zelluloid (Fa. Standfuß) und Gummi

87 (128)

ZELLULOIDPUPPEN

(Gruppe), 1920 bis 1940

Größen: 5 bis 14 cm

Konstruktion:
Alle komplett aus Zelluloid. Meist bewegliche Arme und Beine, durch Gummi mit dem Körper verbunden. Haare anmodelliert, selten Perücke, Gesicht aufgemalt (Augen, Mund), Glasaugen bilden bei Puppenstubenpuppen eine Ausnahme.
Zelluloid ist leicht entflammbar und druckempfindlich

Kleidung:
zum Teil Originalkleidung, zum Beispiel bei dem »Hitlerjungen«. Schuhe und Strümpfe manchmal anmodelliert oder aufgemalt

Hersteller:
Rheinische Zelluloidfabrik (Schildkröt), Schöberl & Becker (Cellba), Buschow & Beck (Minerva), Puppe mit dunklem Haar – unbekannt

88 (129)

KOSTÜMPUPPEN

1920 bis 1930

Herstellung nach Art der Puppenstubenpuppen, aber zu einem anderen Zweck. Kinder ordneten sie oft in Puppenstuben ein.

Mädchen
Kopf-Brust-Arm-Teil aus Biskuitporzellan, Unterteil weich gestopft; Verwendung als Nadelkissen; originale Kunsthaarperücke, genäht; Mund und Augen aufgemalt, Teint zartrosa Tönung; Originalkleidung erhalten (lachsfarbenes Seidenkreppkleid); gemarkt, aber unleserlich

Jüngling
Gestopfter Leinenbalg mit Brustblattkopf. Unterarme und Unterschenkel aus Biskuitporzellan; Haare und Bart anmodelliert, ebenso Schuhe und Strümpfe; Originalkleidung erhalten; Hersteller nicht bekannt; Verwendung zum Beispiel für Puppentheater oder Theatermodelle

Figur mit Mütze
Mischmassekopf mit Ölfarbe bemalt; Unterkonstruktion aus Metall; Kleidung: Mütze anmodelliert, Filzkleidung im Original erhalten; Hersteller: Wiesenthal, Schindel & Kallenberg, Waltershausen; Verwendung als Fahrerfigur für Blechspielzeug, zum Beispiel von Märklin oder Bing

89 (130)

BIEGEPUPPEN

zwanziger bis vierziger Jahre

Größen: 7 bis 14 cm

Konstruktion:
Unterkonstruktion aus Metall, auch Füße und Hände. Kopf, Füße, Hände – aus Mischmasse modelliert. Arme, Beine und Leib mit hautfarbenen Gummibändern (o. ä.) umwickelt. Mund und Augen aufgemalt, Frisur mit anmodelliert; Puppen alle sehr beweglich

Kleidung:
Original erhalten. (Außer bei abgebildetem Jungen!) Fest eingenäht, nicht zum An- und Ausziehen geeignet

Hersteller:
nicht bekannt. Mündlich überliefert: Herstellung durch Fa. Canzler in Coburg

90 (131)

KEWPIE-PUPPEN IN VERSCHIEDENER HERSTELLUNG

Mädchen im Originalkleid (Baumwolle) mit anmodellierter Frisur und aufgemalten Schuhen und Strümpfen. Beine nicht beweglich. Herstellung vermutlich Heubach (Köppelsdorf), nicht gemarkt.

Babypuppe mit anmodellierter und himmelblau eingefärbter Kleidung (Mütze, Hemdhose, Schuhe). Nur Arme beweglich, nicht gemarkt, aber aus vergleichbaren Puppen Herstellung abzuleiten bei Butler Bros., Sonneberg. Diese Firma war ein Einkaufshaus für Übersee, die in eigenen Formen in Thüringen Porzellanpuppen herstellen ließ.

91(132)

KLEINES PAAR

1930 bis 1940

Größen: 10 cm

Konstruktion:
Einbindekopf und Füße aus Mischmasse, farbig gestaltet, Haar anmodelliert; Balg aus Baumwollstoff, weich gestopft; innere Drahtkonstruktion (ähnlich wie bei Biegepuppen), damit Standvermögen geschaffen

Kleidung:
im Original erhalten (einschließlich Kränzchen und Blumenstrauß)

Hersteller:
unbekannt

92 (133)

MISCHMASSEPUPPEN

(Gruppe) I, vierziger Jahre

Größen: 5 bis 9 cm

Konstruktion:
Keramische Mischmasse, farbig behandelt, Gliedmaßen beweglich, Befestigung mit Draht oder dünnem Gummi; Haare, Schuhe und Strümpfe (außer bei Babypuppen) anmodelliert; vielfach kleine, gedrungene Gestalt mit relativ großem Kopf; Mund offen und geschlossen

Kleidung:
vorwiegend im Original erhalten. An- und Auskleiden meist nicht möglich

Hersteller:
verschiedene Firmen, oft auch Kleinstbetriebe

93 (134)

MISCHMASSEPUPPEN

(Gruppe) II, vierziger Jahre

Größen: 8 bis 13 cm

Konstruktion:
Keramische Mischmasse, farbig behandelt, Gliedmaßen beweglich mit Draht oder dünnem Gummi; Haare anmodelliert, aber auch Kunsthaarperücken üblich

Kleidung:
Original erhalten, Schuhe und Strümpfe anmodelliert bzw. aufgemalt

Hersteller:
verschiedene Firmen

Verwendung:
als Puppenstubenpuppen, aber bei entsprechender Kleidung auch als Souvenirpuppen, zum Beispiel als Meßdiener in einem Wallfahrtsort

Anhang

Anmerkungen

1 Bestelmeier, Georg Hieronymus: Magazin von verschiedenen Kunst und anderen nützlichen Sachen ... welche Stücke meistens vorrätig zu finden bei G. H. Bestelmeier in Nürnberg. – 1793, 1803, 1805, 1808, 1812
2 Reinelt, 1985. – S. 52 oben
3 Pletsch, Oscar: Gute Freundschaft. – Eine Geschichte für Damen, aber für kleine. In 24 Bildern erzählt von Oscar Pletsch, in Holzschnitt ausgeführt von Prof. H. Bürkner. – Leipzig, 1878. – Bl. 11 (unpaginiert)
4 Reinelt, 1985. – S. 90/91
5 Wilckens, 1978. – S. 14
6 Wilckens, 1978. – S. 16
7 Zitiert nach Volbehr, – o.J. – S. 5
8 Die Darstellung folgt Wilckens, 1978. – Abb. 1–65, S. 18–21, 50/51
9 Volbehr, -o.J., S. 3 f
10 Wilckens, 1978. – S. 17, zitiert Paulus von Stetten: Erläuterungen der in Kupfer gestochenen Vorstellungen aus der Geschichte der Stadt Augsburg. – Augsburg, 1765. – S. 163
11 Frauenzimmerlexikon, 1739. – S. 1282 f
12 Die Darstellung folgt Wilckens, 1978. – Abb. 77–84, S. 51, und 70–76, S. 51
13 Marwitz, 1965. – S. 8–11; Wilckens, 1978. – S. 51–56, Abb. 86–131
14 Wilckens, 1978. – S. 52
15 Wilckens, 1978. – S. 57, Abb. 136–143
16 Zitiert nach Marwitz, 1965. – S. 10
17 Jügel, 1857. – S. 256, 260
18 Wilckens, 1978. – Abb. 164–168
Bayer, 1962. – S. 79–82
19 Frauenzimmerlexikon, 1739. – S. 906
20 Leber, 1965. – S. 18/19
21 Wilckens, 1978. – S. 59
22 Edgeworth, Maria (1767–1849). Zitiert nach King, 1977. – S. 162
23 Catel, P. F., Mathematisch-physikalisches Kunstkabinett, der Jugend gewidmet. 2 Hefte, mit 13 Kupfern, gr. 8°, Berlin (Lagarde), 1790 und 1793
24 Zitiert nach Journal des Luxus und der Moden, 1786–1826/1967–1970. – Band I, S. 91 ff.
25 Ewald, Johann Ludwig: Die Kunst ein gutes Mädchen ... Ein Handbuch für erwachsene Töchter, Gattinen und Mütter. – Frankfurt am Mayn, 1807
26 Weber-Kellermann, 1979. – S. 85, Abb. 127
27 Bestelmeier, 1812. – 2. Stück, Taf. 8, Nr. 197
28 Reinelt, 1985. – Abb. S. 53 oben, S. 55, S. 56
29 Bestelmeier, 1812. – VIII. Stück, Taf. I, Nr. 1012
30 Bestelmeier, 1812. – III. Stück, 7. Platte, Nr. 400
31 beispielsweise auch bei Carl Gebauer in Bürgel bei Jena, 1963 (d. V.)
32 Bernstorff, Elise Gräfin von, geb. Gräfin von Dernath. Ein Bild aus der Zeit von 1789–1835. – Aus ihren Aufzeichnungen. Berlin 1897. – Zitiert nach Hardach-Pinke; Hardach, 1981. – S. 193
33 Rauchfangküche der Margaretha Caroline von Leonhardi (geb. 1776), um 1780, Privatbesitz Groß-Karben. Marwitz, 1965. – S. 105, Abb. S. 109
34 Vogel, 1981. – Abb. 211
35 Schlözer von: Dorothea Schlözer, der Philosophie Doktor. Ein deutsches Frauenleben um die Jahrhundertwende. – Stuttgart, Berlin; Leipzig, 1923. – Zitiert nach Rutschky, 1983. – S. 669/70
36 Bestelmeier, 1812. – IV. Stück, Taf. 6, Nr. 542
37 Bestelmeier, 1812. – IV. Stück, Taf. III, Nr. 690
38 Bestelmeier, 1812. – VII. Stück, Taf. 2, Nr. 815
39 Goethe, Johann Wolfgang: Band 12. – S. 73/74
40 Die Puppenwelt, (1844): Wegehaupt, 1979. – Nr. 1716
41 Das Sonneberger Spielzeugmusterbuch von 1831, Spielwaren-Mustercharte von Johann Simon Lindner in Sonneberg. Herausgegeben und kommentiert von Manfred Bachmann. Leipzig, 1979. – Nr. 450–468
42 Semmig, Jeanne Berta (1867–1958), 1975. – S. 36
43 Vivian Greene entdeckte die Originalvorlagen in der Gegend von Waltershausen in Thüringen. Angaben von Claire Hennig, 1979. – S. 164
44 Leske, 1877. – S. 52
45 Lenk, Margarete (1841–1917); Aus meiner Kindheit, Zwickau, 1911. – S. 18 f. Zitiert nach Weber-Kellermann, 1983. – S. 54
46 Halberstadt, Wilhelmine (1828). – S. 69/70
47 Universal-Spielwaren-Katalog 1924/26/1985. – nach S. 224. Identifizierung des Sortiments 50 mit Firma Paul Leonhardt, Eppendorf i. S., von der Verfasserin
48 Fontane, Theodor: Schriften II, 1982. – S. 303 f
49 Universal-Spielwaren-Katalog, 1924/26. – Taf. III nach S. 224
50 Otto-Peters, Louise (1819–1895): – S. 193 f. Zitiert nach Weber-Kellermann, 1983. – S. 111
51 Bentz, Hans (1902–1968), 1954. – S. 76
52 Rutschky, 1983. – S. 667
53 Vgl. Wilckens, 1978. – Abb. 287–289. – Beispiele in München, Stadtmuseum, Augsburg, Städtische Kunstsammlungen, Kommern, Rheinisches Freilichtmuseum
54 Aus: Das Weihnachtsfest (1887). In: Seidel, Heinrich (1842–1906), 1909[7]. – S. 93
55 Bestelmeier, 1812. – 2. Stück, Taf. 3, Nr. 121
56 Bestelmeier, 1805. – IX, Taf. 5, Nr. 1155
57 Reinelt, 1985. – S. 142 f., Katalogseiten von 1895, 1901, 1908
58 Reinelt, 1985. – S. 127
59 Pletsch: Hausmütterchen. Mit Reimen von Franz Bonn. Leipzig (1868), »Zum Eingang«
60 Penzoldt, Ernst (1892–1955), 1951. – S. 31
61 Herdan-Zuckmayer, Alice, 1962. – S. 19 ff., S. 25
62 Titelvignette zu: Bergner, Anna, Kinderkochbüchlein. – Mannheim, 1871. – Wegehaupt II, Nr. 309
Leske, Marie, 1877. – S. 105
63 Abgebildet in: Kunst für Alle, 19, 1904. – S. 114
64 Beauvoir, Simone de (1908-1986), 1960. – S. 42
65 Welt und Haus. – Jg. 1918, Heft 4. – S. 14
66 Sortiment 119, Bi 170 b, im Universal-Spielwarenkatalog, 1924/26. – S. 311 (identifiziert von der Verfasserin)
67 Universal-Spielwaren-Katalog, 1924/26. S. 311. – Sortiment 50, Tafel III, Nr. 755/2 und 565/14
68 Universal-Spielwaren-Katalog, 1924/26. – S. 311. – Sortiment 119, Nr. 280, 310
69 Scheidig, 1959. – Abb. 6
70 Märklin-Kleinkatalog. – Auszug aus Katalog D 13, 1936/37. – S. 24. – Privatbesitz
71 Kutzer: Hans Wundersam. – Verse von Ernst Holt. Leipzig, o.J. – unpaginiert
72 Penzoldt: Die Leute aus der Mohrenapotheke, 1951. – S. 29/30
73 Wolf, Christa (geb. 1929), 1976. – S. 140 f.
74 Mann, Erika (1905–1969), 1988. – S. 30
75 Lenz, Siegfried (geb. 1926), 1980. – S. 359/360
76 Bachmann, 1984. – S. 201 und 203
77 Michaelis; Karin (1872–1950), und Collin, Hedvig, 1932. – S. 164 f.
78 Bestelmeier, 1805. – IX, Taf. 5, Nr. 1164
79 Firma Paul Hunger, Eppendorf in Sachsen. In: Wegweiser für die Spielwarenindustrie (1925). – unpaginiert. – Privatbesitz
80 Bestelmeier, 1812. – 1. Stück, Taf. 1, Nr. 1–8
81 Herdan-Zuckmayer, 1962. – S. 26
82 Marwitz, 1965. – Abb. S. 25, S. 24. – Zitiert nach Proust, 1925
83 Dröscher: Puppenleben, Dortmund, 1984[4]. – Abb. 53/54

Literatur

ALLGEMEINES

BOESCH, HANS: Kinderleben in der deutschen Vergangenheit. – Jena, 1924[2]
HINZ, SIGRID: Innenraum und Möbel von der Antike bis zur Gegenwart. – Berlin, 1980
HIRTH, GEORG: Das Deutsche Zimmer der Renaissance. – München, 1880
HUIZINGA, JAN: Homo ludens. – Hamburg, 1956
JACOBEIT, WOLFGANG; JACOBEIT, SIGRID: Illustrierte Alltagsgeschichte des deutschen Volkes. – Band 1 (1550–1810), Band 2 (1810–1900). – Leipzig, 1986/1987
Kinderalltag: Deutsche Kindheiten in Selbstzeugnissen 1700–1900. Hrsg. von Irene Hardach-Pinke; Gerhard Hardach. – Hamburg, 1981
Kindheiten: hrsg. von Ursula Voß. – München, 1979
KUCZYNSKI, JÜRGEN: Studien zur Geschichte der Lage des arbeitenden Kindes in Deutschland von 1700 bis zur Gegenwart. – Berlin, 1968
KUNZE, HORST; WEGEHAUPT, HEINZ: Spiegel proletarischer Kinder- und Jugendliteratur. 1870–1936. – Berlin, 1985
LAUFFER, OTTO: Herd und Herdgeräte in den Nürnberger Küchen der Vorzeit. – In: Mitteilungen des Germanischen Nationalmuseums. – Nürnberg, 1900
Mädchenbücher aus drei Jahrhunderten. Ausstellung in der Universitätsbibliothek Oldenburg. – Oldenburg, 1983
ROTH, EUGEN: Ein Hausbuch des Biedermeier. – Baden-Baden, 1957
RUTSCHKY, KATHARINA: Deutsche Kinderchronik. Wunsch- und Schreckensbilder aus vier Jahrhunderten. – Köln, 1983
SAUERLANDT, MAX: Kinderbildnisse der deutschen und niederländischen Malerei. – Königstein i. T./Leipzig, 1937

SCHEIDIG, WALTHER: Otto Herbig. Künstler der Gegenwart. – Dresden, 1959
SCHIEDLAUSKY, GÜNTER: Tee, Kaffee, Schokolade, ihr Eintritt in die Europäische Gesellschaft. – München, 1961
STERNBERG, WILHELM: Die Küche in der klassischen Malerei. – Stuttgart, 1910
WEBER-KELLERMANN, INGEBORG: Die Familie. – Frankfurt a. M., 1977
WEBER-KELLERMANN, INGEBORG: Die Kindheit: Kleidung und Wohnen, Arbeit und Spiel; eine Kulturgeschichte. – Frankfurt a. M., 1979
WEBER-KELLERMANN, INGEBORG: Frauenleben im 19. Jahrhundert. – München, 1983
WEISE, PETER: Rund um die Spielkarte. Ein Streifzug durch das Altenburger Spielkartenmuseum. – Berlin, 1986

SPIELZEUG, ALLGEMEIN

ANKA, GEORGINA; GAUDER, URSULA: Die deutsche Puppenindustrie 1815–1940. – Stuttgart, 1978
BACHMANN, MANFRED: Das Waldkirchner Spielzeugmusterbuch. Neu herausgegeben und kommentiert. – Leipzig, 1977
BACHMANN, MANFRED: Das Sonneberger Spielzeugmusterbuch. – Leipzig, 1979
BACHMANN, MANFRED: Holzspielzeug aus dem Erzgebirge. – Dresden, 1984
BAECKER, CARLERNST; HAAS, DIETER; JEANMAIRE, CLAUDE: Märklin, Technisches Spielzeug im Wandel der Zeit. – Frankfurt a. M., 1975
BAYER, LYDIA: Altes Spielzeug. – In: Keysers Kunst- und Antiquitätenbuch. – Bd. III. – München, 1967
BAYER, LYDIA: Spielzeugmuseum. – Nürnberg, 1978
BERGER, JUTTA: Zinnspielwaren Krause/Gotha. Vom Handwerk zur kapitalistischen Produktion. – In: Abhandlungen und Berichte zur Regionalgeschichte; Gothaer Museumsheft. – Gotha, 1972
BOEHN, MAX VON: Puppen und Puppenstuben. – Band 1. – München, 1929
COX, H. L.: Rheinisches Freilichtmuseum Kommern. – Braunschweig, 1979
EMDE-NAEGELSBACH, BARBARA: Spielzeug (Heyne-Antiquitäten). – München/Zürich, 1978
FRASER, ANTONIA: Spielzeug. – London, 1966
FRITZSCH, KARL EWALD: Erzgebirgische Spielzeugmusterbücher. – In: Deutsches Jahrbuch für Volkskunde 4 (1958)
FRITZSCH, KARL EWALD; BACHMANN, MANFRED: Deutsches Spielzeug. – Leipzig, 1977
GRÖBER, KARL: Kinderspielzeug aus alter Zeit. – Berlin, 1928
GRÖBER, KARL; METZGER, JULIANE: Kinderspielzeug aus alter Zeit. – Hamburg, 1965
GUNKEL, JOACHIM: Zeit zum Spielen. – Braunschweig, 1981
HILDEBRANDT, PAUL: Das Spielzeug im Leben des Kindes. – 1908
KEIL, OTTO: Deutsches Spielzeugmuseum Sonneberg. – Leipzig/Jena, 1956
KEIL, OTTO: Spielzeug. – Leipzig, 1963
Aus niederdeutschen Kinderstuben: Ausstellung im Braunschweigischen Landesmuseum für Geschichte und Volkstum. – Braunschweig, 1983
Märklin-Metallspielwaren: Klein-Katalog aus D 13. – 1936/37
MEYFARTH, BRUNHILD: Wissenschaftlicher Katalog der Spielzeugmusterbücher aus der Sammlung des Spielzeugmuseums Sonneberg. – Manuskript, 1982
Puppen & Spielzeug, Ein Magazin für Sammler. – Stuttgart, 1976 ff
RAUSCH, ERNST: Die Sonneberger Spielwarenindustrie. – Berlin, 1901
RETTER, H.: Handbuch zur Geschichte der Pädagogik der Spielmittel. – Weinheim/Basel, 1979
ROH, JULIANE: Altes Spielzeug. – München, 1958
SAX, EMANUEL: Die Hausindustrie in Thüringen. – Jena, 1885
SCHNEIDER, JENNY: Spielzeug des 18. und 19. Jahrhunderts. – Bern, 1969
Spielzeug aus vergangenen Zeiten, eine weihnachtliche Ausstellung. – Museum am Ostwall. – Dortmund, 1956/57
STILLICH, OSKAR: Die Spielwaren-Hausindustrie des Meininger Oberlandes. – Jena, 1899
Der Universal-Spielwarenkatalog 1924/1926. – Hrsg. und kommentiert von Manfred Bachmann. – Leipzig, 1985
VOGEL, HEINER: Bilderbogen, Papiersoldat, Würfelspiel und Lebensrad. – Leipzig, 1981
Wegweiser für die Spielwarenindustrie. Exportanzeiger, Jubiläumssondernummer. – 40 (1925), Hildburghausen/Pößneck
WESTENBERGER, BERNHARD: Die Holzspielwarenindustrie im sächsischen Erzgebirge unter besonderer Berücksichtigung der Hausindustrie. – Leipzig, 1911

PUPPENSTUBEN, PUPPENHÄUSER

BAKER, ROGER: Puppen und Puppenhäuser. – Wiesbaden, 1978
BAYER, LYDIA: Das europäische Puppenhaus von 1560–1800. Geschichte und Formen, ein Spiegelbild der gleichzeitigen Wohnkultur. Teildruck. 1962, Würzburg, Univ., Diss.
DRÖSCHER, ELKE: Puppenleben. – Dortmund, 1984[4]
GILL JACOBS, FLORA: A History of Doll Houses. Four Centuries of the Domestic World in Miniature. – New York, 1953, 1965
GREENE, VIVIAN: English Doll's Houses of the Eighteenth and Nineteenth Centuries. – London, 1955
GREENE, VIVIAN: Family Doll's Houses. – London , 1973
GRÖBER, KARL: Das Puppenhaus einer deutschen Fürstin. – Königstein i.T./Leipzig (1934)
HAMPE, THEODOR: Puppenhaus und Puppenstuben aus alter Zeit. – In: Daheim, 58 (1921) 13/14. – S. 7–10
HENNIG, CLAIRE: So lebten die alten Puppen. – Frankfurt a. M., 1979
KING, EILEEN: Puppen und Puppenhäuser. – Zollikon, 1977
KORFF, GOTTFRIED: Puppenstuben als Spiegel bürgerlicher Wohnkultur. – In: Wohnen im Wandel. – Wuppertal, 1979. – S. 28–43
KUNZ, JOHANNA: Schöne alte Puppenstuben. – Weingarten, 1986
LATHAM, JEAN: Doll's Houses. A Personal Choice. – London, 1973
LEBER, WOLFGANG: Die Puppenstadt Mon Plaisir in Arnstadt. – Leipzig, 1965
MARWITZ, CHRISTA VON DER: Spielzeug aus Frankfurter Familienbesitz. – Frankfurt a. M., 1965
MÜLLER, BERNHARD: Das Gontardsche Puppenhaus in Frankfurt. – Frankfurt a. M., 1913
MULLER, SAMUEL; VOGELSANG, WILLEM: Holländische Patrizierhäuser. – Utrecht, 1909
Het internationale Poppenhuisboek. – Wormerveer, 1982
Puppen und Puppenstuben: Ausstellungsbegleitheft von Hannelore Henze / Stadtmuseum Weimar. – Weimar, 1978
REINELT, SABINE: Puppenküche und Puppenherd in drei Jahrhunderten. – Weingarten, 1985
REINELT, SABINE: Rund um den Puppenherd. – In: Puppen & Spielzeug. – Stuttgart 10 (1985) 4. – S. 30–37
REINELT, SABINE: Über den Umgang mit alten Dokumenten. »Das will ich selbst auswerten …« In: Puppen & Spielzeug. – Stuttgart 10 (1985) 3. – S. 15–19
STILLE, EVA; PFISTERMEIER, URSULA: Puppenstubenzauber. – Oldenburg/Hamburg, 1974
STILLE, EVA: Puppenküchen 1800–1980. – Nürnberg, 1985
VOLBEHR, THEODOR: Ein Puppenhaus. Kaiser-Friedrich-Museum der Stadt Magdeburg. – Museumsheft 9. – Magdeburg, o.J.
WILCKENS, LEONIE VON: Tageslauf im Puppenhaus. Bürgerliches Leben vor 300 Jahren. – München, 1956
WILCKENS, LEONIE VON: Das Puppenhaus. Vom Spiegelbild des bürgerlichen Hausstandes zum Spielzeug für Kinder. – München, 1978

QUELLEN

BERGNER, ANNA: Ein Kinder-Kochbüchlein nebst einem Anhang von Küchenreimen und Tischregeln von Anna Bergner. – Mannheim, 1871
BESTELMEIER, GEORG HIERONYMUS: Magazin von verschiedenen Kunst- und anderen nützlichen Sachen, zur lehrreichen Unterhaltung der Jugend … – Nürnberg, 1793, 1805, 1808, 1812
Bilderbuch für kleine wißbegierige Mädchen. – Nürnberg, 1822
Bilder zum Anschauungsunterricht für die Jugend. Teil 1. – Eßlingen, 1870
CATEL, PETER FRIEDRICH: Mathematisch-physikalisches Kunstkabinett. – Berlin und Libau, 1790
DAVIDIS, HENRIETTE: Puppenköchin Anna. Praktisches Kochbuch für kleine liebe Mädchen. – Leipzig, 1856
DAVIDIS, HENRIETTE: Puppenmutter Anna oder wie Anna sich beschäftigt und ihren Puppenhaushalt führt. – Leipzig, 1885
Frauenzimmer-Lexikon, Nutzbares, galantes und curiöses … – Frankfurt a. M. / Leipzig, 1739
KUTZER, ERNST; HOLT, ERNST: Hans Wundersam. – Leipzig, o.J.
LANGE, EDUARD WILHELM HEINRICH: Tugendspiegel oder die Folgen der guten und bösen Handlungen. – Nürnberg/Leipzig, (1826)
LESKE, MARIE: Illustriertes Spielbuch für Mädchen. – Leipzig, 1877[5]
PLETSCH, OSCAR: Hausmütterchen. 12 Originalzeichnungen von O. Pletsch. – Leipzig (1868)
PLETSCH, OSCAR: Gute Freundschaft. Eine Geschichte für Damen, aber für kleine. Ill. von H. Bürkner. – Leipzig, 1878
Die Puppenwelt. Eine neue Bilderlust für kleine Mädchen. Mit 11 kolorierten Kupfertafeln. – Nürnberg (1844)
SCHANZ, FRIDA: Puppenspiel. Ein Buch für kleine Mädchen. – Stuttgart (1893)

STAUDENMEYER, KARL AUGUST: Kinderleben und Kinderlust. Sechs heitere Erzählungen für die zarte Jugend. – Stuttgart (1860)
WEGEHAUPT, HEINZ: Alte deutsche Kinderbücher. Bibliographie. 1507–1850 (Band I); 1851–1900 (Band II). – Berlin, 1979/1985
Welt und Haus. Das deutsche Familienblatt. – Leipzig, (1918) 4. – S. 14

LITERARISCHE QUELLEN, MEMOIREN

BARTH, EMIL: Das verlorene Haus. Eine Kindheit. – Hamburg/Leipzig, o.J. (um 1940)
BEAUVOIR, SIMONE DE: Memoiren einer Tochter aus gutem Hause. – Reinbek, 1960
BENTZ, HANS G.: Gute Nacht, Jacob. – München, 1954
BERNSTORFF, ELISE VON: Aufzeichnungen. Ein Bild aus der Zeit von 1789–1835. – Berlin, 1896/1897
BRENTANO, CLEMENS: Gockel, Hinkel und Gackeleia. Werke, Bd. III. – Frankfurt a. M., 1965
EBNER-ESCHENBACH, MARIE VON: Meine Kinderjahre. – In: Erzählungen, Autobiographische Schriften. Hrsg. von J. Klein. – München, 1958
EWALD, JOHANN LUDWIG: Die Kunst, ein gutes Mädchen, eine gute Gattin ... zu werden. – Frankfurt a. M., 1807
FONTANE, THEODOR: Von Zwanzig bis Dreißig. – Weimar/Berlin 1982
GOETHE, JOHANN WOLFGANG: Werke. – Band 3 und 12. – Leipzig/Wien o.J.
HALBERSTADT, WILHELMINE: Die sorgsame Mutter im Umgange mit ihren Töchtern oder Anleitung zur Erziehung guter Mädchen, Hausfrauen und Mütter. – Bd. 1.2. – Frankfurt a. M. (1828)
HERDAN-ZUCKMAYER, ALICE: Das Kästchen. Die Geheimnisse einer Kindheit. – Frankfurt a. M., 1962
Journal des Luxus und der Moden, Weimar 1786–1826. Teilnachdruck. – Leipzig, 1967–1970
JÜGEL, CARL: Das Puppenhaus, ein Erbstück in der Gontard'schen Familie. – Frankfurt a. M., 1857
KÄSTNER, ERICH: Als ich ein kleiner Junge war. – Frankfurt a. M., 1957
KOWALEWSKI, SONJA: Jugenderinnerungen. – Weimar, 1960
LENZ, SIEGFRIED: Heimatmuseum. – Berlin/Weimar, 1980
MANN, ERIKA: Zehn Millionen Kinder. – Berlin, 1988
MICHAELIS, KARIN; COLLIN, HEDVIG: Bibis große Reise. – Berlin, 1932
OLFERS, HEDWIG VON: Ein Lebenslauf. Bd. 1.2. – Berlin, 1908–1914
PENZOLDT, ERNST: Süße Bitternis. Die gesammelten Erzählungen. Die Leute aus der Mohrenapotheke. – Frankfurt a. M., 1951
PENZOLDT, ERNST: Kleiner Erdenwurm. – München/Zürich, 1965
PROUST, MARCEL: Auf der Suche nach der verlorenen Zeit. In Swanns Welt. – Frankfurt a. M., 1925
RAUCH, KARL: Ich träume als Kind mich zurück. Kindheitserinnerungen deutscher Dichter und Denker von Goethe und Jean Paul bis Hans Carossa und Ina Seidel. – Leipzig, (1936)
SAPPER, AGNES: Im Thüringer Wald. – Purmerend, 1950
SCHULZE-KUMMERFELD, KAROLINE: Lebenserinnerungen. – Berlin, 1915
SEIDEL, HEINRICH: Leberecht Hühnchen. – Stuttgart/Berlin, 1909[7]
SEMMIG, JEANNE BERTA: Aus acht Jahrzehnten. Bearb. und hrsg. von S. Müller und K. Kögel. – Berlin, 1975
WILDERMUTH, OTTILIE: Gesammelte Werke, Bd. 1–3. – Stuttgart, 1892
WOLF, CHRISTA: Kindheitsmuster. – Berlin/Weimar, 1976

PUPPENSTUBENPUPPEN

CIESLIK, JÜRGEN; CIESLIK, MARIANNE: Puppen. – München, 1979
CIESLIK, JÜRGEN; CIESLIK, MARIANNE: Cieslik's Lexikon der Deutschen Puppenindustrie. – Jülich, 1984
CIESLIK, JÜRGEN; CIESLIK, MARIANNE: Cieslik's Puppen-Bestimmungsbuch. – Jülich, 1985
DROESCHER, ELKE: Puppenwelt. – Dortmund, 1978
EATON, FAITH: Puppen in Farbe. – München, 1976
LEHMANN, EMMY: Die Puppe im Wandel der Zeiten. – Suhl, 1957

Bildnachweis

Außer Herrn Beyer danken wir für Aufnahmen folgenden Museen und Fotografen:

Bayerisches Nationalmuseum, München S. 10
Callwey Verlag / H. Schmidt-Glassner, München 21, 22, 24
Centraal Museum, Utrecht 13
C.N.B. & C., Bologna 18
Dienst voor Schone Kunsten, Den Haag 14
Focke-Museum, Bremen S. 64 re.
Frenzel, Sofie, Breuerberg / G. Pfeiffer, München S. 154
Germanisches Nationalmuseum, Nürnberg 5, 7-9, 11, S. 14
Historisches Museum / M. Babey, Basel 6
Historisches Museum, Frankfurt/M. 17, 105, 106
Jütte, Thomas, Leipzig S. 65
Münchner Stadtmuseum 25, 33
Musées de la Ville, Straßburg 12
Museum of the City of New York 23, 94
Nordiska Museet, Stockholm 16
Renno, Eberhard, Weimar S. 63 u., 64 li., 68, 79
Rheinisches Freilichtmuseum, Mechernich-Kommern 78
Richter, Renate, Berlin S. 66, 88
Rijksmuseum, Amsterdam 15
Staatliche Graphische Sammlung, München S. 62 u.
Stadtmuseum Jena / G. Schörlitz, Jena S. 62 o.
Verlag Weingarten, Weingarten 29, 77
Verlagsarchiv / M. Wenzel, Leipzig S. 70, 151, 152
Victoria & Albert Museum, London 20

Register

Die geradestehenden Zahlen verweisen auf die Text-, die kursiven auf die Bildseiten. Die Angaben nach dem Schrägstrich beziehen sich auf den Katalog der Puppenstuben und Puppenküchen (S. 183 bis 195).

WICHTIGE PERSONEN UND FIRMEN

SACHBEGRIFFE